Sieben Herausforderungen für die deutsche Automobilindustrie

40 Studien des Büros für Technikfolgen-Abschätzung beim Deutschen Bundestag

Das Büro für Technikfolgen-Abschätzung beim Deutschen Bundestag (TAB) berät das Parlament und seine Ausschüsse in Fragen des gesellschaftlich-technischen Wandels. Das TAB ist eine organisatorische Einheit des Instituts für Technikfolgenabschätzung und Systemanalyse des Karlsruher Instituts für Technologie (KIT).

Die „Studien des Büros für Technikfolgen-Abschätzung" werden vom Leiter des TAB, Professor Dr. Armin Grunwald, und seinen Stellvertretern, Dr. Christoph Revermann und Dr. Arnold Sauter, wissenschaftlich verantwortet.

Wolfgang Schade
Christoph Zanker
André Kühn
Tim Hettesheimer

unter Mitarbeit von
Angela Jäger, Steffen Kinkel
und Thomas Schmall

Sieben Herausforderungen für die deutsche Automobilindustrie

Strategische Antworten im Spannungsfeld von Globalisierung, Produkt- und Dienstleistungsinnovationen bis 2030

Bibliografische Information der Deutschen Nationalbibliothek

Die Deutsche Nationalbibliothek verzeichnet diese
Publikation in der Deutschen Nationalbibliografie;
detaillierte bibliografische Daten sind im Internet
über http://dnb.d-nb.de abrufbar.

ISBN 978-3-8360-8140-5

Umschlaggestaltung: Joost Bottema, Stuttgart.

Druck: Rosch-Buch, Scheßlitz

Printed in Germany

INHALT

ZUSAMMENFASSUNG

Der vorliegende Bericht zur »Zukunft der Automobilindustrie« wurde im Ausschuss für Wirtschaft und Technologie des Deutschen Bundestages initiiert und vom Ausschuss für Bildung, Forschung und Technikfolgenabschätzung in Auftrag gegeben. Ziel dieses Innovationsreports ist es, die Potenziale der deutschen Automobilindustrie, den absehbaren Wandel der globalen Automobilmärkte und die Einführung neuer Mobilitätskonzepte in einer systemischen Perspektive zu untersuchen. Aus den Ergebnissen werden Strategieoptionen der Industrie und Handlungsoptionen zur politischen Rahmensetzung abgeleitet. Der Fokus der Analysen liegt auf dem Markt der Personenkraftwagen (Pkw), da der in der Fragestellung der Politik unterstellte Wandel vor allem die Pkw-Märkte betrifft, während der Markt für leichte und schwere Lastkraftwagen (Lkw) vor allem durch konjunkturelle Trends angetrieben wird und auch einen deutlich geringeren Beitrag zur Wertschöpfung der deutschen Automobilindustrie liefert.

Diese Zusammenfassung greift zunächst die Erkenntnisse aus den einzelnen Arbeitsschritten in der Reihenfolge der Kapitel des Innovationsreports auf. Anschließend werden diese in einer Ergebnissynthese zusammengeführt. Die Synthese orientiert sich an den herausgearbeiteten sieben Herausforderungen für die deutsche Automobilindustrie und bewertet die Ergebnisse mit Bezug zu diesen Herausforderungen, um darauf aufbauend Handlungsoptionen abzuleiten.

DATEN UND FAKTEN ZUM AUTOMOBILMARKT

Mit einem Umsatz von 351 Mrd. Euro im Jahr 2011, und damit rund einem Fünftel des Umsatzes des gesamten verarbeitenden Gewerbes in Deutschland, sowie 719.000 direkt Beschäftigten bei Automobilherstellern und -zulieferern (nach der statistischen Klassifikation, WZ[1] 29), und insgesamt 1,8 Mio. Beschäftigten (wenn man die Zulieferungen anderer Sektoren einbezieht), stellt die Automobilindustrie eine tragende Säule der deutschen Wirtschaft dar. Knapp ein Drittel aller Aufwendungen für Forschung und Entwicklung (FuE) in Deutschland wird durch die Automobilindustrie getätigt.

Aufgrund ihrer wirtschaftlichen Bedeutung für Deutschland wird eine Untersuchung der zukünftigen Entwicklung der Automobilindustrie umso wichtiger, je deutlicher sich ein signifikanter Wandel der Automobilmärkte für die nächsten beiden Dekaden abzeichnet. Treiber des Wandels sind die zunehmende Knappheit fossiler Energieträger durch das starke wirtschaftliche Wachstum der Schwellenländer und die damit verbundene Frage der Energieversorgungssicher-

1 WZ bezeichnet die Unterteilung der Gesamtwirtschaft in einzelne Wirtschaftszweige, wie sie in der amtlichen deutschen Statistik gebräuchlich ist.

heit, die steigende Notwendigkeit und zunehmende Ambitionen der nationalen und europäischen Klimapolitik, die auch einen Treibhausgasreduktionsbeitrag des Verkehrs fordert, die absehbare Verfügbarkeit von alternativen Antrieben mit nichtfossilen Energieträgern im Automobilverkehr sowie die Verschiebung der Gewichtung der Produktions- und Absatzmärkte für Kraftfahrzeuge hin zu einer stark und schnell wachsenden Bedeutung neuer Märkte in einigen Schwellenländern, insbesondere China, Brasilien und u.U. auch Indien.

Produktions- und Absatzzahlen des deutschen Pkw-Marktes sind im Vergleich der europäischen Länder mit Abstand am größten. Der deutsche Pkw-Markt ist geprägt durch einen überdurchschnittlich hohen Anteil an Premiumfahrzeugen. Dies bezieht sich sowohl auf den Anteil an Fahrzeugen der Oberklasse und oberen Mittelklasse als auch auf die Fahrzeuge mit Premiumausstattung in anderen Segmenten. Mit rund 50 % des Absatzes an gewerbliche Halter spielt der Kauf von Dienst- und Firmenwagen eine zentrale Rolle auf dem deutschen Markt. Das Premiumsegment wird national wie global zu einem sehr großen Teil durch deutsche Hersteller wie Audi, BMW, Daimler, Porsche und neuerdings auch Volkswagen abgedeckt.

Politische und gesetzliche Vorgaben definieren wichtige Rahmenbedingungen für die Automobilindustrie und steuern so auch die Richtung der Innovationen. Beispiele hierfür sind die Ziele für die Reduktion von Treibhausgasen aus dem Weißbuch Verkehr der Europäischen Kommission von 2011 und die Reduktion des Energieverbrauchs im Verkehr aus dem Energiekonzept der Bundesregierung von 2010. Gesetzliche Vorschriften legen heute Emissionsstandards für Abgase und CO_2-Effizienz neuer Fahrzeuge fest.

Die nationale Produktion von Automobilen in Deutschland geht heute zu drei Vierteln in den Export. Während der Export und damit der Auslandsumsatz deutscher Hersteller in den letzten Jahren weiter zugelegt hat – mit Ausnahme des Krisenjahres 2009 –, stagniert der nationale Absatz seit mehr als 6 Jahren. Weltweit wurden im Jahr 2010 61,7 Mio. Pkw verkauft. Davon entstammen 11,6 Mio. Pkw aus der Produktion deutscher OEM (»original equipment manufacturer« – Hersteller von Automobilen unter eigenen Markennamen), von denen etwas weniger als die Hälfte auch tatsächlich in Deutschland produziert wurde. Am deutschen Markt setzten die deutschen OEM im Jahr 2010 dagegen nur 1,8 Mio. Pkw ab, d.h. nur rund 15 % ihrer weltweiten Produktion. Drei von vier der in Deutschland hergestellten Fahrzeuge werden exportiert. Für den deutschen Automobilexport sind drei Regionen bzw. Länder von herausragender Bedeutung: Europa, Nordamerika und China stellen die Destinationen für 83 % der exportierten Fahrzeuge dar. Zudem zeigt die Entwicklung der Exportzahlen in den letzten zehn Jahren, dass die zunehmende Produktionsmenge an Fahrzeugen in erster Linie durch das Exportgeschäft induziert wurde.

Im Hinblick auf die weltweiten Produktionsaktivitäten sind deutsche Hersteller im Vergleich zu anderen OEM schon heute global aufgestellt. In den letzten zehn Jahren konnten in erster Linie die ausländischen Standorte deutscher Hersteller vom weltweiten Wachstum profitieren. Die Produktionsmengen an deutschen Standorten blieben im Wesentlichen auf konstantem Niveau. Allerdings zeigen die Analysen, dass an inländischen Standorten in zunehmendem Maße Fahrzeuge der Oberklasse gefertigt werden, mit der Konsequenz, dass die Umsätze deutlich stärker stiegen als die Ausbringungsmenge. Zudem lässt sich festhalten, dass die deutschen Hersteller ihre inländischen Produktionsstätten mit knapp 90 % überdurchschnittlich auslasten. Im weltweiten Vergleich ist insbesondere die Auslastung der im restlichen Europa angesiedelten Produktionsstätten als kritisch einzuschätzen.

Im Vergleich zu den OEM sind die Automobilzulieferer, abgesehen von einigen globalen Systemlieferanten, noch eher national aufgestellt und beliefern vorwiegend die OEM in Deutschland. Dies geht aus der für diesen Bericht bei deutschen Zulieferern durchgeführten Primärerhebung hervor. Die direkte Exportquote der Zulieferer liegt bei nur einem Drittel. In erster Line ist dies darauf zurückzuführen, dass die Automobilzulieferindustrie jenseits der großen Systemlieferanten wie Bosch, Continental oder Brose eher mittelständisch geprägt ist. Vergegenwärtigt man sich allerdings, dass drei Viertel der Endprodukte, in die die Produkte der Automobilzulieferer eingehen, wiederum exportiert werden, so liegt die indirekte Abhängigkeit ungleich höher.

Diese Zahlen können eindrucksvoll die internationale Ausrichtung der deutschen Automobilhersteller belegen, sowohl bei der Produktion als auch beim Absatz. Dies gilt jedoch nicht in gleichem Maße für die deutschen Automobilzulieferer.

DIVERSIFIZIERUNG IN DER AUTOMOBILINDUSTRIE

Eine zunehmende Diversifizierung wird in den nächsten beiden Dekaden ein wichtiges Schlagwort für die Automobilindustrie sein und lässt sich auf vier Ebenen beobachten:

- Diversifizierung der verfügbaren und angebotenen Antriebskonzepte mit Strom, Bio-/Windgas und Wasserstoff als neue Energieträger neben den fossilen Energieträgern sowie den unterschiedlichsten Varianten der Hybridisierung zweier Energieträger bzw. zweier Antriebsmotoren im gleichen Fahrzeug.
- Diversifizierung der verwendeten Materialien mit einer Betonung der Nutzung leichterer Materialien zur Gewichts- und Energieeinsparung, sowie der Kombination neuer Materialien wie z.B. Aluminium, Magnesium oder kohlefaserverstärkte Kunststoffe.
- Diversifizierung der Modellpalette mit neuen Variationen der Karosserietypen und neuen Klein(st)fahrzeugen.

- Diversifizierung der Wertschöpfung der OEM von einem reinen Anbieter von Produkten (d. h. Fahrzeugen) zu einem Anbieter von Produkten und Mobilitätsdienstleistungen wie z. B. Carsharing.

DIE GLOBALEN MÄRKTE – DREI PROGNOSESZENARIEN

Die Analyse und Prognose der globalen Märkte sind zwei zentrale Bestandteile des Berichts. Klassische Automobilmärkte (EU, Japan, USA) stagnieren auf hohem Niveau der Absatzzahlen. Ökonomisch erfolgreiche Schwellenländer weisen zugleich stark wachsende Absatzmärkte für Pkw und Lkw auf, insbesondere China, Indien und Brasilien sind hier hervorzuheben. Deutsche Hersteller sind in China und Brasilien (besonders Volkswagen) bereits gut aufgestellt, insbesondere durch ihren Erfolg mit Premiumfahrzeugen. Ob und in welcher Form der indische Markt für deutsche OEM interessant und relevant werden kann, ist aus heutiger Sicht sehr schwierig zu beantworten.

Es zeichnet sich ab, dass die deutschen OEM Premiumfahrzeuge zukünftig auch weiter in Deutschland fertigen werden, während bei Klein- und Mittelklassefahrzeugen ohne Premiumcharakter die Produktionsanlagen zunehmend in die Absatzmärkte verlegt werden dürften. Dies bedeutet einen weiter steigenden Druck auf die Kapazitätsauslastung der europäischen Werke. Global hätten 2010 über 75 Mio. Fahrzeuge hergestellt werden können, es wurden aber nur knapp 62 Mio. produziert, was einer – zudem deutlich regional variierenden – Auslastung von rund 81 % entspricht. Mit Ausnahme von Opel sind nach dem Krisenjahr 2009 die Werke deutscher Hersteller im Inland mit Auslastungsgraden von knapp 90 % sehr gut ausgelastet. Allerdings leiden die Werke im übrigen Europa unter den im globalen Maßstab größten regionalen Überkapazitäten und damit einer wesentlich niedrigeren Auslastung von rund zwei Dritteln. Hiervon sind auch deutsche OEM mit Werken im europäischen Ausland betroffen.

Für die Prognose der globalen Absatzmärkte wurden drei Szenarien erarbeitet und quantifiziert: »Konservativ«, »Technologiebruch« und »Mobilitätskonzepte«. Die Szenarien unterscheiden sich hinsichtlich der Diffusion neuer Antriebstechnologien in den Markt sowie hinsichtlich der Einführung neuer Mobilitätskonzepte. Dabei wurden regional spezifische, plausible Entwicklungspfade unterstellt. Im Szenario »Konservativ« dominieren weiterhin fossile Antriebstechnologien, während alternative Antriebe den Markteintritt nicht schaffen und damit auch keine Kostendegression dieser Technologien erzielt werden kann. Im Szenario »Technologiebruch« gelingt es, durch Förderprogramme und Anreize die Kosten neuer Antriebstechnologien (Batterie, Plug-in-Hybrid, Wasserstoffbrennstoffzelle) zu senken und diese in den Markt zu bringen. In beiden Szenarien steigt der globale Absatz von Pkw von heute rund 70 Mio. auf rund 125 Mio. im Jahr 2030. Im Szenario »Mobilitätskonzepte« wird erwartet, dass vernetzte Mobilitätsdienstleistungen, die Angebote wie Carsharing, Bikesharing, Mitfahrgelegenheiten und den öffentlichen Verkehr verknüpfen, in den Triade-Märkten sowie mit Abstrichen auch in China an Bedeutung gewinnen. Dadurch steigt die Zahl der verkauften Pkw bis 2030 nur auf 105 Mio. Pkw. Im Kern werfen die Szenarien die Frage auf, ob und wie signifikant alternative Antriebstechnologien oder neue Mobilitätskonzepte die Marktchancen der deutschen Automobilindustrie in Zukunft verbessern oder verschlechtern könnten.

WERTSCHÖPFUNGS- UND BESCHÄFTIGUNGSSZENARIEN

Ungefähr ein Viertel der Wertschöpfung fossil betriebener Pkw entfällt auf den Antriebsstrang, d.h. Verbrennungsmotor und Getriebe. Die deutsche Automobilindustrie besitzt einen Technologievorsprung bei der Entwicklung hocheffizienter Verbrennungsmotoren. In Pkw mit alternativen Antriebstechnologien wird der Anteil des Verbrennungsmotors an der Wertschöpfung entweder verringert (bei Hybridfahrzeugen, die mit kleineren Motoren auskommen) oder entfällt sogar ganz (bei rein batterieelektrischen Fahrzeugen oder Brennstoffzellenfahrzeugen). Ähnliches gilt für Getriebe oder Abgaskomponenten.

Als alternative Antriebe werden im vorliegenden Bericht alle Varianten der hybriden Antriebe bestehend aus Verbrennungsmotor und Elektromotor mit externer Lademöglichkeit (PHEV, auch mit Verbrennungsmotor zur Aufladung der Batterie, d.h. nur zum Zwecke des Aufladens und nicht des direkten Antriebs), sowie rein batterieelektrisch betriebene Fahrzeuge (BEV) und Fahrzeuge mit Brennstoffzellen als Energielieferant (FCEV) verstanden. Biokraftstoffe inklusive Biogas und Windgas – als mit (überschüssigem) erneuerbarem Strom erzeugtes Methan – können in (teilweise leicht modifizierten) Verbrennungsmotoren genutzt werden und sind daher in die vorhergehende Diskussion bezüglich effizienter Verbrennungsmotoren einzuordnen.

Bei Markterfolg der alternativen Pkw (PHEV, BEV und FCEV) würde ein wichtiger Teil der Wertschöpfung, der heute meist auf die OEM selbst entfällt, deutlich reduziert oder ganz entfallen. Er würde ersetzt durch Wertschöpfung in Komponenten wie Leistungselektronik, Traktionsbatterie oder Elektromotoren. Analysen der zukünftigen Wertschöpfung in der deutschen Automobilindustrie erfordern also neben den beschriebenen globalen Pkw-Nachfrageszenarien auch Analysen zur zukünftigen Verteilung von Produktion und Wertschöpfung bei den für alternative Antriebe notwendigen neuen Komponenten. Hierfür wurden in den Wertschöpfungsszenarien unterschiedliche Annahmen für den Importanteil der elektromobilitätsrelevanten Komponenten sowie den Inlandsanteil der im Ausland durch deutsche OEM hergestellten Pkw untersucht.

Die Entwicklung von Wertschöpfung und Arbeitsplätzen in Deutschland stellt sich in den drei Pkw-Nachfrageszenarien recht unterschiedlich dar, und auch die Variation durch die Annahmen der Wertschöpfungsszenarien verändert nochmals deutlich die Ergebnisse. Das Szenario »Konservativ« hat seinen Schwerpunkt auf Technologien des effizienten Verbrennungsmotors, bei denen die deutsche Automobilindustrie heute führend ist und zukünftig vermutlich auch führend bleiben wird. Für dieses Szenario lässt sich ein kontinuierlicher Zuwachs an Wertschöpfung und aufgrund des Wachstums der globalen Absatzmärkte sogar ein zusätzliches Beschäftigungspotenzial von 120.000 bis 300.000 Personen erwarten. Die Spannweite ergibt sich aus dem Vergleich des jeweils positivsten Wertschöpfungsszenarios mit dem negativsten in Abhängigkeit von den zuvor genannten Importanteilen und Inlandsanteilen der ausländischen Werke deutscher OEM.

Im Szenario »Technologiebruch« fällt das Wachstum der Wertschöpfung in Deutschland geringer aus, obwohl der globale Zuwachs der automobilen Wertschöpfung sogar höher ist als im Szenario »Konservativ«. Das heißt, die deutschen Werke profitieren unterproportional vom zukünftigen Wachstum, da ihr Anteil an der Produktion der neuen Antriebstechnologien inklusive Batterie sinkt. Die mögliche Änderung der Beschäftigung liegt für das Jahr 2030 zwischen einem Verlust von 70.000 und einem Gewinn von 140.000 Arbeitsplätzen in der deutschen Automobilindustrie. In beiden Szenarien wird davon ausgegangen, dass Premiumfahrzeuge und neue Technologien weiter in Deutschland gefertigt werden, aber zusätzliche Produktionskapazitäten für Klein- und Mittelklassefahrzeuge in den wachsenden ausländischen Märkten aufgebaut werden.

Im Szenario »Mobilitätskonzepte« sinkt die Wertschöpfung, die durch konventionelle Fahrzeugtechnologien generiert werden kann, während die Wertschöpfung durch elektromobilitätsrelevante Komponenten bis 2030 ansteigt. Durch den gleichzeitig erwarteten Produktivitätsfortschritt sinkt die Beschäftigung in der deutschen Automobilindustrie bis 2030 um 56.000 bis 400.000 Arbeitsplätze. Dieses negative Resultat ergibt sich, wenn die Automobilindustrie nicht als Mobilitätsdienstleister auftritt und den Wegfall der Wertschöpfung im Produktverkauf durch neue Dienstleistungsangebote kompensiert. Abschätzungen der Potenziale neuer Mobilitätskonzepte zeigen, dass es möglich wäre, in Deutschland rentable Mobilitätsdienstleistungen anzubieten. Vermutlich gilt diese Marktfähigkeit neuer Mobilitätskonzepte auch für andere europäische Länder, die USA, Japan und China. Zumindest ein großer Teil der Wertschöpfungsverluste im Produktverkauf könnte so kompensiert werden.

Insgesamt erscheint das positivste Szenario »Konservativ« am unwahrscheinlichsten, da sowohl der Technologiebruch als auch die neuen Mobilitätskonzepte sich in ihren Konturen bereits abzeichnen und damit das Szenario »Mobilitätskonzepte« wahrscheinlicher machen.

SYNTHESE DER HERAUSFORDERUNGEN DER AUTOMOBILINDUSTRIE

Derzeit steht die globale Automobilindustrie vor großen Umbrüchen. Neue Automobilmärkte gewinnen rasch an Bedeutung. China wurde 2010 zum weltgrößten Neuwagenmarkt bei Pkw, während sich der Absatz auf etablierten Märkten in der sogenannten Triade (EU, USA, Japan) der Stagnation nähert. Zentrale Rahmenbedingungen wandeln sich und erfordern eine Anpassung des Automobils. Dazu gehören sicher der zu erwartende kontinuierliche Anstieg der fossilen Energiepreise und die Umsetzung ambitionierter Ziele der Klimapolitik auch für den Verkehrssektor. Diese Entwicklungen werden eine Innovations- und Marktdynamik auslösen, die zu einer Diversifizierung der Antriebskonzepte hin zu hocheffizienten und alternativen Antrieben führt, aber auch die Einführung neuer Mobilitätskonzepte attraktiv macht. Die Automobilindustrie sollte ein zentraler Akteur in dieser Phase des Wandels sein.

Der Bericht identifiziert sieben zentrale Herausforderungen der Automobilindustrie für die nächsten zwei Jahrzehnte, die sich wie folgt zusammenfassen lassen:

- Entwicklung effizienter Fahrzeuge
- Entwicklung alternativer Antriebe
- Erhalt der Positionierung der deutschen Automobilindustrie als Technologieführer und Premiumhersteller auf dem Weltmarkt
- Abrundung des Produktportfolios um neue Klein(st)fahrzeugkonzepte
- Erschließung der Wachstumsmärkte in den BRICS-Ländern und Bewältigung der Krise in Europa
- Reduktion der Zahl der Fahrzeugplattformen trotz weiterer Differenzierung ihres Produktportfolios
- Partizipation bei der Einführung neuer Mobilitätskonzepte

Dabei scheint die deutsche Industrie durchaus in der Lage zu sein, diese Herausforderungen erfolgreich zu bewältigen.

EFFIZIENTE FAHRZEUGE

Die deutsche Automobilindustrie besitzt einen Vorsprung bei der Entwicklung hocheffizienter Verbrennungsmotoren. Stand bis vor wenigen Jahren noch die Verbesserung des Dieselmotors im Vordergrund, werden nun auch die noch größeren Effizienzpotenziale des Benzinmotors erschlossen. Die deutsche Automobilindustrie ist auch hinsichtlich anderer wichtiger Technologien zur Entwicklung effizienter Kraftfahrzeuge wie Leichtbau und Aerodynamik gut aufgestellt. Der Rückstand bei Hybridantrieben, insbesondere gegenüber den japanischen Herstellern Toyota und Honda, scheint aufholbar oder ist in einigen Pkw-Segmenten bereits kompensiert, wie die Angebote der deutschen Hersteller in den Segmenten der Ober- und oberen Mittelklasse zeigen. Damit besetzt die deutsche Automobilindustrie eine Führungsposition hinsichtlich der weiteren Verbesserung der Effizienz von Fahrzeugen mit Verbrennungsmotor. Aufgrund dieser Stärke verwundert die reservierte Haltung von Teilen der deutschen Automobilindustrie gegenüber den von der europäischen Kommission vorgeschlagenen Effizienzzielen für die Zeithorizonte 2020 und 2030.

ALTERNATIVE ANTRIEBE

Bei den alternativen Antrieben im Bereich der PHEV und BEV verfolgen die deutschen Hersteller eine Second-Mover-Strategie, während Hersteller wie Renault/Nissan bei den BEV sowie General Motors/Opel und Toyota bei den PHEV eine First-Mover-Strategie gewählt haben. Angesichts der Marktrisiken insbesondere der BEV hinsichtlich heute noch mangelnder Akzeptanz und hoher Batteriekosten sowie Batterielebensdauerrisiken scheint dies eine zielführende und nachvollziehbare Strategie zu sein. Die deutschen Hersteller scheinen aber auch nicht die Chancen dieser Technologien zu unterschätzen und streben mit Schwerpunkt 2013 die Markteinführung eigener BEV und PHEV an. Ein Vorteil dieses Ansatzes gegenüber den ausländischen Wettbewerbern mit First-Mover-Strategie könnte auch darin liegen, dass nicht nur existierende Fahrzeugkonzepte mit einem neuen Antrieb ausgestattet werden, sondern dass Fahrzeuge unter den besonderen Rahmenbedingungen der Elektromobilität neu konzipiert und entwickelt werden (z.B. Leichtbau, Zielgruppe Stadt- und Regionalfahrzeug), sodass insgesamt ein überzeugenderes Gesamtangebot von BEV oder PHEV entsteht.

Die entscheidende Frage bei diesen Varianten der Elektromobilität (BEV, PHEV) lautet: Soll die deutsche Automobilindustrie eine eigene Produktion zukünftiger Hochleistungsbatterien (z.B. Li-Ionen der zweiten Generation, Li-S, Li-Luft) anstreben? Nach heutigem Verständnis (bzw. heutiger Erkenntnis) sollte diese Frage bejaht werden, da ein großer Teil der Wertschöpfung zukünftiger BEV und PHEV auf diese Batterien entfallen wird und so der Wegfall der Wertschöpfung aus den technologisch avancierten Verbrennungsmotoren kompensiert werden kann. Technologisch dürfte die deutsche Automobilindustrie in Zusammenarbeit mit der sehr gut positionierten deutschen Materialforschung dazu in der Lage sein. Als ein Risiko dieser Strategie könnte angesehen werden, dass ein deutlich schnelleres Absinken der Batteriepreise, als es bislang in Studien und Szenarien der Batterieentwicklung erwartet wird, diesen Aufwand zunichtemachen könnte.

Im Bereich der Brennstoffzellenfahrzeuge (FCEV) stellt sich die Ausgangssituation anders dar. Hier strebt eine Gruppe von Herstellern die First-Mover-Position an, zu der auch der Daimler-Konzern gehört. Die in der Initiative H_2-Mobility mit Unternehmen aus der Produktionskette für Wasserstoff zusammengeschlossenen Pkw-Hersteller haben ein Konzept zum parallelen Aufbau der H_2-Betankungsinfrastruktur und der Fahrzeugproduktion entwickelt. Die First-Mover-Position ist durch drei Faktoren zu begründen und – insbesondere aus Sicht des Daimler-Konzerns – auch positiv zu beurteilen: Erstens verfügt der Daimler-Konzern durch die lange Entwicklungs- und Testphase von FCEV über einen Wissensvorsprung vor anderen OEM, der auch durch die Patentstatistiken zu Brennstoffzellen dokumentiert ist. Zweitens eignen sich die vom Daimler-Konzern besonders adressierten Segmente der Oberklasse und oberen Mittelklasse für den Aufbau einer Technologieführerschaft, da die notwendigen Preisaufschläge in diesen Segmenten realisierbar und nach heutigem Stand der Technik die geforderten Reichweiten solcher Limousinen ohne Nutzung fossiler Kraftstoffe nur mit einer Brennstoffzelle erreichbar sind. Drittens besteht auch ein Risiko, dass mit forcierter Einführung von BEV und PHEV die Batterietechnologien und damit verbundene Geschäftsmodelle so starke Kostenreduktionspotenziale erzielen, dass die Brennstoffzelle aus dem Markt gedrängt wird, bevor überhaupt die ersten Fahrzeuge kommerziell auf den Markt gebracht werden. Dieser letzte Punkt dürfte eine wichtige Motivation für H_2-Mobility sein, die Markteinführung von FCEV in ausgewählten Zielmärkten für das Jahr 2015 anzukündigen.

POSITIONIERUNG DER DEUTSCHEN AUTOMOBILINDUSTRIE

Die deutsche Automobilindustrie profitiert seit Jahren von ihrer Position als Technologieführer und Premiumhersteller, welche im Image von Audi, BMW, Daimler, Porsche und mittlerweile auf globaler Ebene auch VW fest verankert ist. Dabei ist heute der Begriff des Premiumherstellers nicht mehr nur auf die Oberklasse und die obere Mittelklasse bezogen, sondern kann sich auf alle Segmente und die in den Segmenten jeweils technologisch und durch exklusive Ausstattungen führenden Fahrzeuge beziehen. Damit beanspruchen beispielsweise auch ein BMW MINI, ein Audi A1 oder ein hochwertig ausgestatteter VW Golf den Status eines Premiumfahrzeugs. Die Positionierung dieser fünf OEM als Technologieführer und Premiumhersteller gilt es, auch in Zukunft in Deutschland, Europa und global zu behaupten. Vier Gründe sind hier anzuführen: Erstens sind im Premiumsegment die größten Margen realisierbar, die die Basis für die Innovationskraft der Automobilindustrie durch stabil hohe FuE-Aufwendungen bilden. Zweitens wächst insbesondere in den Schwellenländern durch die aufholende ökonomische Entwicklung die Bevölkerungsschicht mit hohen und höchsten Einkommen überproportional, sodass der Weltmarkt für Premiumfahrzeuge in den nächsten Jahren stabiler boomen dürfte als andere Marktsegmente. Drittens würde sich der internationale Wettbewerb ohne die Eigenschaften Technologieführer und Premiumanbieter hin zu einem Preiswettbewerb verlagern, der für die in Deutschland produzierenden Hersteller nachteilig sein dürfte. Damit wäre viertens auch der Exporterfolg der deutschen OEM, die rund drei Viertel der in Deutschland hergestellten Pkw ausführen, infrage gestellt. Mit anderen Worten: Es müsste mit drastischen Einbrüchen in der deutschen Automobilindustrie gerechnet werden, wenn das Image und die Fähigkeit zur Technologieführerschaft und zum Premiumhersteller verloren gehen sollten.

NEUE KLEIN(ST)FAHRZEUGKONZEPTE

Trotz der Positionierung als Premiumhersteller sollte die deutsche Automobilindustrie zukünftig ihr Produktportfolio auch um neue Klein(st)fahrzeugkonzepte ergänzen. Diese Feststellung gilt vor allem in den untersuchten Szenarien »Technologiebruch« und »Mobilitätskonzepte«. Kleinstfahrzeuge können neben Elektrorollern und Pedelecs auch ein- oder zweisitzige Pkw sein. Vier Gründe sprechen für die Erweiterung des Produktportfolios um dieses Segment: Erstens erfordert die fortschreitende Urbanisierung die Etablierung von kleinen, leichten und wendigen Stadt- und Regionalfahrzeugen, die neben dem ÖPNV eine stadtverträgliche Mobilität garantieren können. Zweitens spielt sich diese Urbanisierung sehr stark in Schwellenländern ab, in denen auch ein relevanter Marktanteil durch Einsteiger in die motorisierte Mobilität mit geringer Kaufkraft gegeben sein wird. Drittens bietet gerade der Fortschritt der Elektromobilität die Möglichkeit, kleine und leichte E-Mobile mit Batterieantrieb im urbanen Bereich zu etablieren. Der heutige Bestand von 120 Mio. Pedelecs und Elektrorollern in China zeigt eindrucksvoll die Möglichkeiten solcher Verkehrsmittel in aufstrebenden Schwellenländern. Viertens ergeben sich im Falle der Etablierung neuer Mobilitätskonzepte (Schlagworte »Nutzen statt besitzen«) weitere Chancen, innovative Klein(st)fahrzeuge im Mobilitätsmarkt zu platzieren. Zentral wird hier sicher die Wettbewerbsfähigkeit auf der Kostenseite sein. Der beschränkte Erfolg bisheriger Anbieter (wie z.B. ThinkCity, Sam) mit Fahrzeugpreisen um die 20.000 Euro zeigt die Notwendigkeit zu drastischen Kostenreduktionen. Ob die nächste Generation der Fahrzeuge (wie z.B. Renault Twizy) zu Preisen um die 8.000 Euro bereits eine interessante und marktfähige Alternative für Privatnutzer darstellt, bleibt abzuwarten. Die deutschen Automobilhersteller könnten ihre Entwicklungs- und Fertigungskompetenzen zweifelsfrei auf das Klein(st)wagensegment transferieren und entsprechende Lösungen schaffen. Inwiefern sich auch ein Premiumsegment bei diesen Klein(st)fahrzeugen etablieren ließe, ist heute noch unklar.

Fasst man diese ersten vier Herausforderungen für ein Zwischenfazit zusammen, ergibt sich ein stabil wachsender Premiummarkt mit großer Attraktivität für die deutsche Automobilindustrie sowie das zukünftige Potenzial einer neu entstehenden Nachfrage am unteren Ende der heute existierenden Pkw-Segmente, während sich in den mittleren Segmenten ohne avancierte Technologieausstattung die Nachfrage nach Fahrzeugen aus deutscher Produktion verringern dürfte.

ERSCHLIESSUNG NEUER WACHSTUMSMÄRKTE

Eine weitere Herausforderung bezüglich der zukünftigen Marktentwicklung weist zwei unterschiedliche regionale Dimensionen auf: In den zukünftigen Wachstumsmärkten der Verkehrsnachfrage in den BRICS-Ländern gilt es, die Markterschließung voranzutreiben. Insbesondere China und Brasilien bieten große Chancen auf zukünftig wachsende Absatzmärkte mit nennenswertem Marktvolumen. So könnte sich in China der Absatz an neuen Pkw bis 2030 im Vergleich zu heute mehr als verdreifachen. Hier sind die deutschen OEM bereits gut positioniert, so etwa mit Volkswagen nach Marktanteil in der führenden Position in China und Brasilien sowie mit den klassischen Premiumherstellern, die große Teile ihrer Produktion aus Deutschland nach China exportierten (so wurde China auch für Porsche mittlerweile zum größten und wichtigsten Einzelmarkt), allerdings weniger stark in Brasilien und Südamerika insgesamt auftreten. Das Wachstum wird zukünftig in den BRICS-Ländern stattfinden, während die Nachfrage in den Triade-Staaten eher stagniert. Die OEM und die Systemzulieferer sind in den Wachstumsregionen mit umfangreichen Produktions- und Entwicklungskapazitäten bereits wesentlich besser aufgestellt als die nachgeordneten Zulieferer, die vorwiegend die Zulieferung in Deutschland und Europa im Blick haben und wesentlich schwächer beim direkten Export in diese Wachstumsmärkte positioniert sind.

Die zweite regionale Dimension der Marktentwicklung bildet der europäische Exportmarkt. Hier liegt die Herausforderung in der gleichzeitigen Bewältigung von Finanz- und Wirtschaftskrise, die zumindest Südeuropa, aber vermutlich auch Frankreich, Irland und ggf. England noch länger belasten wird, sowie von niedrigen Auslastungsgraden und bestehenden Überkapazitäten in allen Automobilwerken in Europa außerhalb Deutschlands. Die große Exportabhängigkeit mit drei Vierteln der nationalen Produktion für den Export (u.a. nach Europa) und der Betrieb schlecht ausgelasteter Werke im europäischen Ausland belasten auch die deutschen OEM. Durch ihre Positionierung in den BRICS-Wachstumsmärkten können die dort erfolgreichen OEM die Schwäche in Europa kompensieren. Trotzdem werden die deutschen OEM auch vom notwendigen Abbau der Produktionskapazitäten in Europa betroffen sein, insbesondere bei fehlendem Engagement in den Wachstumsmärkten. Die Auslastung der vorhandenen Kapazitäten in Deutschland durch nationale und internationale Nachfrage wird ein Hauptziel der OEM bleiben. Zugleich stellt sich die Frage, inwieweit die lokale Produktion insbesondere unterhalb der Premiummärkte direkt in den Wachstumsregionen aufgebaut werden muss. Dies hatte eine geringere Bedeutung für die Wertschöpfung in Deutschland, als Europa noch Hauptzielmarkt der deutschen OEM war. Produktionsverlagerungen nach Asien oder Südamerika ziehen weiter reichende Verlagerungen in der Wertschöpfungskette nach sich als eine in Europa verteilte Produktion. Europäische Werke könnten auch von vorwiegend national aufgestellten Zulieferern bedient werden, während asiatische oder südamerikanische Werke deutscher OEM vermutlich eher von Zulieferwerken aus diesen Regionen beliefert werden würden.

Unklar stellt sich die Entwicklung des indischen Marktes dar. Auch hier wird von einem starken Wachstum der Fahrzeugnachfrage ausgegangen, aber ob ein

Aufbau von Produktionskapazitäten in Indien erforderlich und erfolgreich sein kann oder ob die Belieferung des indischen Marktes aus Deutschland/Europa erfolgen sollte – oder ob chinesische Hersteller diese Belieferung übernehmen werden –, kann heute noch nicht beantwortet werden. Aufgrund der erwarteten zukünftigen Marktgröße des indischen Marktes muss dieser aber kontinuierlich beobachtet werden, und Strategien zu seiner Erschließung müssen vorbereitet und regelmäßig aktualisiert werden.

BAUKASTEN- UND PLATTFORMSTRATEGIEN

Einen zentralen Faktor für die zukünftige Wettbewerbsfähigkeit der OEM stellt die gewählte Baukasten- bzw. Plattformstrategie in der Fahrzeugproduktion dar. Hier gilt es, die Marktdiversifizierung der Fahrzeugtypen durch eine möglichst fokussierte Systemstrategie mit nur wenigen Baukästen/Plattformen zu unterlegen, um so die Kundenforderung nach einem möglichst vielseitigen Angebot an Fahrzeugtypen (Kombi, Limousine, Cabrio, Sportback, Coupé etc.) kosteneffizient zu bedienen. Eine fokussierte Systemstrategie ermöglicht große Stückzahlen und Skaleneffekte bei den Systembausteinen bei gleichzeitiger Varianz der Fahrzeugtypen durch Variation der außen sichtbaren Komponenten. Internationaler Vorreiter ist hier sicher Volkswagen mit seinen beiden Baukästen (MQB, MLB), aber auch andere deutsche OEM (z.B. Daimler) sind hier besser aufgestellt als japanische oder amerikanische Hersteller. Diesen Vorsprung gilt es zu halten oder sogar auszubauen. Gleichzeitig ist sicherzustellen, dass Produktionsanlagen flexibel zwischen der Produktion einzelner Fahrzeugtypen eines Baukastens wechseln können und nicht fixiert sind auf die Herstellung eines einzigen Modells. Damit können Nachfrageschwankungen durch kurzfristige Verlagerung von Produktionsvolumina zwischen einzelnen Werken ausgeglichen werden, anstatt darauf angewiesen zu sein, in einem Werk Überstunden zu fahren, während ein anderes Werk nicht ausgelastet wird.

NEUE MOBILITÄTSKONZEPTE

Die siebte und letzte Herausforderung integriert fast alle vorhergehenden und fügt eine neue systemische Herausforderung hinzu: die Einführung neuer Mobilitätskonzepte und die mögliche Partizipation der Automobilindustrie als Mobilitätsdienstleister. Damit würden sich die OEM von einem reinen Produktanbieter zu einem gemischten Anbieter von Produkten und Dienstleistungen wandeln. Neue Mobilitätskonzepte basieren auf der Idee »Nutzen statt besitzen« und beinhalten verschiedene Varianten des Carsharing, Bikesharing, Mitfahrgelegenheiten sowie die Integration dieser Mobilitätsdienste mit dem ÖPNV bzw. untereinander. Obwohl Carsharing seit 20 Jahren als Mobilitätsoption bekannt ist, erlebt es erst seit knapp 5 Jahren ein starkes Wachstum der Nutzerzahlen und des Angebots. In Deutschland gab es 2011 über 250.000 Carsharingnutzer. Damit hat sich die Zahl der Nutzer innerhalb von vier Jahren verdoppelt, was einer durchschnittlichen Wachstumsrate von ca. 20 % entspricht.

Bikesharing hat sich in wenigen Jahren im europäischen Ausland mit großen Systemen mit bis zu 20.000 Fahrrädern pro Stadt etabliert, und Metropolen wie Paris, Barcelona oder Mailand, in denen das Fahrrad vorher keine Rolle als Verkehrsmittel gespielt hat, können jetzt auf nennenswerte und wachsende Anteile des Fahrrads am Modalsplit verweisen. Die größten Bikesharingsysteme werden allerdings zurzeit in den Metropolen Chinas aufgebaut. Mitfahrgelegenheiten erlangen eine neue Qualität, seit Internet und Smartphone-Applikationen sowohl ein Ad-hoc-Angebot als auch eine Ad-hoc-Buchung einer Mitfahrt möglich machen. Carsharing in urbanen Regionen ist sehr gut vorstellbar mit dem Einsatz der neuen elektrischen Klein(st)fahrzeuge, sowohl in Europa als auch in den Wachstumsmärkten. Treiber für diese Entwicklung sind neben der technologischen Verfügbarkeit kleiner Elektrofahrzeuge sicher auch der Anstieg der Mobilitätskosten, die Urbanisierung und der Wandel der Statussymbole. Für die junge Generation im urbanen Raum ersetzen zunehmend das Smartphone, das E-Bike oder der Segway das private Auto als Statussymbol.

Die Automobilindustrie wird sicher einen dämpfenden Effekt auf den Pkw-Absatz durch die neuen Mobilitätskonzepte verspüren. Sie kann aber auch eine aktive Rolle beim Aufbau der Mobilitätskonzepte übernehmen und so den Umsatzausfall durch Einnahmen aus der Bereitstellung von Mobilitätsdienstleistungen kompensieren. Zudem bieten diese Systeme eine Plattform für alternative Antriebe und Praxistests neuer Entwicklungen der Hersteller. Die Rollen der OEM sind hier vielfältig. Zum einen können sowohl klassische als auch flexible Carsharingsysteme aufgebaut werden. Dies gilt für einzelne Regionen in Deutschland, aber auch für Europa, Nordamerika und ausgewählte Länder im asiatischen Raum. Zum anderen könnten weiter gehende Funktionen als Integrator der neuen Mobilitätskonzepte übernommen werden, da die Automobilindustrie über die größten Forschungsbudgets in der deutschen Wirtschaft verfügt.

Aus Kundensicht sollte für die neuen Mobilitätskonzepte eine standardisierte Schnittstelle aufgebaut werden, über die sich ÖPNV, Mitfahrgelegenheiten, Car- und Bikesharingsysteme beauskunften, buchen und nutzen lassen. Neben dieser Schnittstelle ist die verpflichtende Bereitstellung der Verbindungsdaten durch die Verkehrsunternehmen notwendig. Diese Ausbaustufe der vernetzten Mobilität kann vermutlich erst nach 2020 erreicht werden. Ihre Realisierung erfordert aber sicher einen früheren Einstieg in den Markt. Zur Realisierung der vernetzten Mobilität ist Technologie-Know-how im Bereich Vernetzung großer Datenbanken, Echtzeitdatenverarbeitung und Kommunikation mit sehr großen Nutzergruppen erforderlich. Neben der Automobilindustrie und anderen Verkehrskonzernen wie der DB AG könnte die Rolle als Integrator der vernetzten Mobilität auch durch führende Technologiekonzerne mit Fokus IT wie Siemens, IBM oder

SAP angestrebt werden oder aber durch Konzerne aus dem Bereich der Internet- und Social-Media-Technologien wie Google, Apple oder Facebook.

HANDLUNGSOPTIONEN

Die Handlungsoptionen, die sich aus dieser Studie ableiten lassen, können anhand des jeweiligen Adressaten in drei Kategorien gegliedert werden: marktstrategische, technologiestrategische und regulatorische. Erstere richten sich an das strategische Management in der Automobilindustrie, die folgenden an deren Entwicklungsstrategie und die letztgenannten an den Gesetzgeber.

Folgende vier marktstrategische Prämissen können aus den Analysen und Ergebnissen des vorliegenden Berichts abgeleitet werden:

› Die Sicherung des globalen Premiummarkts ist für Erhalt und Wachstum der deutschen Automobilindustrie ein zentrales Ziel. Premiumangebote ermöglichen hohe Wertschöpfung und sichern den Erhalt der Technologieführerschaft. Der Premiummarkt dürfte global gesehen einer der stabilsten Märkte in den nächsten beiden Dekaden sein.
› Aus- und Aufbau einer starken Positionierung in den Wachstumsmärkten, insbesondere in China und Brasilien bzw. in etwas abgeschwächter Priorisierung in weiteren Ländern Südamerikas und in Mexiko.
› Eine kontinuierliche Marktbeobachtung des indischen Automobilmarkts ist erforderlich, um in der Lage zu sein, bei sich bietender Marktchance entsprechende Markteintrittsstrategien für Indien zu entwickeln, zu testen und umzusetzen.
› Wertewandel und Effizienzüberlegungen machen die Entwicklung neuer Mobilitätskonzepte wahrscheinlich. Die OEM sollten hier Geschäftsmodelle entwickeln und testen, um von diesem Markt als Mobilitätsdienstleister profitieren zu können. Damit würden sie sinkende Pkw-Absatzzahlen durch den Aufbau eines zweiten Standbeins kompensieren können.

Auch wenn zukünftig generell von einer Diversifizierung der Antriebskonzepte ausgegangen wird, lassen sich auf Grundlage der vorliegenden Studie drei zentrale technologiestrategische Herausforderungen ableiten:

› Entwicklung und Umsetzung von Technologien des Leichtbaus werden unerlässlich sein, sowohl aus Gründen der allgemeinen Energieeinsparung (Energie- und Klimaeffizienz) bei allen Fahrzeugtypen als auch aus Sicht der Elektromobilität mit ihrer auf absehbare Zeit noch beschränkten Energiespeicherkapazität.
› Aufgrund des hohen Wertschöpfungsanteils der Batterie in der Elektromobilität scheint es dringend angeraten zu sein, eine eigene Produktion aufzubauen, zumindest für die Lithiumbatterien der zweiten Generation (Li-Ionen) sowie

zukünftige Systeme (z.B. Li-S, Li-Luft). Damit könnten Wertschöpfungsverluste durch den Wegfall des Verbrennungsmotors und seiner Nebenaggregate kompensiert werden.

- Die Markteinführung der Wasserstoff-Brennstoffzellen-Technologie sollte durch aussichtsreich positionierte OEM vorangetrieben werden, um zu vermeiden, dass ein schneller – und nicht gänzlich auszuschließender – Durchbruch bei der Batterietechnologie die Einführung der FCEV komplett unmöglich macht, da dadurch die Reichweitenproblematik bei E-Mobilen bereits gelöst würde und FCEV nicht mehr den Einstieg in ihre Lernkurve schaffen könnten.

Drei zentrale regulatorische Optionen als unterstützende Begleitung der anstehenden Veränderungen in der Automobilindustrie lassen sich aus den vorstehend beschriebenen Strategien ableiten:

- Der Aufbau einer eigenen Produktion von Hochleistungsbatterien in Deutschland sollte durch eine adäquate Forschungsförderung unterstützt werden, insbesondere im Bereich der Grundlagenforschung für Lithiumbatterien der zweiten Generation (d.h. Li-Ionen, Li-S, Li-Luft).
- Deutsche Hersteller sind bei Effizienztechnologien im Bereich des Verbrennungsmotors und der Fahrzeugoptimierung z.B. durch Leichtbautechnologien gut aufgestellt. Entsprechend sollte die sogenannte CO_2-Strategie der EU, die auch Bestandteil des deutschen »Meseberger Integrierten Energie- und Klimaschutzprogramms« ist, mit der Setzung ambitionierter Zielwerte unterstützt werden. Hinzu kommt, dass diese Maßnahme am effektivsten zur Reduktion der Treibhausgasemissionen (THG-Emissionen) aus dem Verkehr beitragen kann.
- Für die erfolgreiche Einführung neuer Mobilitätskonzepte mit dem Ziel einer vernetzten Mobilität im Sinne der Generierung von multimodalen Wegeketten aus einer Hand sollten Deutschland wie auch die deutschen Automobilhersteller eine Vorreiterrolle einnehmen. Dabei müssten bestehende Barrieren beseitigt werden. Dazu gehören Änderungen der Stellplatzordnung, die in fast allen Bundesländern heute auch in autofreien oder autoarmen Wohngebieten eine Mindestzahl an Parkplätzen pro (neuer) Wohneinheit fordert, welche aber bei der vernetzten Mobilität nicht gebraucht würden. Gleichzeitig sind die Möglichkeiten, dezidierte Carsharingparkplätze zu schaffen, häufig eingeschränkt. Wichtiger ist aber die Öffnung des Marktes, sodass Kunden eines regionalen Mobilitätsdienstleisters auch die Dienste anderer Mobilitätsdienstleister in anderen Regionen in Anspruch nehmen können, ähnlich dem Roamingkonzept im Mobilfunkbereich. Dadurch entstünde zumindest ein national einheitlich nutzbares System. Idealerweise wird dieses System der vernetzten Mobilität auch auf die Nachbarländer und den europäischen Bereich ausgedehnt bzw. in andere Regionen transferiert, sodass die deutschen Vorreiterfirmen aus dieser Markterweiterung zusätzliche Wertschöpfung generieren könnten.

EINLEITUNG I.

Die globale Automobilindustrie steht vor großen technologischen und strukturellen Umbrüchen. Neue Automobilmärkte gewinnen rasch an Bedeutung. So hat sich die Volksrepublik China zum weltgrößten Markt für neu zugelassene Personenkraftfahrzeuge entwickelt, während der Absatz auf etablierten Märkten der Triade (EU, USA, Japan) nur noch schwach wächst oder gar stagniert. Weltweite Überkapazitäten, ein zunehmend ausdifferenziertes Produktprogramm hin zu Nische-in-der-Nische-Modellen, das einhergeht mit immer kleiner werdenden Stückzahlen pro Modell, ebenso wie regional zunehmend unterschiedliche Produktanforderungen stellen die Automobilhersteller und -zulieferer vor große strategische Herausforderungen. Vor dem Hintergrund knapper werdender fossiler Brennstoffe gewinnen zudem alternative Antriebsquellen jenseits des klassischen Verbrennungsmotors an Bedeutung. Es lassen sich damit drei Trends identifizieren, die die Automobilmärkte schon heute, aber insbesondere in der Zukunft maßgeblich prägen werden (Frost & Sullivan 2012b; KPMG 2011; PwC 2010a):

> Stagnation in den Triade-, Wachstum in den BRICS[2]-Märkten: Während auf den Triade-Märkten die Verkaufszahlen auf hohem Niveau stagnieren, wachsen die BRICS-Märkte stetig weiter. Insbesondere China, Indien und Brasilien erweisen sich als wachsende Volkswirtschaften mit einer dynamisch aufholenden Motorisierung. In China lag die durchschnittliche Wachstumsrate des Bruttoinlandsprodukts (BIP) in den Jahren 2003 bis 2008 bei über 10 %, in Brasilien bei über 4 %.
> Klimawandel und Endlichkeit fossiler Brennstoffe: Der kontinuierliche Anstieg der fossilen Energiepreise und die Umsetzung ambitionierter Ziele der Klimapolitik setzten neue Rahmenbedingungen im Verkehrssektor. Diese Entwicklungen treiben den technischen Fortschritt und führen zu einer Diversifizierung der Antriebskonzepte hin zu hocheffizienten Antrieben mit Verbrennungsmotoren aber auch zu Alternativen wie beispielsweise elektrisch angetriebene Fahrzeuge.
> Geändertes Mobilitätsverhalten der Gesellschaft: Als dritter Trend lässt sich eine Änderung im Mobilitätsverhalten identifizieren, der seit geraumer Zeit in den jüngeren Generationen, insbesondere in Regionen mit hohem Wohlstandsniveau (Triade), Einzug hält. Diese Entwicklungen beschreibt den Weg weg vom »Besitz des Pkw« und wird derzeit unter den Schlagworten »Nutzen statt besitzen«, »Multimodalität« oder »Vernetzung« diskutiert. Die ersten Signale dieses beobachtbaren Wertewandels deuten darauf hin, dass neue vernetzte Mobilitätskonzepte zukünftig deutlich attraktiver werden.

2 Brasilien, Russland, Indien, China und Südafrika

Die sich wandelnden Rahmenbedingungen lösen eine veränderte Innovations- und Marktdynamik aus, von der besonders auch die deutsche Automobilindustrie betroffen ist. Die deutsche Automobilindustrie stellt traditionell eine tragende Säule der deutschen Wirtschaft dar. Im Jahr 2011 betrug der Umsatz der deutschen Automobilhersteller und -zulieferer (WZ 29) insgesamt 351 Mrd. Euro. In der Automobilindustrie sind derzeit rund 719.000 Menschen beschäftigt. Rechnet man auch Unternehmen dazu, die in anderen Branchen beheimatet sind, aber der Automobilindustrie zuliefern, so erhöhen sich die von der Automobilindustrie abhängigen Arbeitsplätze um den Faktor 2 bis 2,5 (Kinkel/Zanker 2007). Knapp ein Drittel aller in Deutschland getätigten Aufwendungen für Forschung und Entwicklung wurde in der Automobilindustrie realisiert (Stifterverband 2012).

Vor dem Hintergrund dieser gesamtwirtschaftlichen Bedeutung könnten die skizzierten Entwicklungen nicht nur unmittelbaren Einfluss auf die Automobilindustrie haben, sondern auch für die gesamte deutsche Volkswirtschaft von substanzieller Bedeutung sein.

ZENTRALE HERAUSFORDERUNGEN IN DER AUTOMOBILINDUSTRIE 1.

Bis in die 1990er Jahre waren Staaten wie Japan, die USA und einige EU-Länder maßgeblich für das Wachstum des globalen Automobilmarkts verantwortlich. Diese Märkte erreichen seit Anfang der 2000er Jahre einen Zustand der Sättigung. Mit nahezu stagnierender sowie in Japan und der EU auch alternder Bevölkerung und moderatem Wirtschaftswachstum wird in diesen Ländern zwar immer noch etwa die Hälfte aller Pkw verkauft, aber die Wachstumsraten der Verkaufszahlen gehen deutlich zurück.

In den BRICS-Ländern hingegen entwickelt sich sowohl die Wirtschaft als auch die Bevölkerung dynamischer. Wachstumsraten des BIP von über 8 % konnten in China und Indien über längere Zeiträume erzielt werden. In diesen beiden Ländern besitzt zudem nicht mal jeder 40. Einwohner einen Pkw (VDA 2011b). Als Folge des wachsenden Wohlstands und der sehr niedrigen Motorisierung stiegen die Verkaufszahlen für Pkw in den letzten Jahren stark an. Diese Entwicklung wird sich wohl in den nächsten Jahren fortsetzen.

Auf diesem Rahmen aufbauende Extrapolationen der heutigen Entwicklung prognostizieren bis 2030 einen globalen Fuhrpark von 2 Mrd. Pkw, was ungefähr einer Verdreifachung des heutigen Pkw-Bestands entspräche (Sperling/Gordon 2009). Dabei wird von steigendem Wohlstand der BRICS-Staaten und besonders von China ausgegangen, der dementsprechend zu steigenden Pkw-Absatzzahlen führen wird. In der Tat lässt sich beobachten, dass in der Vergangenheit wachsender Wohlstand auch zu einer wachsenden Pkw-Besitzrate geführt hat. Die USA verzeichnen beispielsweise neben der weltweit höchsten Pkw-Besitzrate auch eines der höchsten Pro-Kopf-Einkommen. Gleiches gilt für viele europäische Staaten und Japan. Daraus wird im Allgemeinen die plausible Hypothese abgeleitet, dass der Wohlstandszuwachs der BRICS-Staaten sich zwangsläufig in einer sehr stark steigenden Pkw-Besitzrate widerspiegeln wird, wobei durchaus verschiedene Entwicklungspfade der Motorisierung denkbar sind. Abbildung I.1 zeigt anhand einer weltweiten Übersicht der Anteile motorisierter Fahrten in Abhängigkeit des Wohlstands (BIP pro Kopf), welche unterschiedlichen Niveaus bzw. Muster der Motorisierung erreicht werden können.

Grundsätzlich kann davon ausgegangen werden, dass die Anzahl motorisierter Fahrten unmittelbar mit dem Pkw-Besitz korreliert. Je mehr Pkw pro Person verfügbar sind, desto höher liegt heute der Anteil motorisierter Wege an allen getätigten Wegen pro Tag. Die Analysen der Internationalen Energieagentur weisen auf einen Anstieg des Anteils der motorisierten Wege analog zum BIP pro Kopf hin (IEA 2008a). Dieser Anstieg ist gerade in Bereichen niedrigen BIP pro Kopf (unter 15.000 US-Dollar pro Jahr) besonders ausgeprägt, sodass geringe Wohlstandszuwächse hier zu einer deutlichen Steigerung des Anteils motorisierter Wege führen.

Der Anstieg der motorisierten Wege mit dem Einkommen liegt in nordamerikanischen Städten deutlich höher. Besonders in Europa, aber auch in manchen asiatischen Städten bleibt der Anteil der motorisiert absolvierten Wege trotz hohen Wohlstands vergleichsweise gering. Welche Entwicklungsrichtung der Motorisierung die wachsenden BRICS-Staaten einschlagen werden, ist von vielen Einflussfaktoren abhängig. Neben der Siedlungsstruktur, den gesellschaftlichen Werten und den staatlichen Rahmenbedingungen wird zukünftig vor allem die Verfügbarkeit von Ressourcen zur Herstellung und zum Betrieb eines Pkw – wie Energie, Metalle oder Seltene Erden – für die Entwicklung der globalen Automobilmärkte ausschlaggebend sein.

Die deutsche Automobilindustrie hat im Jahr 2011 mehr als 50 % des Umsatzes im Ausland erzielt (VDA 2012). Von den in Deutschland hergestellten Fahrzeugen wurden über drei Viertel exportiert. Welche Märkte in welcher Intensität zukünftig wachsen werden, welches Wachstum insbesondere in den BRICS-Staaten realisiert wird, sind Aspekte, die maßgeblichen Einfluss auf die zukünftige Umsatzentwicklung der deutschen Automobilindustrie haben werden. In diesem Zusammenhang ist nicht nur die Frage nach der globalen Absatzentwicklung zu klären, sondern auch, in welchen Regionen die deutschen Hersteller und Zulieferer ihre Produkte entwickeln und herstellen werden.

Schon heute geht sowohl bei Herstellern als auch bei Zulieferern die Tendenz in Richtung der Produktion vor Ort in den jeweiligen Absatzmärkten. Setzt sich dieser Trend fort, so könnte dies erhebliche Folgen für die Entwicklung der automobilen Wertschöpfung am Standort Deutschland und für die Zahl der Arbeitsplätze haben.

ABB. I.1 ANTEIL MOTORISIERTER FAHRTEN IN ABHÄNGIGKEIT VOM BIP PRO KOPF

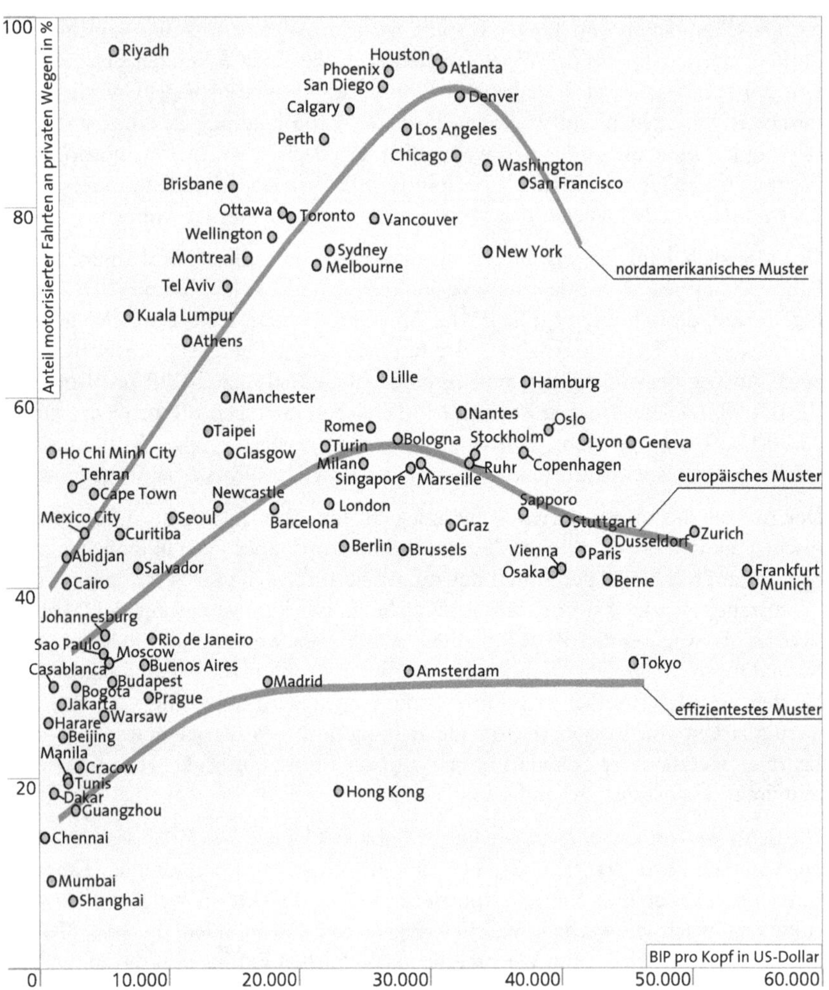

Quelle: IEA 2008a

Neben den Fragen des Absatzwachstums in den unterschiedlichen Regionen der Welt werden in Zukunft der Klimawandel und die Endlichkeit der fossilen Energieträger die Entwicklungen in der Automobilindustrie umfassend prägen. Die Endlichkeit fossiler Brennstoffe beschäftigt Politiker, Ökonomen und Industrie in den letzten Jahren gleichermaßen. Es wird hierbei oft vom sogenannten »peak oil« gesprochen, der Punkt, an dem die maximale globale Ölfördermenge erreicht ist. In der Wissenschaft herrscht Uneinigkeit über den exakten Zeitpunkt des »peak oil« (Aleklett 2007; IEA 2008b). Aber auch ohne Kenntnis des genauen Zeitpunkts von »peak oil« ist offensichtlich: Die Ölförderung wird in Zukunft teurer werden, da immer mehr Ölfelder aus unzugänglichen Quellen erschlossen werden müssen, deren Förderung mit deutlich höheren Kosten verbunden sein wird. Zu nennen sind in diesem Zusammenhang Tiefseebohrungen und die Gewinnung von Rohöl aus Ölsanden. An diesen Beispielen werden auch unmittelbar die weiteren Probleme der Förderung klar: Das Risiko, dass es bei der Ölförderung zu erheblichen Umweltverschmutzungen bis hin zu Katastrophen kommt, steigt. Diese Aspekte werden im Zusammenspiel mit den Unsicherheiten über das Erreichen des »peak oil« zu erheblichen Preissteigerungen und Preisschwankungen bei Rohölprodukten führen.

Die zweite Determinante bildet die Problematik der Treibhausgasemissionen. Bei jedem Verbrennungsvorgang eines fossilen Brennstoffs entstehen verschiedene Emissionen. Grundsätzlich können diese unterteilt werden in Luftschadstoffe, die aus unvollständiger Verbrennung (Partikel, NO_x, CO sowie SO_2) entstehen und dem Treibhausgas CO_2, das bei jeder Verbrennung als Verbrennungsprodukt entsteht. Erstere lassen sich durch Nachverbrennung, Filterung der Abgase und Verbesserung der Verbrennungsmotoren minimieren. Die CO_2-Emissionen hingegen hängen von der Art des Kraftstoffs und dem Verbrauch ab. Während es sich bei den Emissionen aus unvollständiger Verbrennung weitestgehend um Luftschadstoffe handelt, ist CO_2 ein Treibhausgas, welches maßgeblich zum Klimawandel beiträgt. In den letzten Jahren konnten in den Bereichen Industrie und Haushalte bereits erhebliche Einsparungen realisiert werden. Der Verkehrsbereich hingegen hat seine Menge an emittierten Treibhausgasen weiter erhöht (IEA 2011). Dieser Entwicklung versucht die Politik durch dezidierte Vorgaben in Form von CO_2-Emissionsgrenzwerten für die durchschnittliche EU-Neuwagenflotte (130 g CO_2/km bis 2015 und 95 g CO_2/km bis 2020) zu begegnen. Diese werden als spezifische Vorgaben für jeden Hersteller expliziert.

Sowohl die Endlichkeit der fossilen Brennstoffe als auch die angestrebte, forcierte Abmilderung des Klimawandels führen dazu, Alternativen zu den rohölbasierten Kraftstoffen zu finden bzw. finden zu müssen. Elektrizität und Wasserstoff – vorausgesetzt sie wurden klimaneutral produziert – scheinen aus heutiger Sicht technisch machbare Alternativen zu fossilen Brennstoffen für Automobile zu sein – wenngleich die klassische Verbrennungskraftmaschine auch in Zukunft noch eine bedeutende Rolle spielen wird. Ambitionierte Emissionsreduktionsziele unterhalb von 95 g CO_2/km lassen sich vermutlich nicht über Effizienzsteigerungen der heutigen Verbrennungskraftmaschine realisieren, sondern nur in Kombination mit alternativ angetriebenen Fahrzeugen. Mittlerweile werden auf dem Markt einige Fahrzeuge angeboten, die entweder reinelektrisch (z. B. Renault Z.E., Smart E) oder als Hybrid durch einen Range Extender angetrieben werden

(z. B. Opel Ampera). Zudem wird voraussichtlich ab 2015 das Brennstoffzellenfahrzeug in den Serienmarkt eingeführt (Becker 2012). Wie sich diese alternativen Antriebe am Markt durchsetzen und ob die Vorbehalte gegenüber den neuen Technologien weiter abgebaut werden können, hängt stark von der Reduktion der heute noch deutlich teureren Fahrzeugpreise ab.

Der perspektivisch angelegte, aber durchaus absehbare Übergang zu neuen Antriebstechnologien im Fahrzeugbau (Hybrid, Elektro, Brennstoffzelle etc.) birgt vielseitige Chancen, aber durchaus auch Risiken für die deutschen Automobilhersteller und -zulieferer. Das gegenwärtige Know-how im Bereich konventioneller Antriebe wird zumindest partiell entwertet werden. Wichtige Systeme und Komponenten eines Fahrzeugs müssen modifiziert (z. B. Klima- und Bremssystem), durch neue ersetzt (z. B. Elektroantriebe inklusive Batterie und Leistungselektronik statt Verbrennungsmotor) werden oder entfallen möglicherweise komplett (z. B. Abgasanlage, Antriebsstrang). Zudem halten neue Materialen wie Verbundfaserstoffe verstärkt Einzug in den Automobilbau.

Für die Automobilindustrie, die Hersteller und die Zulieferer, wird es daher entscheidend sein, rechtzeitig die richtigen technologischen Pfade zu beschreiten, um einen technologischen Paradigmenwechsel nicht nur mitzugehen, sondern auch prägen zu können. Die deutsche Automobilindustrie hat sich im weltweiten Vergleich eine technologische Spitzenpositition erarbeitet, für die nicht nur einzelne Hochtechnologieunternehmen verantwortlich sind, sondern gesamte Innovations- und Wertschöpfungsketten mit verschiedenen Akteuren im Zusammenspiel (Kirner et al. 2009; Rammer et al. 2012a u. 2012b; Som 2012). Zu beachten ist im Kontext elektrisch angetriebener Fahrzeuge beispielsweise die asiatische Konkurrenz, deren Kompetenzen bezüglich Entwicklung und Herstellung von Fahrzeugbatterien und Elektrofahrzeugen hervorzuheben sind.

Vor dem Hintergrund dieser Entwicklungen gilt es daher zu erörtern, welche technologischen Anstrengungen zukünftig verstärkt unternommen werden müssen, welche Akteure die technologischen Entwicklungen treiben und wer dann die entsprechenden Produkte herstellen wird. Von den entsprechenden strategischen Weichenstellungen ist maßgeblich abhängig, welche Bedeutung zukünftig die deutsche Automobilindustrie am Weltmarkt spielen und welche Wertschöpfung zukünftig noch in Deutschland realisiert wird.

Eine weitere Entwicklung, die die Automobilindustrie in den nächsten Jahren und Jahrzehnten strukturell verändern könnte, wäre ein geändertes Mobilitätsverhalten der Gesellschaft, insbesondere der jüngeren Generation, und damit einhergehend das Angebot neuer Mobilitätskonzepte. Die Kernfrage, die gestellt werden muss, lautet: Wird das *private* Automobil in der Gesellschaft zukünftig noch den gleichen Stellenwert wie in den vergangenen Jahren besitzen? Diese Frage wird zurzeit intensiv diskutiert. Ein zentrales Element dieser Diskussion hinterfragt, ob das Statussymbol Pkw durch andere Objekte wie Smartphones oder im postmaterialistischen Sinne durch immaterielle Statusobjekte ersetzt werden wird. Solch ein Wertewandel und die damit einhergehenden Auswirkungen können nach heutigem Wissensstand nur begrenzt mit Fakten belegt werden. Sie treten bisher eher als »weak signals« (schwache Signale) auf.

Zwei Entwicklungen lassen sich hingegen quantifizieren. Das Mobilitätsverhalten in Deutschland hat sich in den letzten Jahren vor allen Dingen bei der jungen Generation (bis 35 Jahre) und bei den Personen über 60 Jahre verändert (Abb. I.2).

ABB. I.2 PERSONEN MIT VERFÜGBAREM PKW NACH ALTERSKLASSEN (IN %)

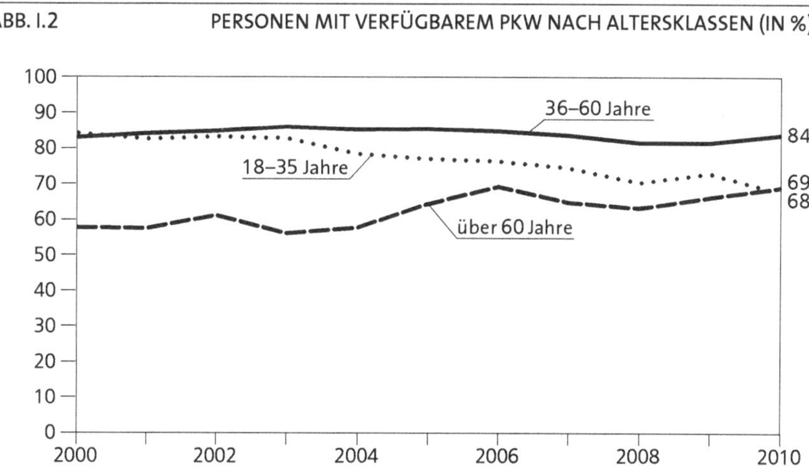

Quelle: Zumkeller et al. 2011

Einerseits zeigt sich bei der älteren Generation eine zunehmende Führerscheinverfügbarkeit: In den letzten Jahren stieg der Prozentsatz derjenigen, die sowohl einen Führerschein besitzen als auch einen Pkw zur Verfügung haben und über 60 Jahre alt sind von unter 60 auf fast 70 % an. Andererseits nimmt in der Generation der 18- bis 35-Jährigen der Anteil derjenigen, die einen Pkw besitzen, kontinuierlich ab. Ein Grund hierfür könnte die mangelnde Bereitschaft sein, die hohen Kosten für den Besitz eines Pkw zu tragen. Damit sind die Entwicklungen der jungen Generation gegensätzlich zur Entwicklung bei älteren Menschen.

Nach derzeitigem Stand sind (noch) keine grundlegenden Änderungen beim Mobilitätsverhalten zu erkennen. Allerdings stellen die sinkenden Pkw-Besitzraten junger Erwachsener und der steigende Zuspruch zu Carsharing- und Mobilitätskonzepten belastbare Frühindikatoren im Hinblick auf eine zumindest leichte Verhaltensänderung der jungen Generation dar, die im Zeitverlauf die gesamte Gesellschaft durchdringen könnte. Mobilitätskonzepte bieten mittlerweile in

Kombination mit Informations- und Kommunikationstechnologien (IKT) durchaus ansprechende Angebote als Ersatz zum eigenen Auto. Diese Konzepte sprechen vor allen Dingen junge Bewohner urbaner Gebiete an. Die Kombination aus attraktiven Angeboten und eine mögliche Verhaltensänderungen, die dem Besitz eines Pkw nicht die gleiche Wichtigkeit wie in der Vergangenheit einräumt, werden zukünftig wohl für ein weiteres Wachstum bei Carsharing und neuen Mobilitätskonzepten sorgen.

Dies muss nicht zwangsweise als Nachteil für die deutsche Automobilindustrie gesehen werden. Neben dem Vorsprung im Premiumsegment und bei hocheffizienten konventionellen Antrieben sowie der konzertierten Anstrengung von Industrie, Politik und Forschungsförderung bei der Elektromobilität bietet der Einstieg in Dienstleistungen zur Umsetzung von nachhaltigen Verkehrs- und Mobilitätskonzepten große Chancen. Solche Mobilitätskonzepte verknüpfen eine neue Form der Autonutzung (Schlagworte »Nutzen statt besitzen«) mit einem barrierefreien Übergang zwischen Pkw, öffentlichem Verkehr und nichtmotorisiertem Verkehr insbesondere im urbanen Raum. Die Automobilindustrie tritt dann als Mobilitätsdienstleister auf, der die Fahrzeuge und die barrierefreie Infrastruktur zur Verfügung stellt und die Mobilitätsdienstleistung verkauft. Erste Schritte in diese Richtung beschreitet z. B. Daimler mit dem Car2go-Ansatz in Ulm und weiteren Standorten weltweit.

Ein solchermaßen ergänztes Geschäftsmodell würde zunächst die Wertschöpfung der Automobilindustrie modifizieren, da sich die Automobilhersteller zu Mobilitätsanbietern entwickeln. Des Weiteren könnte sich einerseits die Nachfrage nach Neufahrzeugen aufgrund der höheren Nutzungsintensität der Bestandsfahrzeuge reduzieren. Andererseits können sich auch die Zyklen der Fahrzeugerneuerung beschleunigen und die damit verbundenen Einflussmöglichkeiten auf technischen Wandel verbessern. Carsharingfahrzeuge ermöglichen mit einer Lebensdauer von rund 4 bis 6 Jahren und damit einer ungefähr halb so langen Lebensdauer wie bei privat gehaltenen Pkw einen kürzeren Lebenszyklus und eine schnellere Einführung neuer Technologien. Der Gesamteffekt dieses komplexen Systemwandels kann heute noch nicht eindeutig abgeschätzt werden. Deshalb gilt es im Kontext einer Vielfalt potenzieller Mobilitätskonzepte zu klären, welche Chancen und Risiken mit neuen dienstleistungsbasierten Geschäftsmodellen für die deutsche Automobilindustrie entstehen können.

Die skizzierten Trends werden vielfältige Wirkungen auf die wirtschaftliche und technologische Position der deutschen Automobilindustrie, den Automobilstandort Deutschland und die Anzahl der Beschäftigten in der deutschen Automobilindustrie ausüben. Deutlich wird, dass die einzelnen Entwicklungen weder eindeutig sind, noch isoliert betrachtet werden können. Zudem können Automobilhersteller und Automobilzulieferer in unterschiedlicher Weise von den Entwicklungen betroffen sein. Daher gilt es, in einer Gesamtschau schlüssige

Zukunftsbilder unter Beachtung verschiedener Einflussfaktoren, verschiedener Wirkungsrichtungen und der hohen Interdependenzen für die gesamte deutsche Automobilindustrie zu zeichnen.

ZIELSETZUNG UND AUFBAU DES INNOVATIONSREPORTS 2.

Vor dem Hintergrund der skizzierten Problemstellung wurde das Büro für Technikfolgen-Abschätzung beim Deutschen Bundestag (TAB) vom zuständigen Ausschuss für Bildung, Forschung und Technikfolgenabschätzung des Deutschen Bundestages mit der Bearbeitung des Themas »Zukunft der Automobilindustrie« beauftragt. Ziel des vorliegenden Innovationsreports ist es, verschiedene Zukunftsbilder der deutschen Automobilindustrie im Jahr 2030 in systemischer Weise zu zeichnen, um darauf aufbauend entsprechende Handlungsoptionen abzuleiten, wie der Wandel gesteuert werden kann, wie bestehende Potenziale bestmöglich ausgeschöpft werden können und welche neuen Potenziale aufgebaut werden sollten.

Zum Ersten gilt es dabei, die möglichen Treiber dieses Wandels und die jeweiligen Richtungen zu analysieren und zu diskutieren. Zum Zweiten muss die gegenwärtige Aufstellung der deutschen Automobilindustrie im globalen Maßstab erörtert werden. Zum Dritten müssen verschiedene, jeweils in sich schlüssige Bilder zur Zukunft der deutschen Automobilindustrie, zur zukünftigen wirtschaftlichen Bedeutung und zu Arbeitsplatzeffekten gezeichnet werden. Diese Erkenntnisse können dann genutzt werden, um politische Optionen zur Steuerung des Wandels zu entwickeln.

Der Bericht kombiniert anhand der Entwicklung von drei deutlich differenzierbaren Szenarien quantitative Methoden mit qualitativen Analysen. Im Bereich der quantitativen Methoden werden Marktanalysen und -prognosen, Zerlegung der Wertschöpfungsstrukturen und Input-Output-Analysen miteinander verknüpft. Dabei werden die Automobilindustrie und ihre Zulieferer in ihrer Gesamtheit betrachtet, wobei der Fokus der Untersuchung auf Personenkraftwagen (inklusive Geländewagen) liegt.[3]

3 Lastkraftwagen (Lkw) wurden aus den detaillierten Analysen ausgeklammert, da im Pkw-Markt zum einen bis 2030 größere Veränderungen erwartet werden als bei leichten und schweren Lkw. Zum anderen ist der Beitrag der Lkw zu Gewinn und Wertschöpfung der deutschen Automobilindustrie wesentlich geringer sowie die Präsenz, Marktgängigkeit und Absatzzahlen von Lkw deutscher Hersteller auf den dynamischen Märkten in Asien sehr eingeschränkt. Außerdem sind die Treiber der Lkw-Märkte vor allem die konjunkturellen Schwankungen sowie das geltende Produktionsparadigma, während sie wesentlich geringer dem Einfluss der Energie- und Klimapolitik oder gar einem Wertewandel unterliegen.

Im Einzelnen lässt sich der Bericht in drei analytische Hauptteile und eine darauf aufbauende Synthese gliedern: Der erste Teil kombiniert eine thematische Einleitung mit einer Istanalyse des deutschen Automobilmarktes. Dabei wird die Exportabhängigkeit der Hersteller und Zulieferer ebenso wie deren internationale Aufstellung im Detail dargestellt. Des Weiteren wird analysiert, welche internationalen Entwicklungs- und Produktionsstrategien die deutschen Hersteller verfolgen und welche Bedeutung die weltweit existierenden Überkapazitäten kurz- und mittelfristig für die Automobilindustrie haben werden. Methodisch basiert dieser Berichtsteil auf der Analyse bestehender Studien und Datenbanken sowie auf einer exklusiv im Rahmen dieses Innovationsreports durchgeführten Befragung deutscher Automobilzulieferer. Die Befragung der Zulieferer ist erforderlich, da zu deren Strategien im Gegensatz zu den Automobilherstellern bislang keine belastbaren Erkenntnisse vorliegen.

Der zweite Teil des Berichts greift die bereits genannten Trends auf und untersucht detailliert technologische Entwicklungen, Produktdiversifizierungen und den Strukturwandel in der Automobilindustrie. Neuen Ansätzen der Hersteller zum Thema Leichtbau und Plattformstrategie wird genauso Rechnung getragen wie den neu entstehenden Ansätzen zu Mobilitätskonzepten. Der Blick auf deutsche Hersteller und den deutschen Markt wird dabei immer ergänzt durch europäische und weltweite Betrachtungen.

Der dritte Teil beschäftigt sich dann mit den Auswirkungen dieser Trends auf die Automobilindustrie, quantifiziert die globale Pkw-Nachfrage sowie die deutsche Wertschöpfung daran und eruiert mögliche Handlungsalternativen. Zunächst wird ausgehend von den globalen Entwicklungen im Rahmen einer modellbasierten Absatzprognose die Entwicklung der weltweiten Absatzmärkte, unterschieden nach Absatzregionen (sogenannte Leadmärkte), nach verschiedenen Antriebstechnologien und Fahrzeugsegmenten prognostiziert. Grundlage dieser Prognosen ist ein für diesen Innovationsbericht entwickeltes weltweites Modell zur Abschätzung der jährlichen Pkw-Absatzzahlen bis 2030, das sich methodisch an das sogenannte europäische »ASTRA-Modell« anlehnt.[4]

Anschließend werden die verschiedenen Vorarbeiten aufgegriffen und zu drei möglichen Szenarien integriert, die jeweils die mittel- bis langfristige Zukunft für die Jahre 2020 und 2030 darstellen. Die Szenarien beschreiben zunächst die möglichen Auswirkungen auf die automobile Wertschöpfung am Standort Deutschland. Daraus können Beschäftigungspotenziale abgeleitet werden, die Aufschluss darüber geben, unter welchen Rahmenbedingungen zukünftig wie viele Personen in der deutschen Automobilindustrie beschäftigt sein werden.

4 Eine Beschreibung des ASTRA-Modells findet sich in Schade (2005).

Der Bericht schließt mit einer Synthese der Ergebnisse, die auch eine Stärken-Schwächen- und Chancen-Risiken-Analyse umfasst, sowie der Ableitung von politischen Handlungsoptionen zur Stärkung des Automobilstandorts Deutschland.

ABB. I.3 AUFBAU DES INNOVATIONSREPORTS

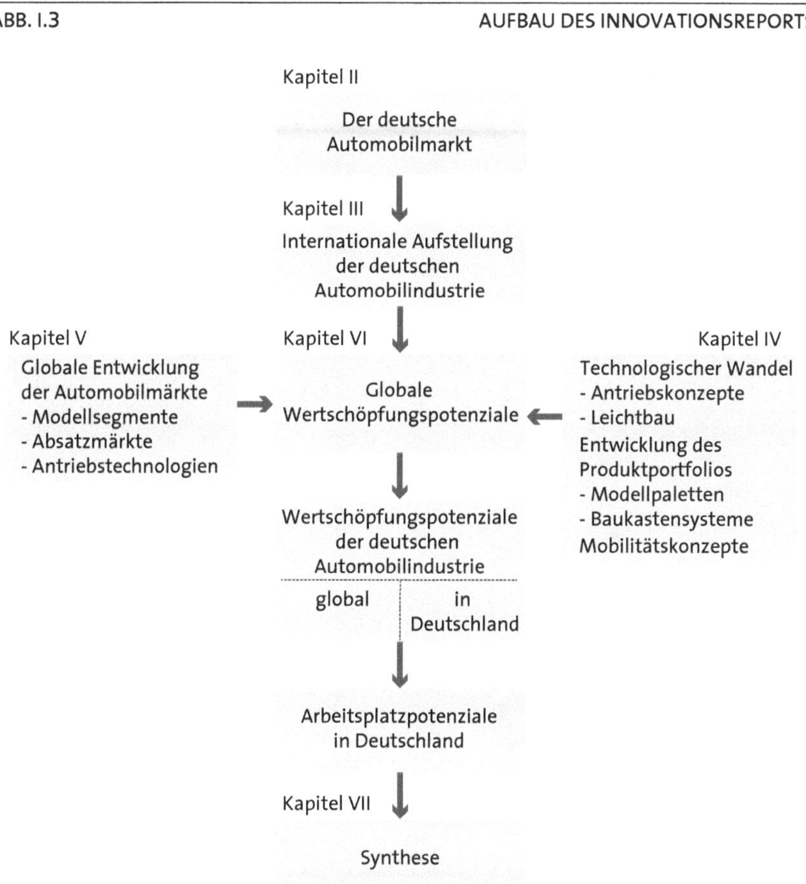

Eigene Darstellung

DER DEUTSCHE AUTOMOBILMARKT II.

Deutschland ist seit jeher bekannt für die Produktion von qualitativ hochwertigen Automobilen. Dabei nehmen die deutschen Automobilhersteller weltweite Vorreiterrollen bei technologischen Entwicklungen ein. Eine Vielzahl von Innovationen und technologischen Neuerungen werden hier entwickelt, getestet und zuerst in den Markt eingeführt. Deutsche Hersteller profitieren dabei sowohl vom hohen Marktanteil des Premiumsegments in Deutschland als auch von ihrer ausgezeichneten Positionierung in diesem Segment. Dadurch ist es möglich, innovative und anspruchsvolle und damit hochpreisige, technische Neuerungen schnell in den Markt zu bringen, im Alltag zu testen und später auf die Mittel- und Kompaktklasse zu übertragen. Dabei setzten die deutschen Hersteller bei Innovationen immer neue Maßstäbe: Sei es in der Sicherheitstechnik (z.B. Entwicklung des Airbags), in der Antriebstechnik (z.B. Direkteinspritzung bei Ottomotoren) oder bei der Weiterentwicklung zu intuitiver Bedienung des Entertainmentsystems (z.B. »iDrive«). Viele dieser Entwicklungen wurden danach von den weltweiten Automobilherstellern adaptiert und zu Standards im Automobilbau. Es ist aber in den letzten Jahren auch zu beobachten, dass im Bereich alternativer Antriebe besonders bei batterieelektrischen und Hybridfahrzeugen die Impulse eher aus asiatischen und amerikanischen Ländern kommen. Hier scheint zunächst die Innovationskraft der deutschen Automobilhersteller schwächer zu sein als bei den großen ausländischen Herstellern. Noch bleiben diese Märkte recht beschränkt, und einige alternative Antriebe lassen sich noch nicht in Serienreife zu marktfähigen Kosten produzieren. So wird sich erst in Zukunft zeigen, wie sich die deutschen Hersteller dort dauerhaft positionieren können.

Die Innovationskraft und Umsatzstärke sorgen dafür, dass die Automobilindustrie in nicht unerheblichem Umfang zur gesamtwirtschaftlichen Wachstumsdynamik beiträgt und den technologischen Fortschritt in Deutschland positiv beeinflusst. Die Beschäftigungseffekte reichen aufgrund von Zuliefererverflechtungen bis weit in andere Sektoren und sind somit für die deutsche Volkswirtschaft von großer Bedeutung.

ZAHLEN UND FAKTEN 1.

Der deutsche Automobilmarkt zeichnet sich neben dem großen Einfluss auf die Entwicklung der Gesamtwirtschaft auch durch eine hohe Exportabhängigkeit, eine große Variation an Akteuren sowie eine besondere Käuferstruktur aus.

Durch einen konstant hohen Umsatz und zahlreiche Beschäftigungsverhältnisse mit gehobenem Gehaltsniveau trägt die Automobilindustrie in Deutschland in großem Umfang zum Wirtschaftswachstum und Wohlstand bei. Die dynamischen Nachfrageentwicklungen in den aufstrebenden Schwellenländern können durch die starke Exportabhängigkeit positiv aufgenommen werden. Die hohe Anzahl an innovativen Akteuren trägt zu diesem Erfolg genauso bei, wie ein Binnenmarkt, der es erlaubt, hochpreisige, technologische Neuerungen einzuführen. Um diese Aussagen zu belegen, wird in den folgenden Teilkapiteln der deutsche Automobilmarkt in Zahlen dargestellt und wichtige Entwicklungen der Vergangenheit aufgezeigt.

GESAMTWIRTSCHAFTLICHE BEDEUTUNG DER DEUTSCHEN AUTOMOBILINDUSTRIE 1.1

Die Automobilindustrie und ihre Zulieferfirmen (WZ 29 in der neuen statistischen Klassifikation) sind von zentraler Bedeutung für Wertschöpfung und Beschäftigung in Europa und insbesondere Deutschland. Mit einem Umsatz von gut 351 Mrd. Euro erwirtschaftet dieser Sektor in Deutschland fast 20 % des Gesamtumsatzes des verarbeitenden Gewerbes und stellt mit etwa 719.000 Beschäftigten gut 13 % der industriellen Arbeitsplätze (VDA 2011b; VDA 2012). Allerdings werden in diesen Statistiken nur die Automobilzulieferfirmen erfasst, die in der Klassifikation als »Hersteller von Teilen und Zubehör für Kraftwagen und deren Motoren« (WZ 29.3) gemeldet sind. Doch auch in anderen Branchen wie der Metall-, Elektro-, Kunststoff- und Gummiindustrie sind viele Betriebe gelistet, die ebenso als Automobilzulieferer tätig sind. Schätzungen des Fraunhofer ISI auf Basis von Input-Output-Tabellen des Statistischen Bundesamts zeigen, dass im deutschen verarbeitenden Gewerbe über alle Vorleistungsstufen etwa 990.000 Beschäftigte in der Automobilzulieferung tätig sind (Kinkel/Zanker 2007). Dieser Wert, der die reale Bedeutung der Automobilzulieferer widerspiegelt, liegt etwa um den Faktor 3 höher als die bislang verfügbaren statistischen Zahlen zum Bereich der Automobilzulieferer. Damit sind alleine die Automobilhersteller und ihre Zulieferer für fast 1,8 Mio. Arbeitsplätze in Deutschland direkt verantwortlich.

Abbildung II.1 zeigt die Entwicklung des stabil hohen Umsatzes und der Beschäftigung des gesamten Wirtschaftszweigs. Der durch die Wirtschafts- und Finanzkrise verursachte Rückgang 2009/2010 fiel weniger stark aus als erwartet und konnte mittlerweile überwunden werden. Dieser geringe Rückgang erklärt sich einerseits durch die politischen Maßnahmen zur Erhaltung der Arbeitsplätze (Kurzarbeit) und andererseits durch die hohen Exportraten in die Schwellenländer, in denen ein weniger starker Nachfragerückgang zu verzeichnen war.

Auffällig ist, dass diese Exportfokussierung in den letzten Jahren deutlich zugenommen hat. So wurde im Jahr 2011 mehr als 60 % des Gesamtumsatzes durch Exporte erzielt, während es im Jahr 1998 nur etwa 40 % waren. (Abb. II.2). Da die Märkte in den Schwellenländern in Zukunft weiterhin dynamisch wachsen werden, wird diese Exportabhängigkeit eher zunehmen. Hinzu kommt, dass der Inlandsumsatz im Zeitraum von 2004 bis 2011 stagnierte und somit das komplette Umsatzwachstum den Exporten zuzuschreiben war. Zukünftiges Wachstum des Automobilsektors wird daher immer mehr von der Entwicklung der weltweiten Märkte abhängig sein.

ABB. II.1 BESCHÄFTIGTE UND UMSATZ DER AUTOMOBILINDUSTRIE

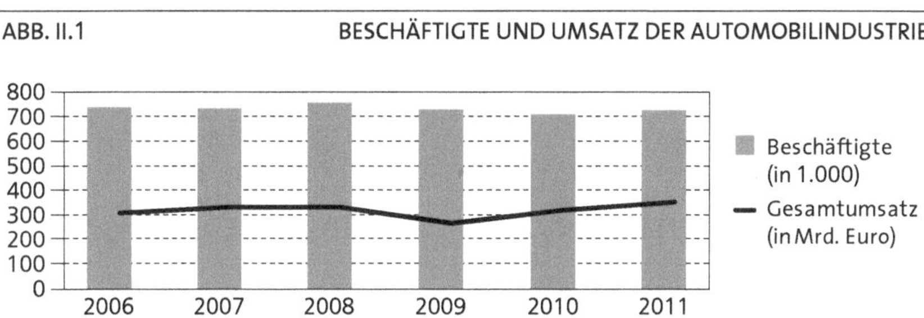

Quelle: VDA 2011b u. 2012

ABB. II.2 UMSATZ DEUTSCHER HERSTELLER IM IN- UND AUSLAND

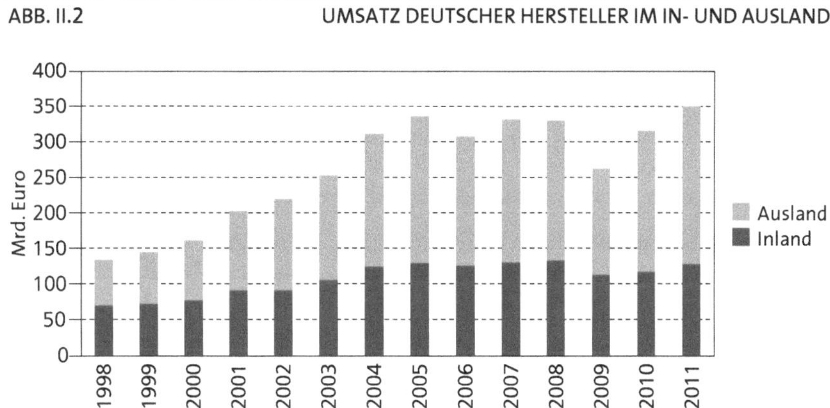

Quelle: VDA 2011b u. 2012

Die rückläufige Abhängigkeit des Umsatzes von der Binnennachfrage bietet neben großen Wachstumschancen aufgrund der starken Dynamik der ausländischen Märkte auch Risiken, da politische Maßnahmen zur Nachfragestimulation des deutschen Marktes in Krisenzeiten zunehmend an Wirkung verlieren.

Als eine besondere Stärke des deutschen Automobilsektors, die bei allen Akteuren wiederzufinden ist, erweist sich die Forschungsaktivität. In 2010 investierte der Sektor »Herstellung von Kraftwagen und Kraftwagenteilen« 14,8 Mrd. Euro in interne FuE (Stifterverband 2012). Damit verfügt der Sektor mit Abstand über den größten Forschungsetat in Deutschland, welcher sich auf knapp ein Drittel des gesamten Forschungsetats der deutschen Wirtschaft beläuft und rund das Zweieinhalbfache der FuE-Aufwendungen des zweitwichtigsten deutschen Sektors (DV, Elektronik und Optik) beträgt. Dieser Vergleich zeigt die enorme Bedeutung der Automobilindustrie inklusive ihrer Zulieferer für Innovation und technischen Fortschritt in Deutschland. Auch im europäischen Kontext stellt die deutsche Automobilindustrie mit einem Viertel der Forschungsaufwendungen den größten Sektor. Im globalen Maßstab beläuft sich der Anteil der Automobilindustrie auf knapp ein Fünftel aller Forschungsaufwendungen (Leduc et al. 2010).

AKTEURE DER DEUTSCHEN AUTOMOBILINDUSTRIE 1.2

Sowohl die Wirtschaftsleistung als auch die Beschäftigung des Sektors verteilen sich auf unterschiedliche Akteure. Neben den klassischen Automobilherstellern (OEM) sind an dieser Stelle auch die Zulieferer und Ausrüster zu nennen. Während die OEM hauptsächlich für die Endmontage, den Vertrieb und die Steuerung der gesamten Automobilherstellung zuständig sind, produzieren die Zulieferer Fahrzeugmodule bis hin zu einzelnen Teilen. In den letzten Jahren ist eine zunehmende Verlagerung der Produktion der OEM zu den Zulieferern hin zu beobachten. Gründe hierfür sind Einsparmaßnahmen bei den OEM sowie der Versuch, das Produktionsrisiko zu minimieren. Der dritte genannte Akteur, dessen Hauptaufgabe der Aufbau oder die Optimierung von Produktionsstätten ist, wird als Ausrüster oder Ingenieurdienstleister bezeichnet.

Die Automobilhersteller lassen sich unterteilen in Premium- und Volumenhersteller. Neben der Marke VW des Volkswagen-Konzerns zählen auch Ford und Opel (beides Tochterunternehmen amerikanischer Konzerne) zu den Volumenherstellern. Diese produzieren vorwiegend Autos der Kompakt- und unteren Mittelklasse, deren Verkaufszahlen deutlich über denen der Premiumhersteller liegen. Ziele dieser Produzenten sind weniger die Exklusivität der Autos, sondern eher ein günstiges Preis-Leistungs-Verhältnis und ansprechendes Angebot für die breite Masse. Den Gegensatz hierzu bilden die Premiumhersteller, deren Exklusivität die Stückzahl limitiert. In den letzten Jahren zeigte sich, dass gerade bei diesen Herstellern hohe Wachstumsraten in einigen Schwellenländern, insbesondere China, zu verzeichnen sind. Neben der oberen Mittelklasse und dem ursprünglichen Premiumsegment werden zunehmend auch Nischenprodukte angeboten, die das Konzept der Premiumklasse sowohl bis in das Kleinwagensegment transportieren (z. B. BMW MINI, Audi A1) als auch neue Nischenprodukte kreieren (z. B. »sport utility vehicle« – SUV). Damit soll auch in diesen Segmenten Exklusivität angeboten werden.

In Tabelle II.1 sind die Umsätze der deutschen Automobilhersteller aus dem Jahre 2011 im weltweiten Kontext dargestellt. Der am Umsatz gemessen größte deutsche Automobilhersteller ist Volkswagen, gefolgt von Daimler und BMW. Im weltweiten Vergleich liegt VW auf dem zweiten Platz hinter Toyota. Während es sich bei GM, Toyota, VW und Hyundai um Volumenhersteller handelt, produzieren Daimler, BMW, Porsche und Audi nahezu ausschließlich für das Premiumsegment. Dies spiegelt sich in den niedrigen Verkaufszahlen der Premiumhersteller bei ähnlich hohem Umsatz wider.

TAB. II.1 KENNZAHLEN INTERNATIONALER AUTOMOBILHERSTELLER 2011

	Umsatzerlöse in Mio. Euro	verkaufte Einheiten (weltweit)	Beschäftige gesamt
Toyota	189.936	7.308.000	320.000
VW-Konzern	159.337	8.361.294	454.025
GM	116.013	9.000.000	207.000
Daimler	106.540	1.381.416	271.370
Hyundai	75.199	4.099.000	80.000
BMW	68.821	1.380.384	100.306
Audi	44.096	1.302.659	62.806

Eigene Zusammenstellung auf Basis der Geschäftsberichte der Unternehmen 2011

Die Zulieferer als zweiter wichtiger Akteur im Markt können in Zulieferer, die komplette Systeme und Bauteilgruppen fertigen, und kleinere Zulieferer, die hochspezialisierte Bauteile produzieren, unterteilt werden. Während die großen Zulieferer durchaus ähnliche hohe Umsätze aufweisen wie die OEM, handelt es sich bei den Hochspezialisierten oftmals um kleine bis mittelgroße Unternehmen. Die Beschäftigtenzahlen in der Zulieferindustrie liegen deutlich über denen der klassischen OEM, wobei viele der großen wie Bosch oder ThyssenKrupp nicht ausschließlich für den Automobilsektor tätig sind. So ist eine Abgrenzung der Beschäftigten im »Automotivebereich« nicht immer eindeutig möglich. In Tabelle II.2 wird deshalb zwar der Umsatz in diesem Bereich ausgewiesen, bei der Beschäftigtenzahl wird dann aber auf die Gesamtzahl der Beschäftigten des Unternehmens verwiesen.

Im weltweiten Kontext sind die japanischen Zulieferunternehmen wie Denso und Bridgestone zu nennen. In den vergangenen Jahren war im europäischen Bereich auch besonders der österreichische Zulieferer Magna von Bedeutung. Wichtige Impulse aus Frankreich kommen von Michelin. Auffallend unter den deutschen Zulieferunternehmen ist, dass der Anteil des Umsatzes an Automotiveprodukten sich erheblich unterscheidet. Unternehmen wie Mahle und Continental produzieren nahezu ausschließlich für den Automobilsektor. Große Unternehmen wie BASF und ThyssenKrupp hingegen liefern nur einen sehr geringen

Anteil ihrer Produkte an den Automotivebereich. Neben diesen Unternehmen, deren Kerngeschäft nicht im Automobilsektor liegt, existieren noch Unternehmen wie Bosch oder Schaeffler, die etwa die Hälfte ihres Umsatzes im Automotivebereich generieren. Die Abhängigkeit vom Automobilsektor ist folglich bei den einzelnen Zulieferunternehmen sehr unterschiedlich.

TAB. II.2 KENNZAHLEN DEUTSCHER AUTOMOBILZULIEFERER 2011

	Umsatz Automotive in Mio. Euro	Umsatzanteil Automotive	Beschäftigte
Robert Bosch	30.400	59%	303.200
Continental	28.979	95%	167.040
ThyssenKrupp	6.908	14%	180.050
ZF	13.640	88%	72.100
Schaeffler	7.160	67%	74.031
Mahle	5.162	86%	48.818

Eigene Zusammenstellung auf Basis der Geschäftsberichte der Unternehmen 2011

Die dritte große Gruppe von Akteuren bilden Dienstleistungsunternehmen, vorwiegend bestehend aus Ingenieursdienstleistungen. Diese Unternehmen unterstützen die OEM in der Prozesskettenplanung, rüsten Produktionsstätten aus und optimieren die Herstellung. Im Unterschied zu den Zulieferunternehmen ist die Struktur bei diesen Akteuren oft deutlich kleinteiliger. Gerade bei Ingenieurberatungen handelt es sich um kleine, in Ausnahmen auch mittelgroße Unternehmen.

Es ist ersichtlich, dass die Struktur der Automobilindustrie deutlich vielschichtiger ist, als die durch die OEM dominierte öffentliche Wahrnehmung des Sektors es widerspiegelt. Die weitläufig bekannten Hersteller und Marken stellen nur einen Teil dieses Industriezweigs dar. Besonders die Rolle der Zulieferer hat sich in den letzten Jahren deutlich erweitert. Im internationalen Vergleich spielen sowohl die deutschen Zulieferer als auch die OEM eine gewichtige Rolle.

PKW-ABSATZMARKT IN DEUTSCHLAND 1.3

Auch heute erzielen die deutschen Automobilhersteller immerhin noch etwa ein Drittel ihres Gesamtumsatzes im Inland. Die Kombination aus hohem Umsatzanteil und der Möglichkeit, technologische Neuerungen im Oberklassesegment einzuführen, sorgen dafür, dass der deutsche Absatzmarkt weiterhin eine große Rolle spielt. International beachtete Veranstaltungen wie die Internationale Automobil Ausstellung (IAA) unterstreichen diese Bedeutung.

Trotz positiver wirtschaftlicher Rahmenbedingungen entwickelte sich der deutsche Absatzmarkt in den letzten Jahren wenig dynamisch. Betrachtet man den Zeitraum von 2001 bis 2010, ist sogar ein leichter Rückgang zu verzeichnen. Abbildung II.3 zeigt die Entwicklung der Pkw-Verkaufszahlen getrennt nach privaten und kommerziellen Käufern.

ABB. II.3 ENTWICKLUNG DER NEUWAGENVERKÄUFE NACH KÄUFERTYP

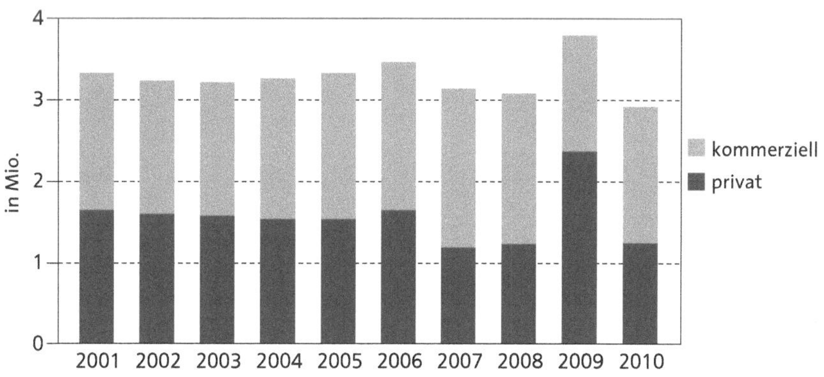

Quelle: Krail et al. 2012

Aus Abbildung II.3 sind zwei essenzielle Trends der Vergangenheit abzulesen: zum einen die wachsende Dominanz der kommerziellen Käufer und zum anderen der kurzfristige Nachfrageimpuls auf die privaten Käufer durch die Umweltprämie 2009. Signifikant für die ganze Zeitreihe ist der konstant hohe Anteil der kommerziellen Käufer. Hierbei handelt es sich um Fahrzeuge, die für Firmen zugelassen werden. Darin enthalten sind reine, nur gewerblich genutzte Dienstfahrzeuge sowie die klassischen Geschäftswagen, die auch private Nutzung erlauben. Gerade bei Geschäftswagen mit Privatnutzung spielt oftmals der Fahrzeugpreis nicht die dominierende Rolle, da nur 1 % des Bruttolistenpreises pro Monat als geldwerter Vorteil versteuert werden muss. Deshalb werden in diesem Bereich auch vermehrt Fahrzeuge der oberen Segmente zugelassen.

Die Käuferstruktur hat demnach Auswirkungen auf die verkauften Segmente. So wurden 2010 etwa 67 % aller neu gekauften Fahrzeuge der oberen Mittelklasse für Unternehmen zugelassen. Im Kleinwagensegment sind die Unterschiede zwischen privaten und kommerziellen Käufern noch größer: 2010 wurden 76 % aller Kleinwagen an private Nutzer verkauft (Krail et al. 2012).

Abbildung II.4 zeigt die Segmentanteile der Neuwagenkäufe 2000 und 2010. Gut erkennbar ist, dass Geländewagen und SUV, die 2000 kaum eine Rolle spielten, nun immerhin einen Anteil von 15 % der Neuzulassungen ausmachen.

Der Trend der letzten Jahre zeigte, dass dieses Fahrzeugsegment in allen Größenklassen Einzug hielt. Begann die Entwicklung mit Oberklassemodellen wie Audi Q7 und BMW X5, so umfasst diese heute auch Mittelklassemodelle. Mittlerweile ist dieses Segment nahezu so stark wie das Mittelklassesegment.

ABB. II.4 ANTEILE DER SEGMENTE AN NEUWAGENVERKÄUFEN 2000 UND 2010 IN %

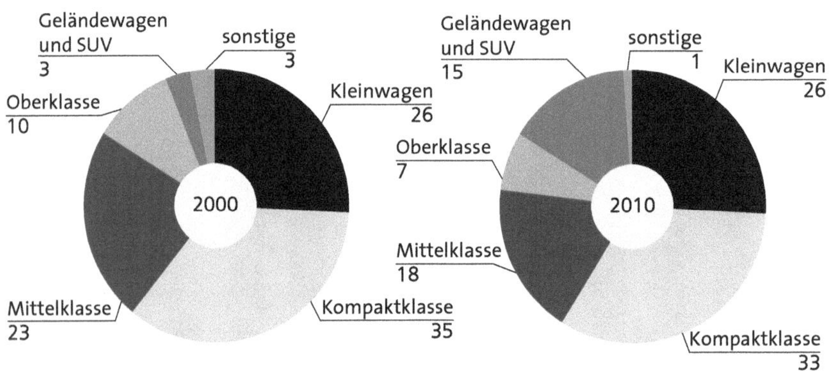

Quelle: Krail et al. 2012

Die größten Unterschiede zwischen den Jahren 2000 und 2010 sind in der Mittel- und Oberklasse zu finden. Der Rückgang von beiden Segmentanteilen lässt sich dadurch erklären, dass viele der Käufer dieses Segments nun Pkw aus dem SUV- und Geländewagensegment kaufen. Fasst man die Segmente Ober-, Mittelklasse- und SUV/Geländewagen zusammen, so ist festzustellen, dass sich der Anteil von gehobenen und Luxusfahrzeugen an den Gesamtverkaufszahlen seit 2000 erhöht hat. Wenn diese Erhöhung mit 3 Prozentpunkten auch nur relativ gering ausfällt, so ist doch durchaus ein Trend zu höherwertigen Fahrzeugen erkennbar. Innerhalb dieser drei Segmente ist zudem eine Verschiebung zu verzeichnen: Die Mittelkasse verliert am stärksten an Anteilen, während SUV und Geländewagen zunehmen. Neben Veränderungen bei den gehobenen Segmenten stagnierte der Anteil an Kleinwagen (weiterhin etwa ein Viertel der verkauften Pkw). Die Kompaktklasse hat, verglichen mit 2000, leicht an Marktanteilen verloren. Dennoch ist das Kompaktwagensegment 2010 mit einem Drittel aller Neuwagen das meistverkaufte Segment im deutschen Pkw-Markt.

Zusammenfassend ist der deutsche Pkw-Absatzmarkt als ein Markt zu beschreiben, der zunehmend von den kommerziellen Käufern dominiert wird, die höherwertige Segmente bevorzugen. Die SUV und Geländewagen sind mittlerweile als festes Segment im Markt etabliert. Da der absolute Pkw-Absatz in den letzten Jahren stagnierte und keine marktstimulierenden Treiber für die nächsten Jahre zu erkennen sind, ist auch in Zukunft eher mit einer Stagnation der Verkaufszahlen zu rechnen als mit einem Wachstum.

POLITISCHE RAHMENBEDINGUNGEN 2.

Die Automobilindustrie und der Verkehrssektor insgesamt sind in einen nationalen, europäischen und globalen politischen Rahmen eingebunden. Für eine Analyse der mittel- und langfristigen Zukunft der Automobilindustrie sind insbesondere die strategischen Weichenstellungen der Politik relevant.

Ein großer Teil der strategischen Weichenstellungen wird bereits auf der europäischen Ebene abgestimmt und festgelegt. Dazu gehören die Roadmap zur Erreichung einer »low carbon economy« (emissionsarmen Wirtschaft), mit der die EU einen Weg zeigt, wie das Ziel einer 80 %-Reduktion der Treibhausgase bis 2050 gegenüber 1990 erreicht werden kann (EK 2011a). Nach der Landwirtschaft gehört der Verkehrssektor zu den Sektoren mit der geringsten THG-Reduktionsverpflichtung mit einer Vorgabe von 54 bis 67 % bis 2050. Konkreter wird das neue Weißbuch Verkehr durch die EU-Kommission im März 2011 (EK 2011b). Dort wird eine THG-Reduktion von mindestens 60 % bis 2050 gefordert, bezogen auf den gesamten Landverkehr und den Luftverkehr. Gleichzeitig schlägt das Weißbuch einen Katalog von 40 Handlungsfeldern vor, die mit 131 Maßnahmen unterlegt sind, um die angestrebten Ziele zu erreichen. Mehrere Maßnahmen stellen auch auf eine Erhöhung des Innovationstempos und der Koordination in der Automobilindustrie ab, z. B. um alternative Antriebsenergien schneller marktfähig zu machen oder innovative urbane Mobilitätssysteme aufzubauen.

Neben diesen strategischen Leitlinien existieren konkrete, verbindliche Vorgaben. In der Vergangenheit war die einflussreichste Regulierung aus Sicht der Automobilindustrie die Definition der Emissionsstandards für Luftschadstoffe (z. B. NOx, Partikel) (zuletzt angepasst für Euro 5 und Euro 6 Standards in Verordnung 692/2008, EK 2008). Auch hat sich in den letzten Jahren die Regulierung zur Festsetzung von CO_2-Emissionsstandards der europäischen Neuwagenflotte als Instrument mit der größten Wirkung auf die Automobilindustrie etabliert (Verordnung 443/2009, EK 2009). Bis 2015 soll der Durchschnittswert der CO_2-Emissionen der europäischen Neuwagenflotte auf 130 g CO_2/km abgesenkt werden, wobei eine Reihe von Sonderregelungen gilt. Beispielsweise werden durch die besondere Behandlung von Pkw mit Emissionen niedriger als 50 g CO_2/km Anreize gesetzt, neue Antriebsenergien – wie z. B. Elektrofahrzeuge – bis 2015 in den Markt zu bringen. Für 2020 soll der Durchschnittswert der Neuwagenflotte auf 95 g CO_2/km sinken, unter Aufhebung aller Sonderregelungen. Dieser Vorschlag der Europäischen Kommission befindet sich noch in der Gesetzgebungsphase. Es werden aber parallel schon Vorschläge für weitere Absenkungen bis 2025 bzw. 2030 erarbeitet. Ähnliche Regulierungen sind verabschiedet für leichte Nutzfahrzeuge bzw. in Vorbereitung für schwere Lkw.

Die EU verfolgt mit diesen Regulierungen zwei zentrale strategische Ziele: Zum einen soll der Beitrag des Verkehrs zum Klimaschutz gesichert werden, zum anderen bedeuten Effizienzstandards einen großen Beitrag zur Sicherung der Energieversorgungssicherheit, da die Setzung eines CO_2-Standards für fossil betriebene Pkw gleichbedeutend ist mit der Setzung eines Energieeffizienzstandards. Verbesserte Energieeffizienz verringert die Ölimporte und damit die Abhängigkeit von wenigen, zum Teil krisenanfälligen Öllieferländern sowie auch die Verwundbarkeit durch stark steigende und sehr volatile, zukünftige Ölpreise.

Auf nationaler Ebene gehören zu den wichtigsten strategischen Rahmenbedingungen für die Automobilindustrie das Energiekonzept der Bundesregierung, die Bundesverkehrswegeplanung, die Mobilitäts- und Kraftstoffstrategie sowie die Zielsetzungen zur Elektromobilität. Daneben sind die steuerlichen Rahmenbedingungen von zentraler Bedeutung (z. B. Mineralölsteuer, Dienstwagenbesteuerung, Kfz-Steuer). Im September 2010 wurde das Energiekonzept des Bundesministeriums für Wirtschaft und Technologie (BMWi) und des Bundesministeriums für Umwelt, Naturschutz und Reaktorsicherheit (BMU) vorgelegt (BMWi/BMU 2010). Aufbauend auf den Leitlinien des Koalitionsvertrags von 2009 und den bereits ergriffenen Initiativen des »Meseberger Integrierten Energie- und Klimaprogramms« (IEKP) von 2007 wurde ein Strategievorschlag zur Entwicklung des Energiesystems für die nächsten 4 Dekaden vorgelegt. Der Verkehrssektor wurde als einer der Energieverbrauchssektoren in das Konzept einbezogen. Die entscheidende Rahmensetzung des Energiekonzepts für den Verkehrsbereich formuliert ein Reduktionsziel für den Endenergieverbrauch von 10 % bis 2020 gegenüber 2005 und von 40 % für den Zeithorizont 2050.

Die Erarbeitung des nächsten Bundesverkehrswegeplans (BVWP) läuft seit 2011 und soll bis 2015 abgeschlossen werden (letzter Plan von 2003). Im Rahmen dieses neuen Plans wird eine neue Verkehrsprognose für das Zieljahr 2030 sowie ein Plan für die Verkehrsinfrastruktur in Deutschland erstellt und bewertet. Anzumerken ist hier, dass die aktuellen Verkehrsprognosen inklusive der BVWP von 2003 deutlich über den aktuelleren Prognosen des Energiekonzepts liegen. Das Energiekonzept wurde hinterlegt durch eine Szenariostudie, bei der die Verkehrsleistung im Jahre 2030 bei 876 Mrd. tkm liegt (Prognos/EWI/GWS 2010), während die an die BVWP angelehnte Verflechtungsprognose bis 2025 bereits eine Verkehrsleistung von 936,5 Mrd. tkm erwartete (ITP/BVU 2007). Zwei Unterschiede sind hier bedeutsam: Das Energiekonzept berücksichtigt zum einen die Folgen der Finanz- und Wirtschaftskrise von 2008/2009, die zu einem deutlichen Einbruch der Verkehrsnachfrage geführt hat, und zum anderen werden deutlich niedrigere BIP-Wachstumsraten erwartet, die sich durch die mittel- und langfristigen Folgen der Krise erklären lassen, aber auch durch weitere Effekte substanziiert sind, wie die zukünftige Abnahme der Bevölkerung und insbesondere der Erwerbspersonen. Es kann also erwartet werden, dass die zurzeit erarbeiteten Verkehrsprognosen eher im Bereich der niedrigen Szenarien des Energiekonzepts als im Bereich der hohen Szenarien der BVWP von 2003 bzw. der Verflechtungsprognose liegen werden. Neben Planung und Verkehrsprognose der BVWP rückt die zukünftige Finanzierung der Verkehrsinfrastruktur zunehmend in den Mittelpunkt. Bereits die Projekte der letzten BVWP waren unterfinanziert. Das zeigt die Notwendigkeit, die Finanzierung neu zu gestalten. Insbesondere die Nutzerfinanzierung durch Bemautung wird hier diskutiert.

Die Erarbeitung einer Mobilitäts- und Kraftstoffstrategie (MKS) ist ebenfalls Bestandteil des Koalitionsvertrags von 2009 und wurde im Frühjahr 2012 unter Führung des Bundesministeriums für Verkehr, Bau und Stadtentwicklung begonnen. Ziel ist es, den Ausstieg aus fossilen Energien und den Einstieg in alternative Energien und Antriebstechnologien zu gestalten, sodass die Einsparziele des Energiekonzepts erreicht werden. Die MKS bringt in einem partizipativen Prozess die Akteure zusammen, um eine abgestimmte Strategie zu erarbeiten. Neben den Festlegungen der BVWP für die Verkehrsnetze wird die MKS mindestens für die nächste Dekade die wichtigsten Weichen für die Entwicklung der fahrzeugseitigen Technologien und den Aufbau der notwendigen Energieinfrastrukturen stellen. Offen ist, wie stark neue Mobilitätskonzepte als Bestandteil der MKS diskutiert und definiert werden.

Ein Drittel bis etwas mehr als die Hälfte aller neu verkauften Pkw in Deutschland wird als Dienst- bzw. Firmenwagen beschafft. In den Segmenten der Oberklasse, der oberen Mittelklasse und der Sportwagen liegt der Anteil an Dienst- bzw. Firmenwagen sogar bei über 90 %. Damit stellt die steuerliche Behandlung von Dienstwagen unter den nationalen Rahmenbedingungen einen sehr wichtigen Einflussfaktor auf die deutsche Automobilindustrie dar.

INTERNATIONALE AUFSTELLUNG DER DEUTSCHEN AUTOMOBILINDUSTRIE, BEDEUTUNG DER AUSLANDSMÄRKTE FÜR DEN STANDORT DEUTSCHLAND III.

Der deutschen Automobilindustrie kommt eine Schlüsselposition in der exportstarken deutschen Wirtschaft zu. Im Jahr 2010 wurde ein Exportüberschuss von 130,2 Mrd. Euro realisiert (www-genesis.destatis.de [21.03.2012]). Dies entspricht einem Anteil von rund 5,2 % am deutschen Bruttoinlandsprodukt. Die Automobilindustrie steuerte etwa zwei Drittel dazu bei (VDA 2011a). Die Zahl verdeutlicht eindrucksvoll, dass die Automobilindustrie eine zentrale Säule der deutschen Exportwirtschaft ist.

Vor dem Hintergrund dieser Bedeutung wird in diesem Kapitel die internationale Aufstellung der deutschen Automobilindustrie genauer in den Blick genommen und analysiert, von welchen Märkten die Industrie im Besonderen abhängig ist. Die Untersuchung ist zweigeteilt und konzentriert sich im ersten Schritt auf die Automobilhersteller (OEM). Der zweite Teil der Untersuchung beschäftigt sich mit den Automobilzulieferern und deren internationaler Aufstellung. Das Kapitel schließt mit einem zusammenfassenden Zwischenfazit. Zunächst werden die methodischen Grundlagen skizziert.

METHODISCHES VORGEHEN 1.

Die Analyse der gesamten deutschen Automobilindustrie erfordert verschiedene methodische Ansätze, die sich nach Analysegegenstand – Automobilhersteller und Automobilzulieferer – teilweise grundlegend unterscheiden.

Wirtschaftliche Daten zu den Automobilherstellern, insbesondere zu den deutschen, sind in einer Reihe von Statistiken sehr gut dokumentiert. Für die Analysen wurde im Wesentlichen auf folgende Primärdatenquellen zurückgegriffen:

- Daten des Verbands der Automobilindustrie (VDA), die jährlich erscheinend in sehr umfangreicher und tiefgehender Weise Auskunft über die Produktions- und Absatzmengen deutscher Automobilhersteller geben.
- Statistiken der jeweiligen regionalen Verbände oder auch Landesverbände, die in erster Linie valide Auskünfte zu den jeweiligen Absatzmärkten bereitstellen.
- Datenbank »Autofacts« von PricewaterhouseCoopers (PwC), in der sowohl die Produktionsmengen der einzelnen Hersteller als auch die verfügbaren weltweiten Produktionskapazitäten dokumentiert sind.

Darüber hinaus veröffentlichen bisweilen die Automobilhersteller selbst Angaben zu ihren weltweiten Produktions- und Absatzmengen. Da deren Informationspolitik allerdings sehr unterschiedlich ist, konnten diese Angaben nur in Einzelfällen weitergehend analysiert werden. Zur Vermeidung von verfälschten Analysen und Schlussfolgerungen wurden die einzelnen Datenquellen einem intensiven Plausibilisierungsprozess unterzogen. Sofern sich die Daten der unterschiedlichen Quellen hinsichtlich Genauigkeit, Verlässlichkeit oder Aktualität unterscheiden, wurde dies bei der Datenanalyse dezidiert in die Betrachtung einbezogen. Bei der Interpretation der Ergebnisse werden etwaige Diskrepanzen diskutiert.

Ein anderes Bild zeigt sich hinsichtlich der Datenverfügbarkeit zur Automobilzulieferindustrie. Bezüglich der wirtschaftlichen Bedeutung von ausländischen Absatzmärkten und internationalen Produktionskapazitäten stehen für diesen Wirtschaftszweig derzeit keine verlässlichen Daten bereit. Dieser Umstand ist unter anderem darin begründet, dass die Gruppe der Automobilzulieferer nicht so übersichtlich und homogen ist wie die der Automobilhersteller und damit die Identifizierung von Unternehmen als Automobilzulieferer entsprechend schwierig ist. In der Regel beziehen sich die verfügbaren statistischen Angaben zur Automobilzulieferindustrie ausschließlich auf Betriebe, die nach der Systematik der Wirtschaftszweige (WZ) in der Unterklasse WZ 34.3 als »Hersteller von Teilen und Zubehör für Kraftwagen und Kraftwagenmotoren« geführt werden.[5] Die in dieser Unterklasse enthaltenen Firmen repräsentieren die Automobilzulieferer jedoch unvollständig. So werden beispielsweise die Hersteller von Reifen und technischen Kunststoffen in der WZ-Klasse 25 »Herstellung von Gummi- und Kunststoffwaren«, die Zulieferer von Aluminiumteilen in der NACE-Klasse 28 »Hersteller von Metallerzeugnissen« oder die Zulieferer von Batterien und Scheinwerfern in der WZ-Klasse 31 »Herstellung von Geräten der Elektrizitätserzeugung und -verteilung« klassifiziert. Damit wird der Automobilzuliefersektor, wie er alleine in der WZ-Klasse 34.3 erfasst wird, systematisch fehlbewertet.

Vor dem Hintergrund der mangelnden Datenverfügbarkeit und der Erfassungsproblematik basieren die empirisch-quantitativen Analysen auf einer Primärerhebung, die inhaltlich wie methodisch eigens für diesen Bericht konzipiert wurde. Befragt wurden 125 Unternehmen, die in nennenswertem Umfang Produkte für die Automobilproduktion herstellen. Ziel dieser Erhebung war es herauszufinden, wie sich Automobilzulieferer gegenwärtig und zukünftig mit ihren Produktions- und Entwicklungskapazitäten international aufstellen, und ebenso, welche Bedeutung die Auslandsmärkte für die Unternehmen haben. Im Rahmen der Erhebung wurden zudem weitere Inhalte abgefragt, wie die Bedeutung alternativer Antriebstechnologien und neuer Fahrzeugkonzepte für das Geschäftsmodell, die später in Kapitel IV dargestellt werden.

---

5 Gemäß der Systematik der Wirtschaftszeige der Europäischen Gemeinschaft »NACE, Rev. 1.1« aus dem Jahr 2003 sind Automobilzulieferer der WZ-Klasse 34.3 zugeordnet. In der seit dem Jahr 2008 gültigen Systematik »NACE, Rev. 2« umfasst die Klasse 29.3 diese Unternehmen.

RAHMENDATEN DER PRIMÄRERHEBUNG 1.1

Die Befragung fand im Zeitraum vom 15. Dezember 2011 bis 27. Januar 2012 statt. Die Erhebung richtete sich an Unternehmen, die aktuell als Automobilzulieferer agieren. Um eine breite Abdeckung der Zielgruppe zu erreichen, wurden zwei Feldzugänge genutzt; zur besseren Ausschöpfung der Stichproben kamen zwei Erhebungsmodi zum Einsatz: eine postalisch-schriftliche Erhebung und eine webbasierte Onlinebefragung. Die Zuordnung zur Zielgruppe wurde anhand der Angaben der befragten Unternehmen nach Abschluss der Erhebung geprüft. Die Erstellung der Stichproben wie auch die Durchführung der Erhebung wurden vom Fraunhofer-Institut für System- und Innovationsforschung ISI geleistet. Die wichtigsten methodischen Eckpunkte dieser Erhebung sind im Folgenden skizziert.

DEFINITION AUTOMOBILZULIEFERER 1.2

Zielgruppe waren Unternehmen aus allen Branchen des verarbeitenden Gewerbes, die in nennenswertem Umfang der Automobilindustrie Industriegüter, die nicht als Investitionsgut in die Automobilproduktion eingehen, zuliefern. Ansprechpartner sollte jeweils eine Person der technischen bzw. kaufmännischen Leitung auf Geschäftsführungsebene sein.

Die zuvor definierte Gruppe der Automobilzulieferer wird in ihrer Vollständigkeit weder als identifizierbare Gruppe in der Unternehmensstatistik des Statistischen Bundesamtes noch als Branchengruppe in kommerziellen Unternehmensdatenbanken geführt. Daher stand zu dieser Zielgruppe keine vollständige Auswahlgrundgesamtheit zur Verfügung, von der ausgehend eine repräsentative Zufallsstichprobe gezogen werden konnte. Um trotzdem eine möglichst breite Abdeckung der Zielgruppe zu realisieren, wurden daher zwei Feldzugänge mit jeweils eigenständigen Selektionskriterien gewählt:

> Zum einen wurde die Firmendatenbank AMADEUS genutzt. Angeschrieben wurden hier alle Unternehmen, deren Branche als »Herstellung von Teilen und Zubehör für Kraftwagen« (basierend auf der WZ-Klassifikation 2008, Gruppe 29.3) klassifiziert waren (n = 643, Stand 12/2011). Von dieser Liste wurden zusätzlich offensichtliche »Investitionsgüterhersteller« gestrichen, sodass schließlich Adressen von 599 Unternehmen zur Verfügung standen.
> Zum anderen wurde die ISI-Erhebung »Modernisierung der Produktion« 2009 als Unternehmenszugang genutzt. Unabhängig von der jeweiligen Branchenklassifikation konnten anhand der Antworten zu Zulieferstatus und Hauptprodukt die Betriebe der Zielgruppe zugeordnet werden. Ausgewählt wurden entsprechend der Vorgabe all jene Betriebe, deren Branche als »Herstellung von Teilen und Zubehör für Kraftwagen« (basierend auf der WZ-Klassifikation 2003, Gruppe 34.3) klassifiziert waren, sowie auch all jene Betriebe, die

angegeben hatten, der Automobilindustrie in nennenswertem Umfang Teile zuzuliefern, die in ein neues Automobil eingehen. Von 1.484 befragten Betrieben entsprachen 227 diesen Zielgruppenkriterien. Über diese Betriebsauswahl wurde der Zugang zur Geschäftsführung des Unternehmens gesucht.

Die Kontrolle der Zuordnung der Unternehmen zur Zielgruppe erfolgte anhand von vier Angaben im Interview. Für die Kontrolle, ob das Unternehmen in nennenswertem Umfang für die Automobilherstellung produziert, wurden dabei folgende Kriterien genutzt:

Frage: Werden in Ihrem Unternehmen derzeit Produkte hergestellt, die in der Automobilindustrie Anwendung finden? *Kriterium*: ja.

Frage: Charakterisieren Sie bitte den Verwendungszweck der für die Automobilindustrie hergestellten Produkte. Zur Auswahl standen die Kategorien a) Die Produkte werden ein Teil eines Personenkraftfahrzeugs bzw. Nutzfahrzeugs. b) Die Produkte sind eine Maschine oder Anlage zur Herstellung von Automobilen. c) Die Produkte sind ein Verbrauchsgut für die Nutzung in der Automobilherstellung. *Kriterium*: Antwort a) musste genannt sein.

Frage: Welchen Anteil des Umsatzes erzielte Ihr Unternehmen 2010 mit den Produkten, die in Automobile eingehen? *Kriterium*: Der mit dem Produkt für die Automobilindustrie erzielte Umsatz muss mindestens 20 % betragen.

Frage: Nennen Sie bitte die wichtigsten Produkte bzw. die Produktgruppen Ihres Unternehmens. *Kriterium*: Ausschluss von Unternehmen, die Investitionsgüter, d. h. Ausrüstung oder Werkzeuge zur Herstellung von Fahrzeugen, an Automobilhersteller liefern bzw. die als Lohnfertiger ohne eigenes Produkt aktiv sind.

Überdies wurde zwischen zwei Kategorien von Zulieferern unterschieden. Die Unterscheidung erfolgte anhand der Fragestellung, wer die direkten Abnehmer ihre Produkte sind. Zulieferbetriebe der erstenStufe liefern ihre Produkte direkt an Automobilhersteller und werden gemeinhin als First-Tier-Lieferanten bezeichnet. Häufig handelt es sich bei solchen Lieferanten um Hersteller kompletter Systeme und Module. Lieferanten der zweiten Zuliefererstufe, sogenannte Second-Tier-Lieferanten, stehen nur in indirekter Beziehung mit dem Automobilhersteller, da ihre Kunden Automobilzulieferer der ersten Ebene sind. Häufig stellen Zulieferer der zweiten Ebene eher Teile her, die dann in komplexere Systeme oder Modelle eingehen.

Weil die Zuordnung jedoch häufig nicht eindeutig zu klären ist, wurde folgendes Selektionskriterium herangezogen mit der *Frage*: An wen liefert Ihr Unternehmen überwiegend die Produkte für die Automobilindustrie?

Bei der schriftlichen Befragung wurde erst nach Abschluss der Feldzeit, bei der Onlineerhebung teilweise schon während der Erhebung, die Korrektheit der Zuordnung geprüft.

ERHEBUNGSVERLAUF 1.3

Insgesamt wurden 873 Unternehmen kontaktiert. In Unkenntnis der anvisierten Grundgesamtheit gestattet der Stichprobenplan kein statistisch repräsentatives Abbild der Zielgruppe. Der duale Zugang zur Zielgruppe ermöglicht allerdings eine breite Abdeckung der Grundgesamtheit und somit eine valide Basis für erste Aussagen über die Gruppe der Automobilzulieferer.

Für die Befragung wurden zwei Erhebungsmodi genutzt, die Kontaktierung der Unternehmen erfolgte in beiden Varianten per Anschreiben. Der Fragenpool wurde zum einen in Form eines schriftlichen Fragebogens an die Unternehmen gesandt. In dem Anschreiben wurde den Interviewten zum anderen die Möglichkeit geboten, eine Onlineplattform zu nutzen. Unter Verwendung des Tools EFS (Enterprise Feedback Suite, Version 8.0) von Globalpark AG bzw. Questback war die Befragung auch als Onlinebefragung vom Projektteam des Fraunhofer ISI umgesetzt. Die Fragenreihenfolge differiert zwischen beiden Erhebungsmodi; nicht alle Möglichkeiten der Onlinebefragung konnten auch in der schriftlichen Befragung umgesetzt werden. Im Wesentlichen liegt der Unterschied darin, dass die Kontrollfragen zur Branche im schriftlichen Fragebogen nicht zu Beginn gestellt wurden. Im Verlauf der Erhebung wurden 125 Interviews mit Unternehmen der anvisierten Zielgruppe geführt. Zudem nahmen 44 Unternehmen an der Befragung teil, die nachträglich als nicht zielgruppenrelevant identifiziert wurden. Weitere 18 Unternehmen gaben eine sonstige Rückmeldung.

TAB. III.1 ERGEBNIS DER KONTAKTIERUNG NACH ABSCHLUSS DER ERHEBUNG

Kontaktstatus nach Ende der Feldlaufzeit	Anzahl
kontaktierte Unternehmen	873
Gesamtrücklauf	187 (21 %)
darunter	
stichprobenneutral	4
postalisch nicht erreichbar	4
Befragung nur in Englisch möglich	1
Verweigerung	4
Unternehmen ohne Produktion für die Automobilindustrie	54
aktive Rückmeldung seitens des Unternehmens	10
nachträglich ausgeschlossene Interviews	44
verwertbare Interviews mit aktuellen Automobilzulieferern	125 (14 %)

Quelle: Automobilzuliefererbefragung des Fraunhofer ISI (2011/2012)

Die Aufstellung in Tabelle III.1 zeigt, dass die Abgrenzung der verwendeten Stichproben erfolgreich war. In direkter Reaktion auf die Ansprache als Zulieferer der Automobilindustrie sahen nur einzelne Unternehmen sich als nicht der Zielgruppe zugehörend an. Deutlich wird allerdings auch die Unschärfe des Begriffs Automobilzulieferer; eine genauere Spezifikation dieser Gruppe scheint immer erforderlich zu sein. In der Erhebung entsprach ein Viertel der Unternehmen nicht der analytisch festgelegten Definition von Automobilzulieferern. Dabei war das wichtigste Ausschlusskriterium der Mindestanteil am Umsatz in der Automobilindustrie, gefolgt von der Produkteingrenzung.

Für die Bewertung des Rücklaufs kann daher festgehalten werden, dass jedes fünfte kontaktierte Unternehmen interviewbereit war (n = 169). Darüber hinaus konnte trotz der Stichprobenunschärfe zu 14 % der Adressen Interviews generiert werden, sodass die erwartete Responsivität deutlich übertroffen wurde.

DATENSATZ 1.4

Im Ergebnis dieser Erhebung liegt ein Datensatz vor, welcher ein großes Spektrum an Unternehmen, die in nennenswertem Umfang der Automobilindustrie Teile eines Personenkraftfahrzeugs bzw. Nutzfahrzeugs zuliefern, abdeckt. Insgesamt entsprechen 125 der antwortenden Unternehmen der Definition der erwünschten Zielgruppe. Diese werden den folgenden Analysen zugrunde gelegt. Im Durchschnitt beträgt der Umsatzanteil des Automobilbereichs dieser Betriebe 83 %. Über drei Viertel der antwortenden Betriebe haben einen Automotiveumsatzanteil von 70 % und mehr. Die Struktur der erreichten Stichprobe zeichnet sich durch folgende Charakteristika aus: 62 % der antwortenden Betriebe sind kleine und mittlere Unternehmen (KMU) mit weniger als 250 Beschäftigten. Demgegenüber weisen 20 % der Betriebe 1.000 und mehr Beschäftigte auf. Die Stichprobe stellt damit einen ausgewogenen Mix aus mittelständischen Betrieben, die die Grundgesamtheit der Automobilzulieferer stark prägen, sowie großen Unternehmen mit üblicherweise intensiverer internationaler Orientierung und Innovationsausrichtung dar.

Differenziert man die erreichten Betriebe hinsichtlich ihrer FuE-Intensität, gemessen als Verhältnis der FuE-Aufwendungen zum Umsatz, so zeigt sich folgendes Bild: Der Durchschnitt der anteiligen FuE-Aufwendungen am Umsatz liegt bei 3,9 %. Ein Viertel der Betriebe erreicht 5 % und mehr FuE-Intensität, die Top 10 % weisen 8 % und mehr auf. 43 % der Betriebe sind wenig forschungsintensiv mit einem Anteil von weniger als 2,5 % ihrer FuE-Aufwendungen am Umsatz. 41 % der Betriebe weisen eine mittlere FuE-Intensität von 2,5 bis 7 % auf, während 16 % der Betriebe der Gruppe der Spitzentechnologie mit 7 % und mehr FuE-Aufwendungen am Umsatz zuzurechnen sind. Damit sind insgesamt 57 % der erreichten Betriebe als forschungsintensiv einzustufen.

INTERNATIONALE AUFSTELLUNG DEUTSCHER AUTOMOBILHERSTELLER 2.

Deutsche Automobilhersteller sind sowohl mit Vertriebs- als auch mit Produktionsaktivitäten global aktiv. Trotz der Aufstellung als »global player« haben die großen Automobilhersteller nach wie vor ihren Stammsitz in Deutschland, entwickeln und produzieren hier ihre Produkte, die dann in den Export gehen. Drei von vier der in Deutschland hergestellten Fahrzeuge wurden im Jahr 2010 exportiert (VDA 2011b).

Um herauszufinden, in welcher Intensität die einzelnen Automobilhersteller vom Export insgesamt und von welchen Regionen und Fahrzeugklassen im Spezifischen abhängig sind, wird zunächst die derzeitige Marktstellung deutscher OEM in den wichtigsten Leitmärkten vergleichend dargestellt. Des Weiteren werden die weltweiten Produktionskapazitäten genauer untersucht. Diese Vorarbeiten dienen als Basis für eine Zuordnung der Märkte zu Produktionskapazitäten mit dem Ziel, die Abhängigkeit der in Deutschland angesiedelten Produktionskapazitäten von den weltweiten Absatzmärkten zu eruieren.

MARKTSTELLUNG DEUTSCHER AUTOMOBILHERSTELLER IN AUSGEWÄHLTEN LEADMÄRKTEN 2.1

DER AUTOMOBILMARKT WELTWEIT 2.1.1

Im Jahr 2010 wurden weltweit 61,7 Mio. Pkw abgesetzt (VDA 2011b). Die größten Absatzmärkte waren Nordamerika (NAFTA-Raum), Westeuropa (EU-15 sowie Island, Norwegen, Schweiz), Japan, China, Brasilien, Indien und Russland. In Tabelle III.2 ist die Absatzentwicklung der einzelnen Märkte für das Jahr 2010 dargestellt. Auf diese Märkte entfallen über 80 % des weltweiten Pkw-Absatzes, weshalb sie als Leadmärkte bezeichnet werden. Der NAFTA-Raum ist dabei der größte Markt mit knapp 14 Mio. abgesetzten Pkw, was rund 23 % Anteil am Gesamtmarkt entspricht. Dahinter folgt China mit 11,2 Mio. Pkw. Bemerkenswert am chinesischen Markt ist das starke Wachstum in den Jahren 2009 und 2010, in denen Wachstumsraten um 47 % bzw. von 34 % gegenüber dem jeweiligen Vorjahr realisiert wurden (CAAM 2011a).

Erste Zahlen für das Jahr 2011 deuten darauf hin, dass China mittlerweile den größten Absatzmarkt darstellt (VDA 2012). An dritter Stelle ist die Europäische Union (EU-27) platziert, wo insgesamt 13,8 Mio. Fahrzeuge abgesetzt wurden. Westeuropa (EU-15) ist dabei mit knapp 13 Mio. Einheiten das Hauptabsatzgebiet. Auf Osteuropa entfallen hingegen nur 0,8 Mio. Pkw. Japan hat mit 4,2 Mio. abgesetzten Pkw einen Marktanteil von 7 %. Neben China können auch Brasilien mit 3,3 Mio. Einheiten (5 % Marktanteil), Indien mit 2,4 Mio.

Einheiten (4 % Marktanteil) und Russland mit 1,9 Mio. Pkw (3 % Marktanteil) zu den Leitmärkten gezählt werden. Trotz der bislang vermeintlich geringen absoluten Zahlen ist in diesen sogenannten »emerging markets« (den Wachstumsmärkte der Schwellenländer) zukünftig von starken Wachstumszahlen auszugehen. Vor dem Hintergrund der gesamtwirtschaftlichen Perspektiven dieser Länder signalisiert der Vergleich des Verhältnisses Pkw-Bestand zu Einwohner großes Wachstumspotenzial. Der Bestand pro 1.000 Einwohner in den etablierten Märkten bewegt sich zwischen 450 und 500 Einheiten. In den Schwellenländern hat Russland mit 212 Pkw pro 1.000 Einwohner schon einen deutlichen Vorsprung vor den restlichen drei. Der chinesische Markt hatte 2008 einen Bestand von 22 Pkw pro 1.000 Einwohner.

TAB. III.2 PKW-ABSATZ WELTWEIT 2010

Region	gesamt		heimische OEM		ausländische OEM	
	Mio.	%	Mio.	%	Mio.	%
Welt	61,70					
Leadmärkte	50,82	82				
Nordamerika	13,93	23	6,27	45	7,66	55
Europa						
EU-27 sowie EFTA	13,78	22	11,03	80	2,76	20
Westeuropa	12,98	21	10,51	81	2,47	19
Osteuropa	0,80	1	0,59	73	0,22	27
Japan	4,21	7	4,04	96	0,17	4
China						
exklusive in Kooperation gefertigt	11,27	18	4,39	39	6,87	61
inklusive in Kooperation gefertigt			10,82	96	0,45	4
Brasilien						
exklusive in Kooperation gefertigt	3,33	5	0	0	3,33	100
inklusive in Kooperation gefertigt			2,66	80	0,67	20
Indien	2,39	4	k.A.		k.A.	100
Russland	1,91	3	0,67	35	1,24	65

Eigene Berechnung auf Basis von ACEA 2010 u. 2011; AEB 2011; AMIA 2011a u. 2011b; Anfavea 2011; ASM Holding 2011; CAAM 2011a u. 2011b; CVMA 2011; JAMA 2011; NADA 2011; PwC 2010a, 2010b u. 2011a; SIAM 2011a u. 2011b; VDA 2010 u. 2011c

Die Finanzkrise hat zu einigen Veränderungen in den globalen Absatzmärkten geführt. Vor allem in Nordamerika, Europa und Russland kam es zu signifikanten Einbrüchen beim Pkw-Absatz. So wurden in den NAFTA-Staaten vor der Krise über 19,5 Mio. Pkw jährlich abgesetzt (PwC 2010b, S. 7). Am Tiefpunkt der Krise waren es noch knapp 11,5 Mio. Einheiten, was einer Schrumpfung um rund ein Drittel entspricht (NADA 2011). Mittlerweile hat sich der Markt wieder stabilisiert und sich auf einem Niveau von knapp unter 14 Mio. Pkw eingependelt. Bereinigt man die Marktentwicklung um diese starken Ausschläge, so wird deutlich, dass auch vor der Wirtschaftskrise faktisch kein Marktwachstum realisiert werden konnte. Ein ähnliches Bild zeigt sich in Westeuropa: Im Jahr 2010 wurden rund 2 Mio. Fahrzeuge weniger abgesetzt als in den Vorkrisenjahren, in denen Spitzenzahlen von knapp 15 Mio. Pkw erreicht werden konnten (PwC 2010b, S. 19 und ACEA 2011). Zuvor verharrte der Markt ebenfalls auf einem stabilen Niveau mit kaum Wachstum. In Russland brach der Absatz 2009 auf das Niveau von 2004 ein (PwC 2010b, S. 28). Es wurden nur noch 1,5 Mio. Neufahrzeuge abgesetzt, während es im Jahr 2008 2,7 Mio. Pkw waren (AEB 2011). Allerdings scheint auch hier eine deutliche Erholung einzusetzen, wie das Marktwachstum in Höhe von 30 % im Jahr 2010 verdeutlicht. In Japan war der Absatzrückgang im Zuge der Finanzkrise bei den Pkw geringer und mit der Entwicklung in Westeuropa vergleichbar. Im Jahr 2010 waren die Verkäufe nur leicht unterhalb des Niveaus von 2007 (JAMA 2011). In China ging zwar das Absatzwachstum zurück, allerdings gab es keinen Absatzrückgang (PwC 2010b, S. 43). In ähnlicher Weise gilt dies auch für Indien und Brasilien (PwC 2010b, S. 48 u. 55). In den letzten 10 Jahren wuchsen die Absatzmärkte für Personenkraftfahrzeuge in diesen drei Ländern kontinuierlich.

Die weiter gehende Analyse schlüsselt in den betrachteten Leadmärkten den Absatz nach inländischen und ausländischen Herstellern auf. Als inländische Hersteller gelten solche, die ihre Firmenzentrale in diesem Land bzw. dem geografischen Raum haben oder als weitgehend eigenständige und unabhängige Tochtergesellschaften gelten. Dieser Differenzierungslogik folgend offenbaren sich in den Leitmärkten signifikante Unterschiede. In Japan entfallen 96 % des Absatzes auf Produkte heimischer OEM. In Europa sind 81 % der verkauften Fahrzeuge von heimischen Herstellern, wohingegen in Nordamerika der Anteil bei lediglich 45 % liegt. In Russland können die heimischen Hersteller den geringsten Marktanteil verbuchen (rund 35 %). Die Märkte in Brasilien und China weisen ein Spezifikum auf. In China stammen über zwei Drittel der neuzugelassenen Fahrzeuge von westlichen oder japanischen bzw. koreanischen Automobilherstellern. Allerdings wird der Großteil von lokal angesiedelten Gemeinschaftsunternehmen westlicher und chinesischer OEM hergestellt, an denen chinesische Unternehmen in der Regel die Mehrheit halten. Originäre chinesische Hersteller bzw. Marken halten entsprechend rund 40 % um Gesamtmarkt. Nur 4 % der Fahrzeuge werden von nichtchinesischen OEM importiert. Die geringe Importquote ist vor allem auf die verhältnismäßig hohen Importzölle Chinas zurückzuführen. Bei den importierten Fahrzeugen handelt es sich im Regelfall um sehr hochpreisige Modelle, deren Kunden über eine geringe Preissensibilität verfügen. Ähnlich ist die Situation in Brasilien. Der Anteil westlicher Fahrzeuge liegt bei nahezu 100 %, da Brasilien keine heimischen Automobilhersteller hat. Allerdings produzieren die Hersteller zu 80 % lokal vor Ort, sodass die Importquoten entsprechend gering sind.

MARKTSTELLUNG DEUTSCHER AUTOMOBILHERSTELLER IN AUSGEWÄHLTEN LEADMÄRKTEN 2.1.2

Insgesamt haben im Jahr 2010 die deutschen Automobilhersteller 11,6 Mio. Pkw weltweit abgesetzt (VDA 2011b). Bezogen auf den Gesamtmarkt entspricht dies einem Anteil von knapp 19 % (VDA 2011c). Weltweit gesehen war Toyota mit einem Absatz von 8,4 Mio. Pkw im Jahr 2010 der größte Automobilhersteller. Auf Platz 2 lag General Motors mit rund 8,4 Mio. Fahrzeugen, gefolgt von der Renault/Nissan-Gruppe auf Platz 3 mit 7,3 Mio. Pkw. Volkswagen war mit 7,1 Mio. Pkw auf Platz 4 der absatzstärkste deutsche Automobilhersteller. Erste verfügbare Zahlen für das Jahr 2011 ebenso wie Absatzprognosen für das Jahr 2012 deuten darauf hin, dass Volkswagen seine globale Marktstellung ausbaut und in naher Zukunft eventuell sogar die Spitzenposition einnehmen könnte (Volkswagen 2012).

Vergleicht man für das Bezugsjahr 2010 die Marktstellung deutscher Automobilhersteller für die einzelnen Lead-Regionen, dann zeigen sich teilweise sehr unterschiedliche Marktstellungen (Abb. III.1).

ABB. III.1 MARKTANTEILE DEUTSCHER HERSTELLER IN DEN LEADMÄRKTEN IM JAHR 2010 IN %

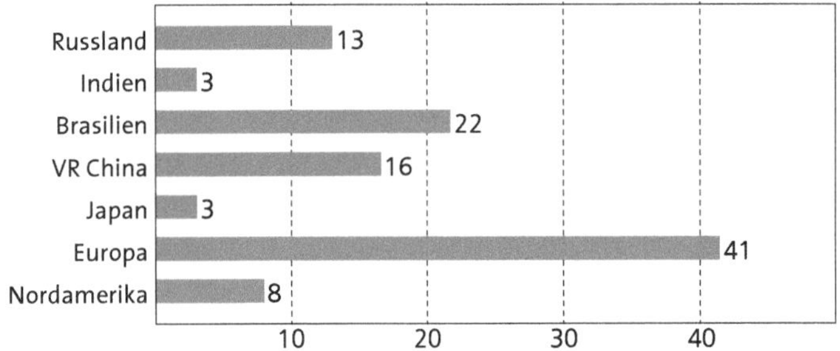

Eigene Berechnung auf Basis von ACEA 2010 u. 2011; AEB 2011; AMIA 2011a u. 2011b; Anfavea 2011; ASM Holding 2011; CAAM 2011a u. 2011b; CVMA 2011; JAMA 2011; NADA 2011; PwC 2010a, 2010b u. 2011a; SIAM 2011a u. 2011b; VDA 2010 u. 2011c

- In Nordamerika war General Motors mit 2,5 Mio. abgesetzten Pkw der größte OEM. Absatzstärkster deutscher Hersteller war VW mit 549.000 Pkw. Insgesamt haben deutsche OEM in diesem Markt 1,09 Mio. Einheiten abgesetzt und nehmen damit etwa 8 % des Marktvolumens ein.
- In Europa war VW mit 2,9 Mio. abgesetzten Pkw der größte OEM. Insgesamt kamen deutsche OEM auf 41 % Marktanteil. Sowohl hinsichtlich absoluter Absatzmengen als auch hinsichtlich der Marktanteile war im Jahr 2010 der europäische Markt für die deutschen Hersteller immer noch der bedeutendste.

- In Japan war Toyota mit 1,9 Mio. Pkw die Nummer 1. VW setzte als stärkster deutscher Hersteller nur rund 62.000 Fahrzeuge in Japan ab. Das ist auf den ersten Blick ein geringer Wert, der sich allerdings vor dem Hintergrund der Importbeschränkungen und der insgesamt 190.000 verkaufter Fahrzeuge ausländischer OEM relativiert. Die deutschen OEM kamen insgesamt auf 3 % Marktanteil in Japan, wobei ihr Anteil am gesamten Absatzvolumen ausländischer OEM bei rund 73 % lag.
- In China war im Jahr 2010 GM mit 2,4 Mio. Pkw der größte OEM, gefolgt von VW mit 1,9 Mio. abgesetzten Einheiten. Insgesamt kamen die deutschen OEM auf einen Marktanteil von 16 %.
- Im russischen Markt nimmt die Renault/Nissan-Gruppe mit 700.000 Einheiten eine dominierende Stellung ein. VW als absatzstärkster deutscher OEM folgte auf Platz 3 mit 131.000 Fahrzeugen und lag damit nur knapp hinter GM, die rund 159.000 Pkw absetzten. Insgesamt kamen die deutschen OEM auf einen Marktanteil von 13 %.
- In Brasilien lag der Marktanteil deutscher OEM bei 22 %. Mit 700.000 Pkw folgte Volkswagen unmittelbar nach Fiat mit 760.000 abgesetzten Einheiten.
- Für Indien sind die verfügbaren Daten nicht belastbar, sodass kein Vergleich angestellt werden kann. Der Gesamtanteil deutscher OEM in Indien liegt schätzungsweise bei 3 %.

In diesem Zusammenhang ist darauf hinzuweisen, dass es die Datenlage nicht erlaubt, die regionalen Absatzzahlen nach Fahrzeugsegmenten differenziert quantitativ zu analysieren. Daher werden die statistisch ermittelten Absatzzahlen und Marktanteile um die eher qualitativen Angaben ergänzt, welche Fahrzeugsegmente deutsche Automobilhersteller in den jeweiligen regionalen Märkten schwerpunktmäßig bedienen.[6]

Der westeuropäische Markt wird dabei als Referenzmarkt angesehen, da die deutschen Hersteller in diesem Markt bis auf wenige Ausnahmen mit ihrer gesamten Produktpalette vertreten sind. Die Einteilung in Marktsegmente entspricht der in Kapitel IV beschriebenen Differenzierung in Kleinwagen, Kompaktwagen, Mittelklassewagen und Oberklassefahrzeuge.[7] Entlang dieser Einteilung ergibt sich folgendes Bild (Tab. III.3):

---

6 Der Vergleich umfasst nur die einzelnen Segmente und nicht die Vielzahl an Ausstattungsvarianten, Motoren und Karosserieformen.

7 Zu beachten ist hierbei, dass in anderen Märkten eine andere Segmenteinteilung erfolgt. Beispielsweise wird in Nordamerika der BMW 1er und 3er der Low-Luxury-Klasse zugeordnet (Frost & Sullivan 2009, S. 65). In Europa werden sie getrennt der Kompaktklasse (»low medium«) und der Mittelklasse (»high medium«) zugeordnet. In die Low-Luxury-Klasse wird der BMW 5er eingeordnet.

TAB. III.3 REGIONALES ANGEBOT DEUTSCHER OEM IN DEN EINZELNEN SEGMENTEN

Märkte	Segment	OEM					
		Audi	BMW	Daimler	Ford	Opel	VW
West-europa*	Kleinwagen	x	x	x	x	x	x
	Kompaktklasse	x	x	x	x	x	x
	Mittelklasse	x	x	x	x	x	x
	Oberklasse	x	x	x			x
NAFTA-Raum	Kleinwagen		x	x	(x)		
	Kompaktklasse	x	x		(x)		x
	Mittelklasse	x	x	x			x
	Oberklasse	x	x	x			x
Japan	Kleinwagen	x	x	x			x
	Kompaktklasse	x	x	x			x
	Mittelklasse	x	x	x			x
	Oberklasse	x	x	x			x
China	Kleinwagen		x	x	(x)		x
	Kompaktklasse	x	x	x	(x)	(x)	x
	Mittelklasse	x	x	x	(x)	(x)	x
	Oberklasse	x	x	x			x
Brasilien	Kleinwagen	x	x	x	(x)	(x)	x
	Kompaktklasse	x	x	x	(x)	(x)	x
	Mittelklasse	x	x	x		(x)	x
	Oberklasse	x	x	x			x
Russland	Kleinwagen	x	x	x	x	x	x
	Kompaktklasse	x	x	x	x	x	x
	Mittelklasse	x	x	x	x	x	x
	Oberklasse	x	x	x			x
Indien	Kleinwagen			x	(x)		x
	Kompaktklasse						x
	Mittelklasse	x	x	x			x
	Oberklasse	x	x	x			x

* = Westeuropa: EU-15-Staaten sowie Schweiz, Norwegen und Island
(x): Von anderer Konzerngesellschaft hergestellt und vertrieben

Eigene Zusammenstellung auf Basis von Herstellerangaben

- Audi ist im Referenzmarkt von Kleinwagen bis zum Oberklassewagen aktiv. Mit Ausnahme vom Nordamerika und China bedient Audi diese Segmente weltweit. In Nordamerika und China werden bisher keine Kleinwagen (Audi A1) angeboten. Die in China angebotenen Audi A4 und A6 sind Langversionen der europäischen Varianten.
- BMW ist im Referenzmarkt von Kleinwagen bis zur Oberklasse aktiv. In allen weiteren Märkten ist diese Modellpalette ebenfalls verfügbar. Im Vergleich zu Audi wird das Kleinwagensegment (MINI-Modelle) auch in Nordamerika und China bedient.

- Daimler bedient mit seiner Modellpalette im Referenzmarkt alle Fahrzeugsegmente. Unter der Marke Smart werden auch Kleinwagen vertrieben. Daimler bietet seine Fahrzeuge des Mittelklasse- und Oberklassesegments weltweit an. Mit der Marke Smart ist das Unternehmen auch in allen Leadmärkten aktiv. Hingegen werden Fahrzeuge der Kompaktklasse (A-Klasse) nicht in Nordamerika angeboten.
- Ford Europe ist eine Tochtergesellschaft des amerikanischen Autobauers Ford Motor Company. Die Konzernstrategie von Ford erfordert es, dass sich die Teilgesellschaften regional abgrenzen. Daher ist Ford Europe neben Europa nur noch im russischen Markt direkt aktiv. Im Referenzmarkt werden die Segmente Kleinwagen bis Mittelklasse bedient. Im Vergleich dazu wird in Russland bis auf bestimmte Van-Modelle der Mittelklasse die gleiche Produktpalette angeboten. Die lokale Abgrenzung der Absatzmärkte bringt es mit sich, dass bestimmte Modelle von Ford Europe (z.B. C-MAX, S-MAX, Kuga) auch in den Märkten Nordamerika, Japan, China und Brasilien angeboten werden, allerdings von anderen Ford-Tochtergesellschaften gefertigt und vertrieben werden.
- Opel ist als die europäische GM-Tochtergesellschaft im Grunde nur im europäischen Referenzmarkt und Russland aktiv. Die weltweit vertretene Marke von GM ist Chevrolet. Unter ihrem Label werden bspw. in Brasilien und China auch Opel-Modelle wie Corsa und Astra angeboten. Im Referenzmarkt ist Opel ähnlich wie Ford aufgestellt und bedient schwerpunktmäßig Klein-, Kompakt- und Mittelklassesegmente.
- Volkswagen ist der volumenstärkste OEM und bedient mit seinem Produktportfolio alle Segmente. In Nordamerika werden mit Ausnahme von Kleinwagen (Fox und Polo) alle Fahrzeugklassen, insbesondere aber Kompakt- und Mittelklasse angeboten. Einziges Modell im Oberklassesegment ist der Touareg, hingegen wird das Modell Phaeton nicht angeboten. Dagegen ist VW in China in den gleichen Segmenten wie auf dem Referenzmarkt vertreten. Teilweise sind die Modelle den regionalen Besonderheiten technisch und optisch angepasst. In Brasilien ist VW weder im Oberklassesegment noch mit Großraum-Vans (Touran) vertreten. Für den brasilianischen Markt gibt es mit dem Gol ein Modell, das im europäischen Referenzmarkt nicht erhältlich ist. Im russischen Markt werden alle Segmente des Referenzmarktes bis auf die Kleinwagen (Fox) angeboten. Während die Konzernmarke Skoda in Europa und China angeboten wird, ist der Absatzmarkt von Seat auf den europäischen Raum beschränkt. Die Produkte beider Konzernmarken bedienen das Kleinwagen-, Kompaktwagen- und Mittelklassesegment.
- Für den indischen Markt stehen für die Breite der Hersteller keine verlässlichen Informationen zur Verfügung. Sofern für einzelne Hersteller verlässliche Daten verfügbar sind, so zeigt sich, dass diese in der Regel erst Fahrzeuge ab dem Mit-

telklassesegment anbieten. Mercedes-Benz vertreibt zusätzlich Fahrzeuge der Marke Smart. VW ist auch bei Kleinwagen und der Kompaktklasse vertreten.

Es kann festgehalten werden, dass die deutschen Automobilhersteller in der Regel weltweit Modelle von der Kompakt- bis zur Oberklasse anbieten. Lediglich Fahrzeuge des Kleinwagensegments werden nur in ausgewählten regionalen Märkten vertrieben. Sowohl Ford Europe als auch Opel stellen in diesem Zusammenhang eine Ausnahme dar, da sie in ihrer Markt- und Modellrepräsentanz aufgrund ihrer Zugehörigkeit zu Ford Motor Company bzw. General Motors Company eingeschränkt sind.

PRODUKTIONSAKTIVITÄTEN DEUTSCHER AUTOMOBILHERSTELLER IM IN- UND AUSLAND 2.2

Die folgenden Ausführungen untersuchen die weltweiten Produktionsaktivitäten deutscher Automobilhersteller und gehen dabei insbesondere der Frage nach, welche Fahrzeuge in welchen Regionen und in welcher Menge gefertigt werden.

Die Analyse der weltweiten Produktionsvolumina birgt methodische Probleme in sich. Die für diese Analyse relevanten Datenquellen, die Statistiken des Verbands deutscher Automobilhersteller (VDA), die nationalen Statistiken einzelner Länder und die Statistik »Autofacts« unterscheiden sich in einzelnen Angaben. Eine Plausibilisierung der Datenquellen zeigt, dass diese Differenzen verschiedene Ursachen haben:

› Die VDA-Statistiken subsumieren unter den deutschen Automobilherstellern ausschließlich die Marken, die ihren Stammsitz in Deutschland haben. Das hat zur Konsequenz, dass beispielsweise die Produktionsvolumina von BMW ohne die der Konzernmarken MINI und Rolls Royce ausgewiesen werden, bzw. die Volumina der Daimler-Gruppe nur die Marke Mercedes-Benz und keine Smartfahrzeuge betrachten. Besonders ins Gewicht fällt dies bei der Volkswagen-Gruppe. Die Volumina der Konzernmarken Skoda, Seat, Lamborghini, Bentley und Bugatti werden nicht betrachtet.
› In der Datenbasis »Autofacts« und in bestimmten Regionalstatistiken werden vereinzelt Fahrzeuge bis 6 t Gesamtgewicht (z.B. Light-Trucks oder Pick-up-Fahrzeuge) zu Personenkraftwagen gezählt. In der VDA-Statistik umfassen Personenkraftwagen nur Fahrzeuge bis 3,5 t Gesamtgewicht.
› In den VDA-Statistiken weisen die Zahlen zur Auslandsproduktion deutscher Hersteller an einzelnen Stellen Lücken auf. So wird beispielsweise die Ausbringungsmenge des Opel-Werks im spanischen Zaragoza nicht als Auslandsproduktion in der Statistik erfasst. Überdies sind aber weder das BMW-Werk in Kaliningrad noch die Produktionsvolumina von Audi in China aufgeführt,

obgleich an diesen Standorten gemäß Herstellerangaben jeweils in größerem Umfang Fahrzeuge gefertigt werden (Audi AG 2012).

In den meisten Fällen, vor allem bei der Bildung von Relationen, bewegen sich die Unterschiede innerhalb eines vertretbaren Maßes. An den Stellen, an denen sich signifikante Differenzen zwischen den einzelnen Statistiken ergeben, wird entsprechend darauf hingewiesen und ggf. auch die Abweichung problematisiert.

DIE PRODUKTIONSVOLUMINA WELTWEIT 2.2.1

Im Jahr 2010 haben die Automobilhersteller fast 62 Mio. Fahrzeuge an verschiedenen Produktionsstandorten weltweit produziert (VDA 2011b).

Wie Tabelle III.4 verdeutlicht, wurden die Produktionsmengen entsprechend den Nachfrageschwankungen angepasst. So ging die jährliche Ausbringungsmenge von 63,8 Mio. Fahrzeugen im Jahr 2007 auf nur noch knapp über 50,4 Mio. Fahrzeuge im Jahr 2009 zurück. Im weiteren Verlauf stieg die Produktionskurve wieder, sodass im Jahr 2010 weltweit fast das Vorkrisenniveau erreicht wurde. Erste verfügbare Werte für das Jahr 2011 deuten darauf hin, dass sich der Wachstumstrend fortsetzt (VDA 2012).

TAB. III.4 ENTWICKLUNGEN DER GLOBALEN PRODUKTIONSMENGEN (IN MIO.)

	2007	2008	2009	2010
Welt	63,8	59,4	50,4	61,9
NAFTA	15,1	12,5	8,5	11,9
Deutschland	5,6	5,4	4,8	5,5
Europa (mit Deutschland)	19,9	18,2	15,3	17,0
Europa (ohne Deutschland)	14,3	12,7	10,5	11,5
China	4,4	4,8	6,9	9,0
Südamerika	3,5	3,7	3,6	4,1
Indien	1,3	1,5	1,8	2,3
Russland	1,2	1,4	0,6	1,2
Asien-Pazifik (ohne Indien und China)	17,3	16,3	12,7	15,4
Afrika und Mittlerer Osten	1,1	1,1	1,0	1,2

Eigene Berechnungen auf Basis von PwC 2011a

Betrachtet man die regionalen Unterschiede, so fällt auf, dass in China trotz der Weltwirtschaftskrise die Produktionsmenge zwischen 2008 und 2010 fast verdoppelt werden konnte. Ferner liegt das durchschnittliche jährliche Wachstum bei über 26 %. Diese Wachstumszahlen korrespondieren gut mit der Absatzentwicklung in China und unterstreichen, dass die lokale Produktion in China fast ausschließlich lokal abgesetzt wird. In Tabelle III.5 sind die bedeutendsten Hersteller in China mit den entsprechenden Produktionsmengen aufgelistet.

Besonders von der Krise betroffen waren der NAFTA-Raum, die Asien-Pazifik-Region (ohne Indien und China) sowie der europäische Markt (ohne Deutschland). In diesen Regionen sind die stark eingebrochenen Ausbringungsmengen trotz des Aufwärtstrends noch weit von dem jeweiligen Ausgangsniveau im Jahr 2007 entfernt. In Deutschland sind die Produktionsmengen u.a. auch wegen der »Abwrackprämie« verhältnismäßig konstant geblieben, konnten allerdings auch nicht deutlich vom einsetzenden Aufschwung profitieren.

TAB. III.5 PRODUKTIONSMENGEN NACH HERSTELLER IN CHINA

Hersteller	2007	2008	2009	2010	Anteile 2010 in %
Beijing Benz	20.236	24.801	15.624	39.740	0,4
Beijing Hyundai Motor	231.888	300.323	571.234	704.441	7,8
BMW Brilliance	34.720	33.000	44.004	55.582	0,6
Chang'an Auto Group	685.762	650.045	1.474.865	1.846.067	20,5
FAW Car	88.480	113.347	191.033	273.888	3,1
Dongfeng-PSA	213.058	172.720	262.889	376.331	4,2
Dongfeng Nissan	273.880	354.107	522.965	673.838	7,6
Beiqi Foton	1.919	3.920	14.528	13.138	0,2
FAW-Volkswagen	489.821	480.822	670.767	882.827	9,8
Guangqi Honda	295.462	308.376	365.997	385.755	4,3
Shanghai Volkswagen	466.139	494.178	716.560	1.017.249	11,3
Tianjin FAW Xiali	183.649	172.369	214.517	250.456	2,8
Shanghai GM	324.890	571.448	399.680	513.180	5,7
Chery Group	387.880	350.006	508.567	684.589	7,6
Geely Group	216.774	220.955	330.275	416.776	4,6
*sonstige**	*535.342*	538.473	564.695	852.043	9,5
Summe	4.449.900	4.788.890	6.868.200	8.985.900	100

* Schätzwerte aufgrund ungenauer Angaben

Quelle: VDA 2011c

WELTWEITE PRODUKTIONSVOLUMINA DEUTSCHER HERSTELLER 2.2.2

Gemäß den aktuellen VDA-Statistiken haben die deutschen Automobilhersteller im Jahr 2010 weltweit rund 11,5 Mio. Fahrzeuge (bis 3,5 t Gesamtgewicht) hergestellt (VDA 2011c, S. 8 u. 112). Die Produktionsmenge lag damit um mehr als 600.000 Einheiten über dem Niveau des Jahres 2007. Der Hauptproduktionsstandort deutscher Hersteller ist nach wie vor Deutschland. Im Mittel produzieren sie dort rund 48 % der Fahrzeuge. Die Zahlen zeigen, dass die jährliche Ausbringungsmenge deutscher Standorte seit über 10 Jahren auf einem konstanten Niveau verharrt (vernachlässigt man den Einbruch in 2009). Zuletzt wurden rund 5,5 Mio. Fahrzeuge gefertigt. Bei einer steigenden Gesamtausbringungsmenge ist der Anteil der deutschen Produktionsstandorte am Gesamtvolumen entsprechend rückläufig. Seit 2007 ist er um fast 5 Prozentpunkte gefallen.

Legt man den Analysen andere Statistiken zugrunde, so verändern sich einzelne Facetten des Gesamtbilds. Gemäß PwC Autofacts lag das globale Produktionsvolumen deutscher Hersteller im Jahr bei 13,1 Mio. Fahrzeugen (Tab. III.6).[8] Allerdings wird hier der Anteil der heimischen Produktion mit nur rund 40 % angegeben. Insgesamt haben die deutschen OEM in 2010 rund 500.000 Fahrzeuge mehr gefertigt als vor dem Ausbruch der Krise, wobei die deutschen Standorte nicht vom Gesamtmarktwachstum profitierten konnten. Im Gegenteil, die Ausbringungsmenge sank um knapp 250.000 Fahrzeuge. Somit wird die rückläufige Bedeutung des Automobilstandorts Deutschland in Bezug auf die Gesamtausbringungsmenge auch hier deutlich. Der Anteil am Gesamtvolumen sank um gut 4 Prozentpunkte.

TAB. III.6 ENTWICKLUNG DER GLOBALEN PRODUKTIONSMENGEN DEUTSCHER AUTOMOBILHERSTELLER NACH REGIONEN VON 2007 BIS 2010

	2007	2008	2009	2010
NAFTA	712	787	530	727
Deutschland	5.420	5.215	4.677	5.296
Europa	4.483	4.264	3.332	3.662
China	936	1.062	1.460	2.006
Südamerika	739	807	828	931
Indien	17	26	25	66
Russland	119	199	104	225
Asien-Pazifik	13	16	16	19
Afrika	229	192	147	207
gesamt	12.667	12.569	11.119	13.140

Eigene Berechnung auf Basis von PwC 2011a

8 Bereinigt man die PwC-Autofacts-Daten um die Konzernmarken deutscher OEM, die nicht in Deutschland beheimatet sind (MINI, Rolls Royce, Smart, Skoda, Seat, Bentley, Lamborghini und Bugatti), so sinkt das globale Produktionsvolumen deutscher OEM auf 11,7 Mio. Einheiten. Im Gegenzug steigt der Anteil inländisch gefertigter Fahrzeuge auf rund 45 %.

Betrachtet man die anderen Regionen, so zeigt sich, dass die europäischen Standorte weiterhin die zweite tragende Säule für die deutschen Hersteller darstellen, ihre Bedeutung aber auch tendenziell abnimmt. Sowohl die absoluten Produktionszahlen als auch die relativen Anteile sind in moderatem Maße rückläufig. Der drittwichtigste Produktionsstandort ist China mit einem Anteil von über 15 % am Produktionsvolumen. Auffallend sind die starken Zuwächse der nahen Vergangenheit. Die Entwicklung der Volumina deutet darauf hin, dass China mittelfristig den europäischen Standorten den zweiten Rang streitig machen könnte (Abb. III.2).

ABB. III.2 ANTEIL DER UNTERSCHIEDLICHEN REGIONEN AM PRODUKTIONSVOLUMEN DEUTSCHER AUTOMOBILHERSTELLER IN %

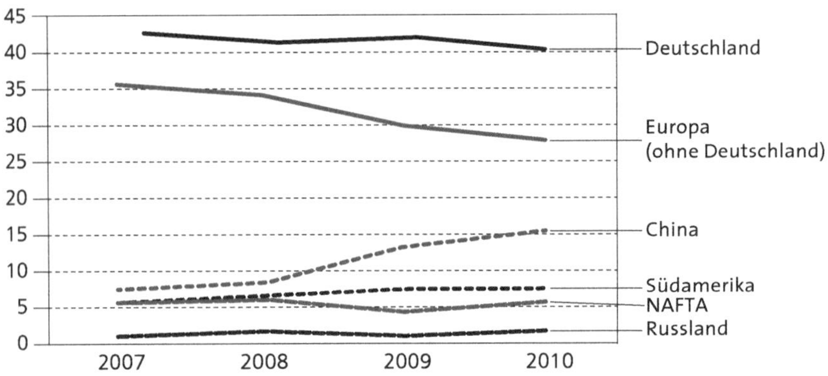

Quelle: VDA 2011c

An vierter Stelle folgen die Produktionsstandorte in Südamerika, wobei hier in erster Linie die brasilianischen Standorte ins Gewicht fallen. Die niedrigen, aber konstanten Wachstumsraten haben dazu geführt, dass die südamerikanischen Standorte mittlerweile vor den nordamerikanischen liegen. Im Jahr 2010 haben deutsche Automobilhersteller im NAFTA-Raum rund 727.000 Fahrzeuge produziert, vergleichsweise im südamerikanischen Raum über 931.000 Einheiten. Allerdings ist darin (noch) kein grundlegender Bedeutungsrückgang der nordamerikanischen Standorte zu sehen. Der nordamerikanische Markt, vor allem die USA, wurde ab Mitte der 1990er Jahre produktionsseitig zunächst von BMW und Daimler-Benz erschlossen mit dem Ziel, durch lokale Produktion Währungsschwankungen auszugleichen. Nach Beendigung der Krise werden dort die Kapazitäten in moderatem Umfang ausgebaut. Seit 2011 ist auch der Volkswagen-Konzern mit größeren Produktionskapazitäten in den USA vertreten. Die VW-Konzerntochter Audi plant den Aufbau von Produktionskapazitäten in Mexiko (Audi AG 2012). In Afrika, vor allem in Südafrika, unterhalten deutsche Hersteller seit Jahrzehnten nennenswerte Produktionskapazitäten. Von den südafrikanischen Standorten aus werden in erster Linie Produkte für den lokalen Markt montiert[9] bzw. die gefertigten Rechtslenkermodelle in weltweite Märkte exportiert.

Bislang spielen Produktionsstandorte in Russland und Indien eine eher untergeordnete Rolle. Ihre Volumenanteile belaufen sich im Jahr 2010 in Summe auf ungefähr 2 %. Allerdings ist aufgrund positiver Wachstumsprognosen auch hier mit einer Ausweitung der Kapazitäten und der Produktionsvolumina zu rechnen. Insbesondere zu beobachten ist der Eintritt von fast allen deutschen Herstellern in den russischen Markt in den letzten Jahren. Die bislang kleineren Produktionsstandorte besitzen ein erhebliches Ausbaupotenzial.

DIE WELTWEITEN PRODUKTIONSVOLUMINA JE HERSTELLER 2.2.3

Die deutschen Automobilhersteller sind weltweit aktiv. Wie im Teilkapitel zuvor dargestellt, ist Deutschland der Fertigungsstandort Nummer 1 für die deutschen OEM. Differenziert man die Länderanteile nach den einzelnen Herstellern, so zeigen sich große Unterschiede.[10] Die Hersteller BMW (inklusive MINI), Mercedes-Benz (inklusive Smart) und Audi stellen jeweils zwischen 60 und 70 % ihrer Produkte an deutschen Standorten her (Tab. III.7). Das umgekehrte Bild zeigt sich bei Volkswagen. Fast drei Viertel der Produktionsmenge wurden im Jahr 2010 an ausländischen Standorten hergestellt. Zudem ist Volkswagen mit Ausnahme von Asien-Pazifik in allen Regionen mit Produktionskapazitäten vertreten. Dabei wurde Deutschland im Jahr 2010 von China als volumenstärkste Produktionsregion (bzw. Produktionsland) abgelöst. In China wurden 2010 knapp 1,5 Mio. Fahrzeuge der Marke Volkswagen produziert, was einem Anteil von 30 % am Produktionsvolumen entspricht. Volkswagen ist seit nunmehr rund 30 Jahren als einer der ersten westlichen Hersteller auf dem chinesischen Markt mit Produktionskapazitäten präsent und konnte seine Marktstellung im Zeitverlauf kontinuierlich ausbauen. Der drittstärkste Standort von Volkwagen ist Südamerika. Die Produktionskapazitäten von Ford Europe und Opel hingegen beschränken sich aufgrund der bekannten Konzernrestriktionen im Wesentlichen auf den europäischen Raum. Ähnliches gilt für die Volkswagen-Töchter Seat und Skoda, die fast ausschließlich in Spanien bzw. in Tschechien oder in der Slowakei produzieren.

9 Diese Standorte deutscher OEM wurden in den 1970er und 1980er Jahren mit dem Ziel eingerichtet, die internationalen Handelsbeschränkungen mit Südafrika zu umgehen.

10 Bei den nachfolgenden Zahlen ist zu beachten, dass sie auf der Datenbasis Autofacts 2010 (PwC 2010b) beruhen, bei der Fahrzeuge bis 6 t Gesamtgewicht einbezogen sind.

TAB. III.7 WELTWEITE PRODUKTIONSVOLUMINA DEUTSCHER OEM 2010, NACH REGIONEN

		Deutschland	Europa (ohne Deutschland)	NAFTA	China	Südamerika	Indien	Russland/GUS	Asien-Pazifik	ME/Afrika
BMW	in 1.000	920	273	158	56	–	4	11	9	51
Gruppe	%	62,1	18,4	10,7	3,7	–	0,3	0,7	0,6	3,4
Daimler-	in 1.000	957	173	124	54	12	7	–	10	48
Gruppe	%	69,0	12,5	9,0	3,9	0,9	0,5	–	0,7	3,5
Ford	in 1.000	672	813	–	–	–	–	80	–	–
Europe	%	42,9	51,9	–	–	–	–	5,1	–	–
GM/Opel	in 1.000	465	774	–	–	–	–	29	–	–
	%	36,6	61,1	–	–	–	–	2,3	–	–
VW AG	in 1.000	2.284	1.629	445	1.897	918	55	105	–	108
insgesamt	%	30,7	21,9	6,0	25,5	12,3	0,7	1,4	–	1,5
Audi	in 1.000	768	157	–	211	–	1	9	–	0
	%	67,1	13,7	–	18,4	–	0,1	0,8	–	0,0
Porsche	in 1.000	89	11	–	–	–	–	–	–	–
	%	89,1	10,9	–	–	–	–	–	–	–
Seat	in 1.000	–	345	–	–	–	–	–	–	–
	%	–	100	–	–	–	–	–	–	–
Skoda	in 1.000	–	509	–	193	–	19	49	–	–
	%	–	66,1	–	25,1	–	2,5	6,4	–	–
VW	in 1.000	1.427	607	445	1.493	918	35	47	–	108
	%	28,1	11,9	8,8	29,4	18,1	0,7	0,9	–	2,1
gesamt	in 1.000	5.298	3.662	727	2.007	930	66	225	19	207
	%	40,3	27,9	5,5	15,3	7,1	0,5	1,7	0,1	1,6

Eigene Berechnung auf Basis von PwC 2011a

Eine tiefer gehende Analyse offenbart Unterschiede zwischen Herstellern, die eher als Premiumanbieter aufgestellt sind, und denjenigen, die sich als Volumenhersteller positionieren. Zwar sind die Premiumhersteller BMW, Mercedes-Benz und Audi weltweit präsent, doch fertigen sie einen Großteil ihrer Fahrzeuge am Standort Deutschland. Die Volumenhersteller hingegen bedienen die Märkte stärker mit lokaler Produktion, wie es bei Volkswagen deutlich erkennbar ist.

In China weisen die Premiumhersteller unterschiedliche Aktivitätsniveaus auf. Aufgrund der Einbindung in den Volkswagen-Konzern produziert auch Audi seit Jahrzehnten in China und stellt heute dort knapp ein Fünftel seiner Fahrzeuge her. Auch BMW und Daimler fertigen in Fernost, bislang allerdings in einem deutlich geringeren Umfang. Über nennenswerte Kapazitäten in Russland verfügen BMW, Ford und der Volkswagen-Konzern, der an russischen Standorten schwerpunktmäßig Fahrzeuge der Marken VW und Skoda fertigt. Ein ähnliches Bild ergibt sich in Südamerika, wo Volkswagen im Jahr 2010 fast 1 Mio. Fahrzeuge bzw. 19 % seines weltweiten Produktionsvolumens realisierte.

Insgesamt zeigt sich, dass die einzelnen deutschen OEM zwar global aufgestellt sind, die Mehrheit der Fahrzeuge aber (noch) in Deutschland produziert wird. Einzig das Produktionsvolumen des Volkswagen-Konzerns verteilt sich verhältnismäßig gleichmäßig über die einzelnen Regionen.

SEGMENTBETRACHTUNG 2.2.4

Der stückzahlbezogene Absatz wird sowohl in Deutschland als auch in den ausländischen Märkten mit den Segmenten Kleinwagen, Kompaktklasse und Mittelklasse realisiert. Diese Absatzmengen spiegeln sich nahezu deckungsgleich in den Produktionsmengen wider. Gut 86 % der Produktionskapazitäten sind für die drei Volumensegmente reserviert (Abb. III.3). Mit rund 4,9 Mio. Fahrzeugen nimmt dabei das Kompaktwagensegment den größten Anteil ein. Die Produktionsmengen im Klein- und Mittelklassesegment liegen auf einem vergleichbaren Niveau von 24 % Anteil am Gesamtvolumen. Im Oberklassesegment wurden gut 1,8 Mio. Fahrzeuge gefertigt, was einem Anteil von 14 % entspricht.

ABB. III.3 VERTEILUNG DER PRODUKTIONSMENGE DEUTSCHER OEM AUF FAHRZEUGSEGMENTE 2010 (IN %)

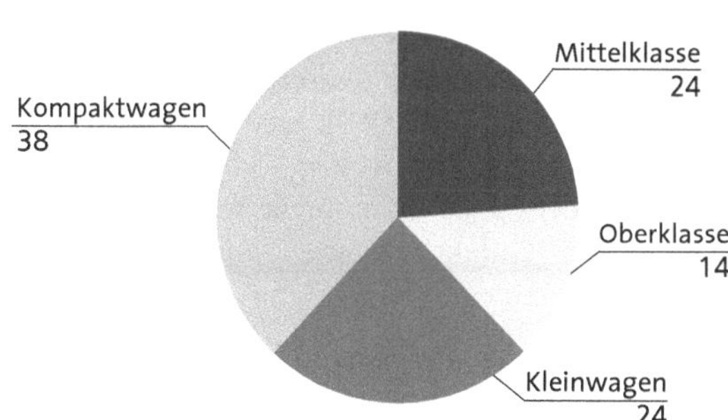

Eigene Berechnung auf Basis von PwC 2011a

Interessant ist überdies die Frage, in welchen Regionen die deutschen Hersteller die einzelnen Fahrzeugsegmente fertigen. Gemeinhin herrscht die Meinung vor, dass trotz der fortschreitenden Globalisierung die hochwertigen und hochpreisigen Oberklassemodelle nach wie vor in Deutschland gefertigt werden. Die in Abbildung III.3 abgetragenen Werte bestätigen diese Vermutung. Rund 68 % der Fahrzeuge des Oberklassesegments produzierten deutsche OEM im Jahr 2010 in heimischen Werken. Damit liegt der Produktionsstandort Deutschland mit weitem Abstand vor dem NAFTA-Raum, in dem die deutschen Hersteller 14 % dieses Segments fertigten. Dabei handelt es sich in erster Linie um Geländewagen, die BMW und Mercedes-Benz in ihren US-amerikanischen Werken herstellen. Den dritthöchsten Produktionsanteil in diesem Segment bilden Produktionsstätten deutscher Hersteller in China. Damit stehen Deutschland, die USA und China für 91 % der Produktionsmenge. Standorte in übrigen europäischen Ländern tragen 6 % zur Produktionsmenge bei. Andere Regionen spielen in diesem Segment für deutsche OEM quasi keine Rolle.

TAB. III.8 REGIONALE PRODUKTIONSANTEILE IM SEGMENTVERGLEICH 2010 IN %

	Deutschland	Europa (ohne Deutschland)	NAFTA	China	Südamerika	Indien	Russland	Asien-Pazifik	Afrika
Kleinwagen	16,9	54,8	0,0	5,4	18,8	1,2	0,7	0,0	2,2
Kompaktwagen	38,5	22,4	8,8	21,0	5,2	0,2	3,0	0,0	0,8
Mittelklasse	49,9	22,2	0,8	19,6	2,6	0,4	1,2	0,3	3,0
Oberklasse	68,3	6,3	14,5	9,2	0,0	0,3	0,8	0,5	0,1

Eigene Berechnung auf Basis von PwC 2011a

Im Mittelklassesegment lag der Anteil deutscher Produktionsstätten an der gesamten Ausbringungsmenge noch bei 50 %. Der Beitrag der Produktionsstätten in China und vor allem in Europa ist im Vergleich zur Oberklasse deutlich stärker. Diese Verschiebung der Produktionsanteile setzte sich im Kompaktwagensegment fort. In deutschen Produktionsstätten wurden nur 39 % der Fahrzeuge dieses Segments gefertigt.

Im Kleinwagensegment wird die Hauptlast (55 %) von Standorten getragen, die im europäischen Ausland beheimatet sind. Hier fertigten vor allem die Volumenhersteller VW, Opel und Ford ihre Kleinwagen. Vergleichsweise hoch fällt der Anteil Südamerikas aus, der mit 19 % auch vor dem Standort Deutschland liegt. In China ist die Fertigung von Kleinwagen bis heute nicht sonderlich ausgeprägt. Insgesamt verdeutlichen die Zahlen, dass der Produktionsstandort Deutschland vor allem für Fahrzeuge aus dem Oberklassesegment von Bedeutung ist. Je tiefer das Fahrzeugsegment, desto geringer ist die Bedeutung von heimischer Produktion.

Die skizzierten Verteilungen beschreiben eine Momentaufnahme aus dem Jahr 2010. In Abbildung III.4 ist ergänzend die Entwicklung der regionalen Anteile an den einzelnen Segmenten im Zeitraum von 2007 bis 2010 dargestellt.

ABB. III.4 VERÄNDERUNGEN DER SEGMENTE 2007 BIS 2010 IM REGIONENVERGLEICH (IN %)

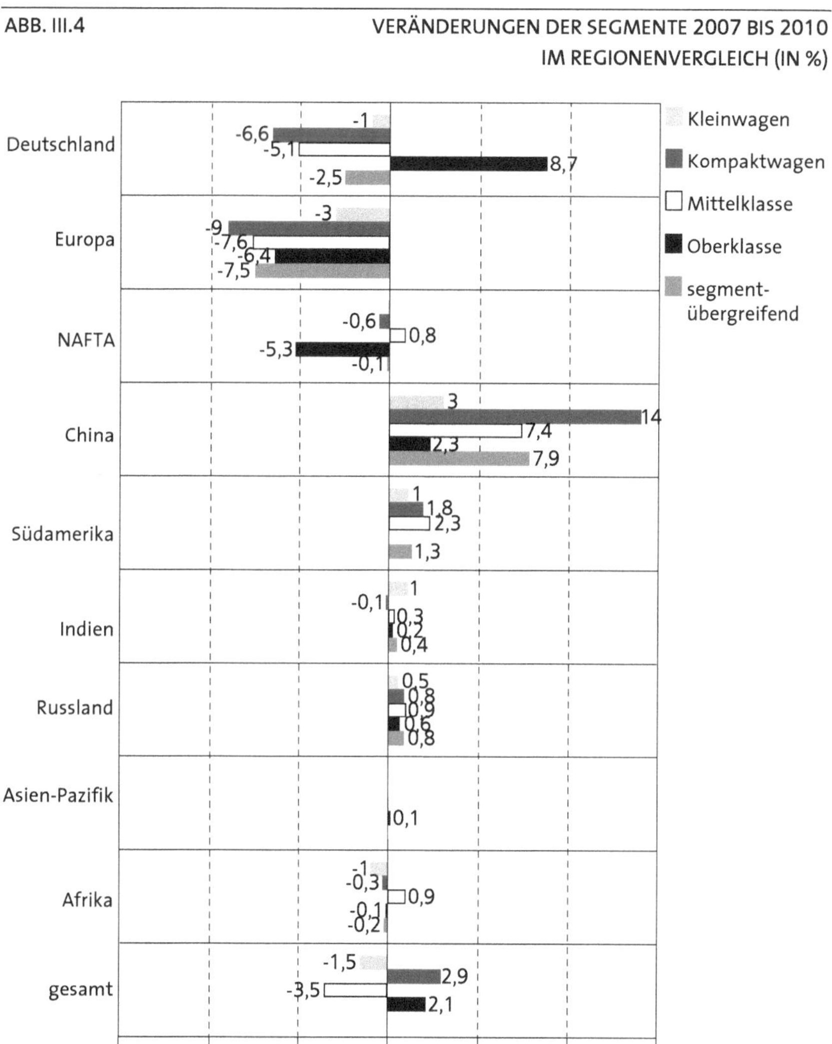

Eigene Berechnung auf Basis von PwC 2011a

In der Gesamtbetrachtung wird deutlich, dass eine Verschiebung der Produktionskapazitäten zugunsten von Fahrzeugen der Kompakt- und Oberklasse stattfand. Beide Segmente haben jeweils um über 2 Prozentpunkte zugelegt. Unter dieser Entwicklung hat vor allem das Mittelklassesegment gelitten, dessen Anteil um mehr als 3 Prozentpunkte zurückging.

Aus der Abbildung III.4 wird zudem deutlich, dass die einzelnen Regionen unterschiedliche Entwicklungen erlebt haben. Erwartungsgemäß haben die deutschen OEM in China die Produktionsmengen in allen vier Segmenten deutlich gesteigert. Während in fast allen anderen Ländern die Absatzzahlen in diesem Zeitraum stagnierten oder gar schrumpften, wuchs der Markt in China weiter auf hohem Niveau. Da der Absatzmarkt in China fast ausschließlich mit Fahrzeugen aus lokaler Produktion versorgt wird, stieg entsprechend auch der Produktionsanteil in allen Segmenten. Überproportional fällt die Steigerung vor allem im Kompaktwagensegment aus. Hingegen waren die Wachstumsraten im Kleinwagensegment eher unterdurchschnittlich. Eine eindeutige Entwicklung ist auch bei den Produktionsstandorten deutscher OEM im europäischen Ausland zu beobachten. Quer zu allen Segmenten sind hier die relativen Produktionsmengen zurückgegangen. Am stärksten war das Kompakt- und Mittelklassesegment betroffen. Der relative Anteil europäischer Standorte ging hier um 9 bzw. 7,6 Prozentpunkte zurück.

Unter dem Rückgang der Produktionsanteile deutscher Standorte um 2,5 Prozentpunkte mussten insbesondere die Kompakt- und Mittelklasse leiden. Hingegen konnte der Anteil der Oberklasseproduktion um 8,7 Prozentpunkte ausgebaut werden. Hier ist eine eindeutige Verschiebung zugunsten der Oberklasse zu notieren. In den NAFTA-Staaten steht einem Rückgang im Oberklassesegment um 5,3 Prozentpunkte ein relativer Zuwachs im Kompaktwagensegment um 0,8 Prozentpunkte gegenüber. Der Rückgang im Oberklassesegment ist in erster Linie der sinkenden Nachfrage für große SUV geschuldet, welche die deutschen Hersteller in ihren US-amerikanischen Werken schwerpunktmäßig herstellen und die ihren Absatz vorrangig im lokalen Markt finden. Die südamerikanischen Standorte konnten ihre weltweiten Produktionsanteile quer zu allen Klassen ausbauen ebenso wie die Standorte in Russland und Indien.

Insgesamt unterstreichen die Analysen die zunehmende Bedeutung der Produktion von Fahrzeugen des Oberklassesegments für den Automobilstandort Deutschland. Hingegen haben sowohl in Deutschland als auch im restlichen Europa das Kompaktwagen- und Mittelklassesegment teilweise sogar stark an Bedeutung verloren.

DIE BEDEUTUNG DES EXPORTS FÜR DEUTSCHE AUTOMOBILHERSTELLER 2.3

Die in den beiden vorherigen Kapiteln dargelegten Fakten zum Absatz- und Produktionsverhalten deutscher Automobilhersteller wurden zusammengeführt mit dem Ziel, die Bedeutung des Exports für den Automobilstandort Deutschland in verdichteter Form zu beschreiben. Die nachfolgend dargestellten Werte beruhen auf den Daten des Verbands der Automobilindustrie (VDA 2011b u. 2011c).

In Abbildung III.5 sind die Zusammenhänge zwischen Inlands- bzw. Auslandsproduktion und Inlands- bzw. Auslandsabsatz deutscher Automobilhersteller für das Jahr 2010 zusammenfassend dargestellt.

ABB. III.5 GLOBALE PRODUKTION UND ABSATZ DEUTSCHER AUTOMOBILHERSTELLER

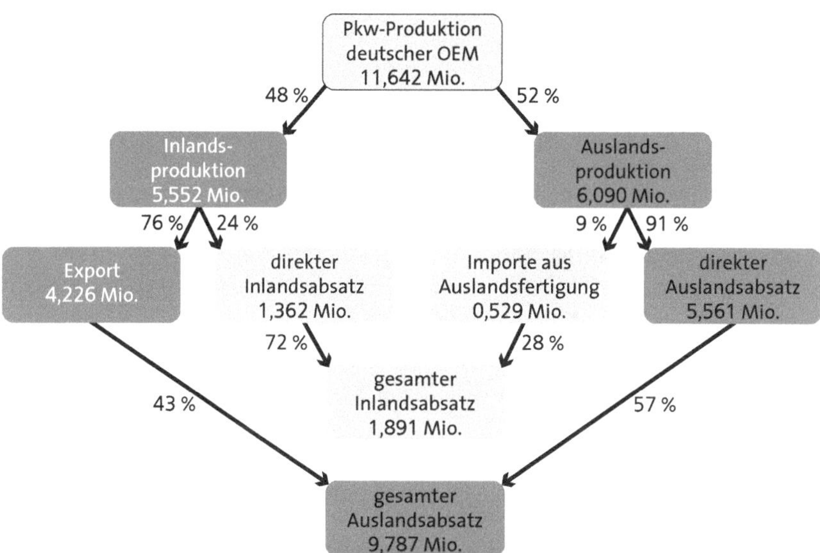

Eigene Darstellung in Anlehnung an Barthel et al. 2010, S. 19, VDA 2011b, 2011d u. 2011e

Demnach lassen sich folgende Fakten festhalten:

- Von den 11,6 Mio. weltweit produzierten Pkw setzen deutsche Hersteller rund 9,8 Mio. Einheiten im Ausland ab. In Relation entspricht dies ca. 84 %.
- Der Auslandsabsatz wurde mehrheitlich durch die direkte Auslandsproduktion bedient. Von den insgesamt 9,8 Mio. im Ausland abgesetzten Fahrzeugen stammten rund 43 % aus Deutschland.

- Die von deutschen OEM in Deutschland hergestellten Fahrzeuge gelangten zu 76 % in den Export.
  - Die Exportquoten unterscheiden sich zwischen den Herstellern (Abb. III.6). Die niedrigste Quote mit 69 % weist Volkswagen auf. Die Quoten der Premiumhersteller Mercedes-Benz, BMW und Audi liegen in einem Korridor zwischen 74 und 80 %. Porsche exportiert 82 % seiner Fahrzeuge. Trotz der bekannten Exporteinschränkungen exportieren Opel und Ford jeweils über 80 % der in deutschen Werken hergestellten Produkte.
  - Für den deutschen Automobilexport sind drei Regionen von herausragender Bedeutung: Europa (EU-27 sowie EFTA), der NAFTA-Raum und China vereinnahmen rund 83 % des Exportvolumens (Abb. III.7). Europa (EU-27 sowie EFTA) ist die Zielregion Nummer 1 für die deutschen Automobilexporte mit einem Anteil von etwa 57 %. Am zweitstärksten werden die Fahrzeuge im NAFTA-Raum nachgefragt. Etwa 617.000 Fahrzeuge wurden in diese Region von Deutschland aus exportiert. An dritter Stelle der Exportregionen liegt mittlerweile China mit einem Anteil von 11 %.
  - In den einzelnen Segmenten unterscheiden sich die Exportquoten leicht. Die höchsten Exportanteile entfallen auf Kleinwagen (84 %) und Fahrzeuge der Oberklasse (82 %). Die Mittelklassefahrzeuge gehen zu 78 % in den Export, Kompaktwagen zu 71 %.
- Die an ausländischen Standorten hergestellten Fahrzeuge werden größtenteils auch im Ausland abgesetzt. Lediglich 9 % des ausländischen Produktionsvolumens wird nach Deutschland importiert.
- Den deutschen Markt versorgen die deutschen OEM zu knapp drei Vierteln mit Fahrzeugen aus heimischer Produktion.

Insgesamt verdeutlichen die Zahlen die direkte, aber auch indirekte Abhängigkeit der deutschen Automobilwirtschaft von den Auslandsmärkten.

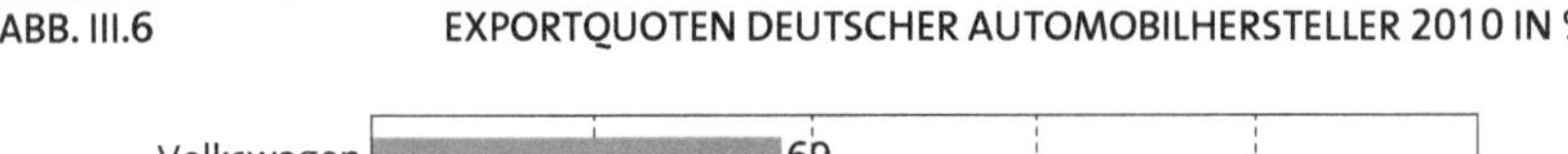
ABB. III.6 EXPORTQUOTEN DEUTSCHER AUTOMOBILHERSTELLER 2010 IN %

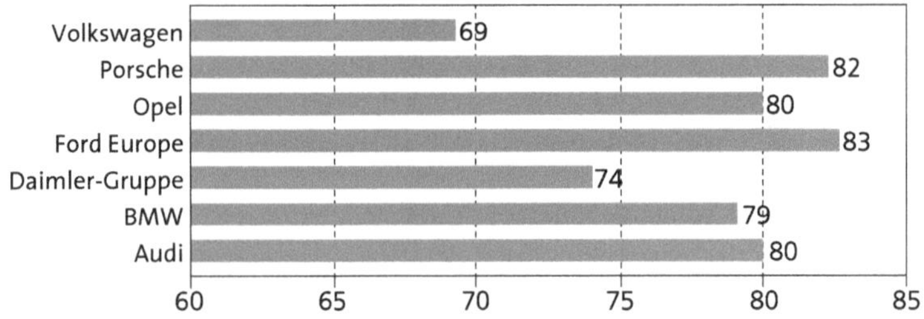

Quelle: VDA 2011b

ABB. III.7 ZIELREGIONEN DEUTSCHER AUTOMOBILEXPORTE 2010 (IN %)

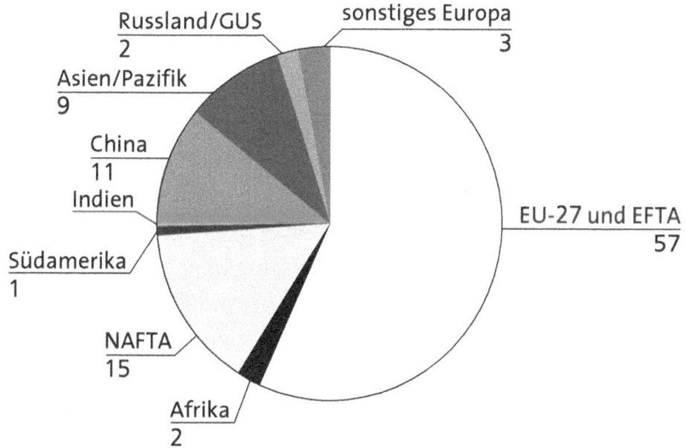

Quelle: VDA 2011b

ABB. III.8 ENTWICKLUNG DER EXPORTQUOTEN UND PRODUKTIONSMENGEN DEUTSCHER AUTOMOBILHERSTELLER

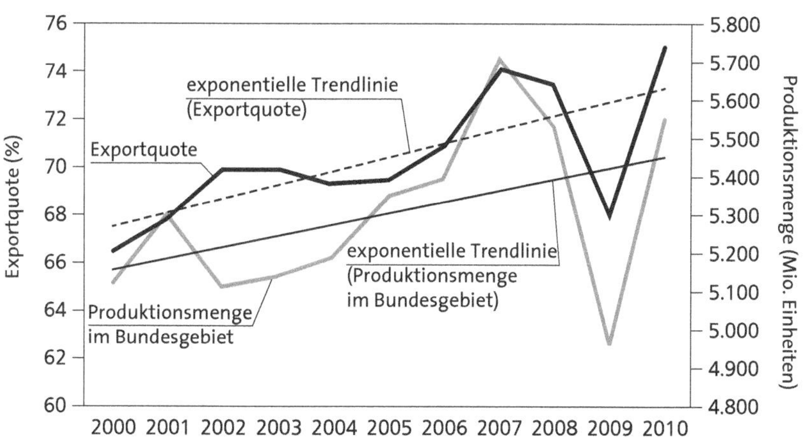

Eigene Berechnungen auf Basis von VDA 2011b

Im zeitlichen Längsschnitt von 2000 bis 2010 zeigt sich, dass die Exportquoten der deutschen Automobilhersteller innerhalb von 10 Jahren fast stetig von 67 % auf 75 % gestiegen sind (Abb. III.8). Nach einem Anstieg auf rund 70 % im Jahr 2002 folgte eine vierjährige Phase, in der die Exportquote auf konstantem Niveau verharrte. Im Folgejahr 2007 stieg die Exportquote kurzfristig auf 74 % an.

Die sich anbahnende und dann auch tatsächlich eingetretene Weltwirtschaftskrise spiegelt sich sowohl in den Ausbringungsmengen des Standorts Deutschland als auch in den Exportquoten wider. Im Jahr 2009, auf dem Höhepunkt der Krise, lag die Exportquote nur noch bei 68 %. Der Vergleich von Ausbringungsmenge und Exportquote zeigt, dass die Exportmärkte überproportional eingebrochen waren. Einher mit der Wiedererstarkung der deutschen Automobilwirtschaft geht auch der massive Anstieg der Exportquote auf den bisherigen Höchststand von 76 %. Für den Anstieg waren in erster Linie die Auslandsmärkte verantwortlich. Die beiden Trendkurven in Abbildung III.8 zeigen, dass in der Vergangenheit das Wachstum der Ausbringungsmenge deutscher Automobilstandorte hauptsächlich durch die steigende Auslandsnachfrage induziert wurde. Damit stieg auch die Exportabhängigkeit der deutschen Automobilwirtschaft kontinuierlich.

ÜBERKAPAZITÄTEN IN DER AUTOMOBILPRODUKTION 2.4

In diesem Kapitel werden die Kapazitäten hinsichtlich Über- bzw. Unterauslastung analysiert. Die Ausführungen konzentrieren sich zunächst auf die weltweiten Produktionskapazitäten in der Automobilindustrie und deren Auslastungsgrade, um dann näher auf die Situation deutscher Automobilhersteller einzugehen. Die Auswertung basiert auf Daten von PwC (2011a).

Als Überkapazität wird gemeinhin die »Ausstattung eines Unternehmens ... mit Produktionsmitteln ..., für die nicht genügend Beschäftigungsmöglichkeiten bestehen« (Gabler 1997, S. 3839), verstanden. Solche Überkapazitäten entstehen durch Fehlinvestitionen oder können strategisch bewusst geplant werden (Terporten 1999, S. 230 ff.) Die Ursachen für Überkapazitäten sind sehr unterschiedlich (Becker 2007, S. 24):

- Konjunkturbedingte Überkapazitäten sind eher kurzfristiger Natur und entstehen durch eine konjunkturelle bzw. geplante betriebsbedingte Unterauslastung der Produktionskapazitäten. Schwindet kurzfristig die Nachfrage für ein bestimmtes Produkt, so kann eine Anpassung der erforderlichen Produktionskapazitäten nur mit einem gewissen Zeitverzug realisiert werden bzw. wird bewusst in Kauf genommen, wenn sich mittelfristig eine verstärkte Nachfrage abzeichnet. So haben deutsche Automobilhersteller im Krisenjahr 2009 in Deutschland auf einen massiven Abbau von Produktionskapazitäten verzichtet in der Hoffnung, dass sich die konjunkturelle Lage bald wieder aufhellt.
- Im Gegensatz dazu sind die strukturellen Überkapazitäten zumeist von dauerhafter Natur und können nicht kurzfristig behoben werden. Sie können unter anderem mit dem Ziel aufgebaut werden, strategische Markteintritts- oder Marktaustrittsbarrieren zu schaffen (Terporten 1999, S. 230 ff.). In diesem Fall werden Investitionen in Produktionskapazitäten als »sunk costs« (bereits

entstandene Kosten, die nicht mehr revidierbar sind) betrachtet. In die Preiskalkulationen fließen die »sunk costs« nicht zwangsweise ein und erlauben zumindest für einen gewissen Zeitraum einen deutlich reduzierten Marktpreis und eventuell sogar Kampfpreise. Überkapazitäten stellen eine Markteintrittsbarriere insofern dar, als sie dem Konkurrenten die Bereitschaft zur Aufrechterhaltung der Wettbewerbsposition durch den OEM zu jedem Preis zeigen. Langfristig hingegen sind in größerem Umfang unterausgelastete Produktionskapazitäten betriebswirtschaftlich aufgrund der damit verbundenen Fixkosten kaum tragbar und müssen korrigiert werden.

> Des Weiteren spielt in diesem Zusammenhang der zeitliche Verzug zwischen Planung der Kapazitäten und ihrer Realisierung eine große Rolle. Werden Werke neu geplant, so werden ihre Kapazitäten perspektivisch für die zukünftig erwarteten Volumina ausgelegt und Überkapazitäten für einen bestimmten Zeitraum hingenommen. Dieses Phänomen ist besonders in Wachstumsmärkten zu finden, wenn die Investitionen zukünftig erwartetes Wachstum vorwegnehmen.

Neben den Überkapazitäten gibt es auch Unterkapazitäten. Sie entstehen, wenn ein Werk mehr Ausbringungsmenge produziert, als seine Sollwerte gemäß der ursprünglichen Kapazitätsauslegung angeben. Möglich wird dies durch kurzfristige Ausweitung der Kapazitäten, beispielsweise durch Überstunden, Sonderschichten an Feiertagen oder Wochenenden oder Ausweitung von Zwei- auf Dreischichtbetrieb (Fandel et al. 2011, S. 677 f.).

WELTWEITE KAPAZITÄTEN UND ÜBERKAPAZITÄTEN IM AUTOMOBILBAU 2.4.1

Im Jahr 2010 standen weltweit Produktionskapazitäten zur Verfügung, mit denen rund 75,7 Mio. Fahrzeuge hätten gefertigt werden können. Bei der tatsächlich realisierten Ausbringungsmenge von 61,6 Mio. Einheiten waren die Kapazitäten damit zu 81 % ausgelastet. Nachdem diese Quote im Jahr 2007 noch bei 85 % lag, brach sie im Jahr 2009 auf rund 69 % ein.

Im regionalen Vergleich zeigen sich teilweise starke Unterschiede in den Entwicklungen der Kapazitäten und deren Auslastungsgrade. In Deutschland waren im Jahr 2010 rund 13 % der Kapazitäten nicht ausgelastet. Im Jahr 2007 lag die Auslastung noch bei 90 %. Im Jahr 2009 sank sie auf rund 77 %. Im Zeitraum zwischen 2007 und 2010 wurden die Kapazitäten auf nahezu konstantem Niveau gehalten, sodass mit einer Steigerung der Ausbringungsmenge im Jahr 2011 auch eine Verbesserung der Auslastungsquote einherging. Im NAFTA-Raum konnte mit einer Auslastung von 84 % im Jahr 2010 fast an den Wert vor der Weltwirtschaftskrise (86 %) angeknüpft werden. Im Hauptjahr der Krise war die Auslastung auf nur 63 % gefallen. Die Verbesserung der Auslastungsquote wurde durch den Abbau der Fertigungskapazitäten realisiert. Zwischen den Jahren 2007 und 2010 wurden die Kapazitäten im NAFTA-Raum um fast 20 % reduziert, sodass die Überkapazitäten von fast 5 Mio. Einheiten im Jahr 2009 auf rund 2,2 Mio. Einheiten im Jahr 2010 mehr als halbiert werden konnte. An den europäischen Standorten außerhalb Deutschlands zeigt sich ein differenziertes Bild. Zwar sank die Ausbringungsmenge nach dem Jahr 2007 nicht in dem Umfang wie beispielsweise im NAFTA-Raum, allerdings fand auch keine nennenswerte Anpassung der Produktionskapazitäten statt. Dies hat zur Konsequenz, dass in Europa im Jahr 2010 insgesamt über 4,1 Mio. Produktionseinheiten nicht ausgelastet werden konnten. Damit sind im regionalen Vergleich die meisten Überkapazitäten in Europa angesiedelt.

In China wuchsen zwischen 2007 und 2010 die Produktionskapazitäten um rund 66 % von 5,6 Mio. Einheiten auf 9,3 Mio. Dem massiven Aufbau von Kapazitäten steht eine ebenfalls stark gestiegene Ausbringungsmenge gegenüber, sodass die verfügbaren Kapazitäten im Jahr 2010 quasi voll ausgelastet waren. Die in den Jahren 2008 und 2009 bestehenden Überkapazitäten sind als strukturell-temporär zu interpretieren, da die Fahrzeughersteller mit dem Aufbau von Fertigungskapazitäten den erwarteten Absatzanstieg vorwegnahmen und bewusst eine zeitlich eng begrenzte Unterauslastung in Kauf nahmen. Die Entwicklung in Indien ist prinzipiell vergleichbar mit der in China. Zwischen 2007 und 2010 wurden die Kapazitäten um 64 % auf 2,5 Mio. Einheiten erweitert. Die in diesem Zeitraum zusätzlich geschaffenen 1 Mio. Einheiten konnten mit einem Zeitverzug von rund 2 Jahren auf einem guten Niveau von 90 % ausgelastet werden. In Südamerika waren im Jahr 2010 die dortigen Produktionskapazitäten zu etwa 80 % ausgelastet. Im Vergleich zu 2007 standen im Jahr 2010 mit circa 5,1 Mio. Produktionseinheiten rund 0,7 Mio. mehr zur Verfügung. Da sich der Kapazitätsausbau und die Zunahme der Produktionsmenge nahezu die Waage hielten, blieb die Auslastungsquote nahezu konstant. Ein besonderes Bild zeigt sich in Russland. Zwischen 2007 und 2008 wurden die Kapazitäten um 28 % aufgestockt. Die Auslastungsquote der Werke blieb dabei nahezu konstant, da auch die Ausbringungsmenge gesteigert werden konnte. Als im Folgejahr 2009 der Markt in Russland massiv einbrach, sank die Auslastungsquote auf 42 %, da die russischen Werke in erster Linie den Heimatmarkt beliefern. Durch eine Kapazitätsreduktion und die Stabilisierung der Ausbringungsmengen konnten im Jahr 2010 nunmehr zwei Drittel der Kapazitäten ausgelastet werden.

Im Raum Asien-Pazifik stehen Kapazitäten zur Fertigung von rund 19,2 Mio. Fahrzeugen zur Verfügung, die insbesondere in den Automobilstandorten Südkorea und Japan angesiedelt sind. Diese Kapazitäten blieben im betrachteten Zeitraum 2007 bis 2010 auf konstantem Niveau. Die Auslastung der Werke lag 2007 bei 90 %. Nach dem Einbruch während der Weltwirtschaftskrise auf 67 % erholten sich die Werke, und die Auslastungsquote stieg im Jahr 2010 auf 80 %. Die Werke im mittleren Osten und in Afrika waren im Jahr 2010 zu weniger als zwei Drittel ausgelastet. Auch vor der Krise lag dieser Wert nicht höher. Bei einer Vielzahl der in dieser Region angesiedelten Werke handelt es sich um sogenannte CKD-Werke (»completely knocked down« – CKD), in denen ohne großen Kapitalaufwand vorgefertigte Bausätze montiert werden. Vor diesem Hintergrund nehmen die Hersteller diese Quoten bisweilen bewusst in Kauf.

In der Gesamtschau zeigt sich, dass im europäischen Ausland die Werke im Durchschnitt nur zu drei Viertel ausgelastet sind. In China und Indien sind trotz des zuletzt massiven Kapazitätsaufbaus die Werke fast vollständig ausgelastet.

WELTWEITE KAPAZITÄTEN UND ÜBERKAPAZITÄTEN DEUTSCHER AUTOMOBILHERSTELLER 2.4.2

Im Zeitraum von 2007 bis 2010 haben die deutschen Automobilhersteller mehr als 1,6 Mio. neue Kapazitäten geschaffen (Abb. III.9).

ABB. III.9 WELTWEITE ÜBERKAPAZITÄTEN DEUTSCHER HERSTELLER

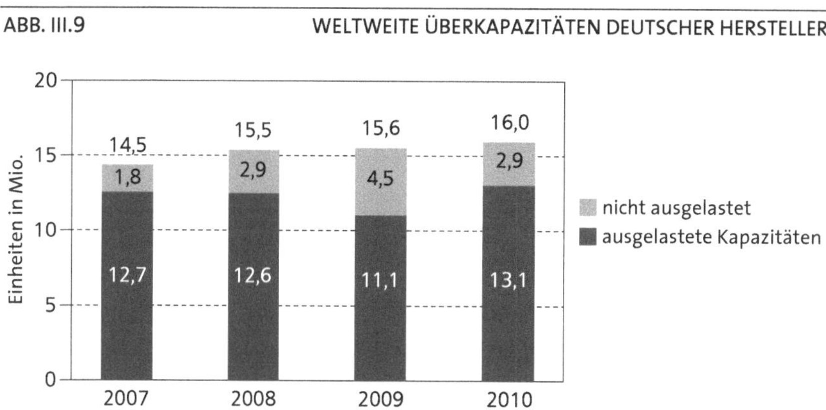

Eigene Berechnung auf Basis von PwC 2011a

Mit diesem Potenzial hätten die deutschen Automobilhersteller im Jahr 2010 rund 16 Mio. Fahrzeuge fertigen können. Tatsächlich wurden aber nur 13,1 Mio. Fahrzeuge gefertigt, sodass der Auslastungsgrad der Werke bei 82 % lag, was in etwa dem weltweiten Niveau entspricht. Im Jahr 2010 lagen die Überkapazitäten der deutschen Automobilhersteller bei knapp 2,9 Mio. Einheiten. Auch bei den deutschen Herstellern zeigen sich teilweise signifikante regionale Unterschiede:

› Deutschland: Da die in Deutschland angesiedelten Werke ausschließlich von deutschen OEM betrieben werden, entsprechen die Werte den im Teilkapitel zuvor skizzierten. Zwischen 2007 und 2010 verharrten die verfügbaren Kapazitäten auf einem konstanten Niveau. Die Auslastung der Werke lag im Jahr 2010 durchschnittlich bei 87 %.

- Europa: Auch im europäischen Ausland blieben die Kapazitäten deutscher OEM in den letzten 4 Jahren auf recht konstantem Niveau. Allerdings sank in diesem Zeitraum die Ausbringungsmenge von 4,5 Mio. Einheiten um 19 % auf 3,7 Mio. Einheiten mit der Konsequenz, dass die durchschnittliche Auslastung der Werke auf 68 % fiel. Damit sind die Werke der deutschen Hersteller in dieser Region schlechter ausgelastet als die Werke anderer Hersteller in Europa.
- China: Zwischen 2007 und 2010 haben deutsche OEM ihre Produktionskapazitäten in China mehr als verdoppelt. Damit standen ihnen im Jahr 2010 über 2 Mio. Einheiten zur Verfügung, die aufgrund der starken Marktnachfrage quasi vollständig ausgelastet waren. Über 90 % dieser Kapazitäten vereinigt der Volkswagen-Konzern auf sich. Im Vergleich zur internationalen Konkurrenz haben deutsche Hersteller schneller Kapazitäten in China aufgebaut.
- NAFTA-Raum: In Nordamerika verfügen deutsche Hersteller über Kapazitäten zur Fertigung von rund 800.000 Fahrzeugen, deren Auslastungsgrad zuletzt bei 90 % lag. Über die Jahre hinweg blieben die Kapazitäten auf konstantem Niveau.
- Südamerika: Auch in Südamerika blieben die Kapazitäten der deutschen Hersteller nahezu unverändert. Sie lagen im Jahr 2010 bei rund 1 Mio. Fahrzeugen, der Auslastungsgrad lag bei 92 %.
- Russland: In Russland wurden die Produktionskapazitäten in den vergangenen Jahren um 23 % ausgebaut. Mit dem Nachfrageeinbruch im Jahr 2009 ging auch ein massives Absinken der Auslastungsgrade der Werke auf nur noch etwa 50 % einher. Allerdings stieg die Auslastung im Jahr 2010 wieder rapide an, sodass zuletzt die Werke nahezu voll ausgelastet waren.
- Indien: Die deutschen Hersteller haben zwischen 2007 und 2010 ihre Produktionskapazitäten in Indien verfünffacht. Im Jahr 2010 hätten rund 154.000 Einheiten gefertigt werden können. Allerdings lag die tatsächlich realisierte Produktionsmenge deutlich niedriger, sodass die durchschnittliche Auslastung bei nur 43 % lag.
- Asien-Pazifik: Mit Kapazitäten für knapp 45.000 Fahrzeuge ist die Region von geringer Bedeutung für die deutschen Hersteller. In der Vergangenheit waren keine wesentlichen Veränderungen zu beobachten. Aufgrund der steigenden Produktionsmengen lag die Auslastungsquote der ausschließlich als CKD-Werke aufgebauten Kapazitäten zuletzt bei nunmehr 42 %.
- Afrika: Die Kapazitäten deutscher Automobilhersteller in Afrika bzw. dem mittleren Osten schwankten in den vergangenen Jahren zwischen 300.000 und 350.000 Einheiten. Zuletzt war rund ein Drittel der Kapazitäten nicht ausgelastet.

Betrachtet man die einzelnen deutschen Automobilhersteller, zeigen sich große Unterschiede. Die weltweiten Produktionskapazitäten der BMW-Gruppe waren im Jahr 2010 zu 90 % ausgelastet. Mit Ausnahme der Kapazitäten in Asien-Pazifik (65 %) und Afrika (78 %) lagen die durchschnittlichen Auslastungsgrade bei 90 % oder höher. Besonders die sehr guten Auslastungen der europäischen Werke außerhalb von Deutschland sind mit durchschnittlich 93 % signifikant besser als die der deutschen Konkurrenten. Die Daimler-Gruppe schöpfte die Produktionspotenziale seiner Werke im Jahr 2010 zu etwa drei Viertel aus. Im Jahr 2009 lag die Auslastungsquote lediglich bei 62 %. In Deutschland und im NAFTA-Raum, wo mehr als zwei Drittel der Kapazitäten angesiedelt sind, waren die Werke im Jahr 2010 mit 99 % bzw. 86 % gut ausgelastet. Deutlich niedriger lagen die Auslastungsgrade in den europäischen Werken in Spanien und Frankreich (64 %). In Afrika konnten im Jahr 2010 die Werke etwa zur Hälfte ausgelastet werden. Auch bei Ford Europe lagen die Auslastungsgrade der Werke in Deutschland (Köln und Saarlouis) mit 80 % deutlich über denen der restlichen Werke in Europa (66 %).

Ein anderes Bild zeigt sich bei Opel. Im Jahr 2010 wurde fast ein Drittel der Kapazitäten nicht genutzt. Dabei unterscheiden sich die Auslastungsgrade der deutschen Werke (72 %) von denen ihrer europäischen Schwesterwerke nicht wesentlich (66 %). Die Werke der Volkswagen-Gruppe waren weltweit durchschnittlich mit 87 % ausgelastet. Weder in Deutschland, Südamerika, China oder Russland existierten nennenswerte Überkapazitäten; die Werke operierten jeweils nahe an ihrer Kapazitätsgrenze. Für die Werke im NAFTA-Raum und Afrika waren die Auslastungsgrade ebenfalls gut. Einzig kritisch scheinen auch bei Volkswagen die europäischen Standorte außerhalb von Deutschland zu sein. Die Überkapazitäten lagen im Jahr bei etwa 760.000 Fahrzeugen. Etwa ein Drittel der Produktionspotenziale konnte dort nicht ausgeschöpft werden.

Zusammenfassend kann festgehalten werden, dass die deutschen Automobilhersteller die bestehenden Produktionskapazitäten in Deutschland wieder zu einem hohen Grad auslasten konnten, nachdem die Nachfrage im Jahr 2009 stark eingebrochen war. Einschränkend muss angeführt werden, dass es in den letzten Jahren keine wesentliche Veränderung der Kapazitäten in Deutschland gab. Die Ausnahme stellen die Werke von Opel dar, die zu mindestens einem Viertel nicht ausgelastet sind. Die meisten Überkapazitäten sind im europäischen Ausland angesiedelt. Bis auf BMW sind hier die Werke deutscher Hersteller nur zu zwei Dritteln ausgelastet.

INTERNATIONALE AUFSTELLUNG DEUTSCHER AUTOMOBILZULIEFERER 3.

Die internationalen Absatzmärkte der Automobilhersteller (OEM) haben sich in den letzten Jahren deutlich verschoben. Wachstumsmärkte in aufstrebenden

Schwellenländern, insbesondere in China, haben signifikant an Bedeutung gewonnen, während der Automobilabsatz in den traditionell großen Absatzmärkten Westeuropas und Nordamerikas stagnierte oder sogar zurückging. Für bestimmte Segmente der deutschen Automobilhersteller ist China bereits Absatzmarkt Nummer 1, noch vor Westeuropa und Nordamerika. Doch auch andere asiatische Absatzmärkte wie beispielsweise Indien, Südamerika mit Brasilien an der Spitze oder auch Russland bzw. Osteuropa könnten zukünftig stärker an Bedeutung gewinnen.

Die beobachtbare Verschiebung der Absatzmärkte in die *neuen* Wachstumsmärkte hat auch zu einer veränderten Präsenz der deutschen Automobilhersteller mit Produktions- und Entwicklungskapazitäten vor Ort geführt. Die deutschen Automobilhersteller lokalisieren heute einen signifikant größeren Anteil ihrer Wertschöpfung direkt vor Ort im Markt als noch vor einigen Jahren. Dies ist unter anderem auch eine Folge der länder- und branchenspezifischen Handelsbarrieren für Exporte aus Deutschland, insbesondere Importbeschränkungen und Local-Content-Vorschriften (der Anteil an Waren, der im Inland gefertigt werden muss), die eine Lokalisierung von gewissen Wertschöpfungsanteilen vor Ort quasi erzwingen. In der Folge sinken der Exportanteil und die anteilige inländische Wertschöpfung der deutschen Automobilhersteller, während die Wertschöpfungs- und Beschäftigungsanteile in den jeweiligen Zielländern zunehmend ausgebaut werden.

Vor diesem Hintergrund stellt sich die Frage, ob und in welchem Umfang die deutschen Automobilzulieferer von diesen Tendenzen betroffen sind bzw. selbst aktiv ihre internationale Präsenz ausbauen. Bei vorgegebenen lokalen Wertschöpfungsquoten im Rahmen von Local-Content-Vorschriften, beispielsweise 40 % lokale Wertschöpfung in China vor Ort, ist eine durchaus gängige Strategie der deutschen Automobilhersteller (OEM), einen Teil oder gar den Großteil der lokalisierten Wertschöpfung durch die Zulieferer zu bewerkstelligen. In der Folge werden zum einen Lieferumfänge an chinesische Lieferanten vergeben, zum anderen aber auch Direktzulieferer aus Deutschland angehalten, lokal vor Ort zu produzieren und Wertschöpfung im jeweiligen Zielland aufzubauen. Hier unterscheiden sich die Strategien der deutschen OEM. Einige setzen zunehmend auf den Aufbau chinesischer Zuliefernetzwerke, insbesondere für Standardkomponenten geringerer Komplexität. Andere setzen auch heute noch ausschließlich auf die Lokalisierung deutscher Zulieferer, von denen sie 100 % ihres Local-Sourcing-Anteils (Anteil der vor Ort bezogenen Waren) beziehen. Solche Entwicklungen betreffen zunächst insbesondere Zulieferer auf der ersten Stufe (»first tier«) zum OEM. Wenn die großen Systemzulieferer dann jedoch ihrerseits ihre Zulieferer anhalten, lokale Wertschöpfung vor Ort aufzubauen, kann es zu einem Sogeffekt aufwärts entlang der Wertschöpfungskette kommen. Neben diesen Follow-the-Customer-Strategien prägen aber auch Kostensenkungsüberlegungen die Internationalisierungsstrategien der deutschen Automobilzulieferer. Vor diesem Hintergrund ist es interessant zu analysieren, wie sich die internationalen Absatzmärkte und die internationale Präsenz der deutschen Automobilzulieferer mit Produktions- und Entwicklungskapazitäten in den jeweiligen Zielmärkten entwickelt haben und zukünftig eingeschätzt werden.

HEUTIGE UND ZUKÜNFTIGE ABSATZMÄRKTE 3.1

Wie die Auswertungen der Umfrage bei deutschen Automobilzulieferern hierzu zeigen, dominiert für diese im Mittel noch immer Deutschland und Europa als Absatzmarkt mit einem Umsatzanteil von gut 85 % (Tab. III.9).

Alleine auf Deutschland entfallen derzeit noch zwei Drittel der Umsätze der deutschen Automobilzulieferer. Dagegen sind die Umsatzanteile außereuropäischer Märkte und internationaler Wachstumsmärkte heute noch relativ überschaubar. China und der NAFTA-Raum folgen mit 5 bzw. 4 % Umsatzanteil an dritter und vierter Stelle. Südamerika, Indien und Russland liegen mit jeweils 1 bis 1,5 % Umsatzanteil noch deutlicher zurück. Im Vergleich zu den deutschen Automobilherstellern (OEM), die bereits einen Anteil von knapp 20 % in China sowie nennenswerte Anteile in anderen Wachstumsmärkten erbringen, ist dies noch ein signifikanter Unterschied. Vor diesem Hintergrund ist zu vermuten, dass bislang die Belieferung eines Großteils der Märkte, insbesondere der 85 % Umsatzanteil der europäischen Länder, durch geeignete Exportstrategien zu bewerkstelligen war. Auslandsproduktion und gegebenenfalls Forschung und Entwicklung erfolgte innerhalb von Europa wohl eher aufgrund von Kostenkalkülen als zur Markterschließung vor Ort.

TAB. III.9 HEUTIGE UND ZUKÜNFTIGE BEDEUTUNG REGIONALER ABSATZMÄRKTE FÜR DEUTSCHE AUTOMOBILHERSTELLER (IN %)

Absatzmärkte nach Größenklassen	gesamt		GU		KMU	
	aktuell	zukünftig	aktuell	zukünftig	aktuell	zukünftig
Deutschland	66	56	59	47	69	60
Europa (ohne Deutschland)	20	23	22	21	19	24
NAFTA	4	5	7	8	3	3
Südamerika	2	2	2	3	1	1
Russland	1	2	1	3	1	2
China	4	8	6	13	3	6
Indien	1	2	1	2	1	1
andere Regionen	2	2	3	3	2	2

Quelle: Automobilzuliefererbefragung des Fraunhofer ISI (2011/2012)

Zukünftig werden sich, den Angaben der befragten Automobilzulieferer zufolge, bis zum Jahr 2020 signifikante Verschiebungen der Absatzmärkte ergeben. Den größten Zuwachs wird demnach China mit 4 Prozentpunkten auf einen Umsatzanteil von dann 8 % aufweisen, was einem relativen Zuwachs der lokalen Umsatzanteile um 110 % entspricht. Auch der russische Markt wird sich mit einem Umsatzanteil von dann über 2 % im Vergleich zu heute mehr als verdoppeln (130 %). Wachstumspotenzial sehen die befragten deutschen Zulieferer aber auch noch in Europa (ohne Deutschland), das um relative 16 % auf dann 23 % Umsatzanteil zunehmen könnte. Dagegen wird erwartet, dass sich die Umsätze in Deutschland um 10 Prozentpunkte auf 56 %, entsprechend einem relativen Rückgang um 15 %, verringern.

Bei einem vertiefenden Blick auf die Charakteristika der Automobilzulieferer zeigt sich erwartungsgemäß, dass kleine und mittlere Unternehmen (KMU) heute wie auch zukünftig stärker auf den nationalen Markt orientiert sind als größere Unternehmen (GU). Heute machen die KMU-Zulieferer fast 70 % ihrer Umsätze in Deutschland, verglichen mit knapp 60 % bei größeren Unternehmen. Zukünftig werden noch 60 % der Umsätze von KMU in Deutschland erwartet, während größere Unternehmen nur noch etwa 47 % in Deutschland veranschlagen. Dagegen erwarten größere Unternehmen mit 7 Prozentpunkten in China sowie jeweils 2 Prozentpunkten in Indien, Russland und NAFTA jeweils signifikant höhere Umsatzwachstumsraten bis zum Jahr 2020 in diesen ausländischen Märkten. Im Resultat erwarten größere Zulieferer in China mit einem Umsatzanteil von 13 % und in der NAFTA-Region mit 8 % zukünftig jeweils mehr als doppelt so hohe Umsatzanteile in diesen Märkten wie KMU.

Erwartungsgemäß sind auch die Unterschiede hinsichtlich der Stellung der Zulieferer in der Wertschöpfungskette. Heute zeigt sich dies insbesondere in China, wo Direktzulieferer für OEM (»first tier«) mit 5 % Umsatzanteil einen doppelt so hohen lokalen Umsatz erwirtschaften wie Zulieferer auf der zweiten oder höheren Stufe der Wertschöpfungskette. Dies könnte ein Indiz dafür sein, dass, wie eingangs vermutet, insbesondere Direktzulieferer deutscher OEM angehalten wurden, Teile ihrer Wertschöpfung in China zu lokalisieren, um die örtlichen Local-Content-Vorschriften erfüllen zu können. Auch zukünftig erwarten First-Tier-Zulieferer bis ins Jahr 2020 eine weiterhin starke Zunahme der Chinaumsätze um 6 Prozentpunkte auf dann 11 %, sodass dieser lokale Umsatzanteil dann immer noch doppelt so hoch sein wird wie bei den Zulieferern der Wertschöpfungsstufe 2 und aufwärts. Auch die NAFTA-Region (mit dann 6 %) sowie Russland und Indien werden für Zulieferer der ersten Stufe stärker an Bedeutung gewinnen, wenn auch letztere im Jahr 2020 mit dann immer noch überschaubaren Umsatzanteilen von 2 bis 3 %. Umgekehrt erwarten die Zulieferer der zweiten Stufe und aufwärts einen geringeren Umsatzanteilsrückgang in Deutschland (9 Prozentpunkte vs. 12 Prozentpunkte bei Lieferanten ersten Stufe) sowie ein höheres Umsatzwachstum im restlichen Europa (4 Prozentpunkte vs. 2 Prozentpunkte). Dies zeigt, dass auch zukünftig insbesondere Zulieferer der ersten Stufe mit der fortschreitenden Internationalisierung ihrer Absatzmärkte in Richtung der außereuropäischen Wachstumsmärkte rechnen.

HEUTIGE UND ZUKÜNFTIGE PRODUKTIONSSTANDORTE 3.2

HEUTIGE ALLOKATION VON PRODUKTIONSKAPAZITÄTEN 3.2.1

Über die globale Absatzverteilung hinaus wurden die Automobilzulieferer auch gefragt, in welchen Regionen außerhalb Deutschlands sie derzeit bereits über Produktions- bzw. FuE-Kapazitäten verfügen und ob sie bis ins Jahr 2020 den Aufbau neuer bzw. den Ausbau bestehender Kapazitäten planen. Demnach besitzen derzeit 23 % der deutschen Automobilzulieferer Produktionsstandorte in Osteuropa (Abb. III.10). An zweiter Stelle folgen China und der NAFTA-Raum mit jeweils 21 % Zulieferern mit lokalen Produktionsstandorten. Deutlich dahinter folgt Westeuropa mit 14 % und Südamerika sowie Indien mit jeweils 12 % Produktionspräsenz der deutschen Zulieferer. In Russland haben bislang nur 3 % der deutschen Zulieferer Produktionskapazitäten angesiedelt.

Auch bei der ausländischen Produktionspräsenz zeigt sich das bekannte Bild, wonach größere Unternehmen hier deutlich aktiver sind als KMU. Viel stärker ausgeprägt ist die lokale Produktionspräsenz der größeren Unternehmen insbesondere in Osteuropa (62 % vs. 3 % in KMU), in China (44 % vs. 8 % in KMU), im NAFTA-Raum (44 % vs. 8 % in KMU), in Indien (26 % vs. 3 % in KMU), in Westeuropa (29 % vs. 5 % in KMU) sowie in Südamerika (24 % vs. 5 % in KMU). Insbesondere in Europa lassen sich hier bei den größeren Zulieferern vorrangig Kostenreduzierungsstrategien und Follow-the-Customer-Anfragen der OEM vermuten, während in den asiatischen und amerikanischen Märkten neben »follow the customer« auch aktive Markterschließung prägend sein dürfte. Der Begriff »follow the customer« beschreibt hierbei das Verhalten vieler Zulieferer, die ihren wichtigen Kunden ins Ausland folgen, um auch dort vor Ort für diese fertigen zu können. Die großen Unterschiede zwischen größeren Zulieferern und KMU lassen sich zum einen zurückführen auf kritische Mindestmassen, die es im Ausland aufzubauen gilt und die bei KMU gegebenenfalls zu klein ausfallen. Zum anderen werden größere Unternehmen wohl auch häufiger von ihren OEM- oder Zulieferkunden angefragt, ihnen ins Ausland zu folgen.

Wenig überraschend ist auch, dass Zulieferer der ersten Stufe signifikant häufiger mit Produktionskapazitäten im Ausland vertreten sind als Zulieferer der zweiten Stufe und aufwärts, wenn auch die Unterschiede nicht so stark sind wie bei der Differenzierung nach Unternehmensgröße. Höhere Anteile der Zulieferer mit lokaler Produktionspräsenz bei Zulieferern ersten Stufe zeigen sich vor allem in China (34 % vs. 9 % bei »second tier«), Indien (22 % vs. 0 % bei »second tier«) und Südamerika (22 % vs. 2 % bei »second tier«). Aber auch in der NAFTA-Region, Ost- und Westeuropa ist die Vor-Ort-Präsenz der Zulieferer ersten Stufe mit 30 %, 30 % bzw. 20 % jeweils etwa doppelt so hoch wie die der Zulieferer der zweiten Stufe aufwärts. Hinter dieser Tendenz lässt sich wiederum insbesondere das Follow-the-Customer-Motiv vermuten. Gerade Zulieferer auf der ersten Stufe werden von ihren Automobilkunden (OEM) häufiger angefragt, direkt in der Nähe ihrer Auslandswerke zu produzieren, um auch weiterhin Just-in-time- und Just-in-Sequence-Strategien realisieren zu können. Die Entscheidungsspielräume für die Zulieferer sind bei solchen Konstellationen zumeist sehr beschränkt. Im Falle von überseeischen Wachstumsmärkten bieten solche Anfragen aber auch die Möglichkeit, mit einigermaßen gesicherten Absatzmengen aktiv eine lokale Produktionspräsenz aufzubauen und von dieser aus den Versuch zu unternehmen, sich in lokale Wertschöpfungsketten einzuklinken. In welchem Umfang dies den deutschen Zulieferern in den Wachstumsmärkten bislang bereits gelungen ist, muss an dieser Stelle allerdings offen bleiben.

ABB. III.10 ANTEIL DER AUTOMOBILZULIEFERER MIT PRODUKTIONSKAPAZITÄTEN IN DER JEWEILIGEN REGION IN %

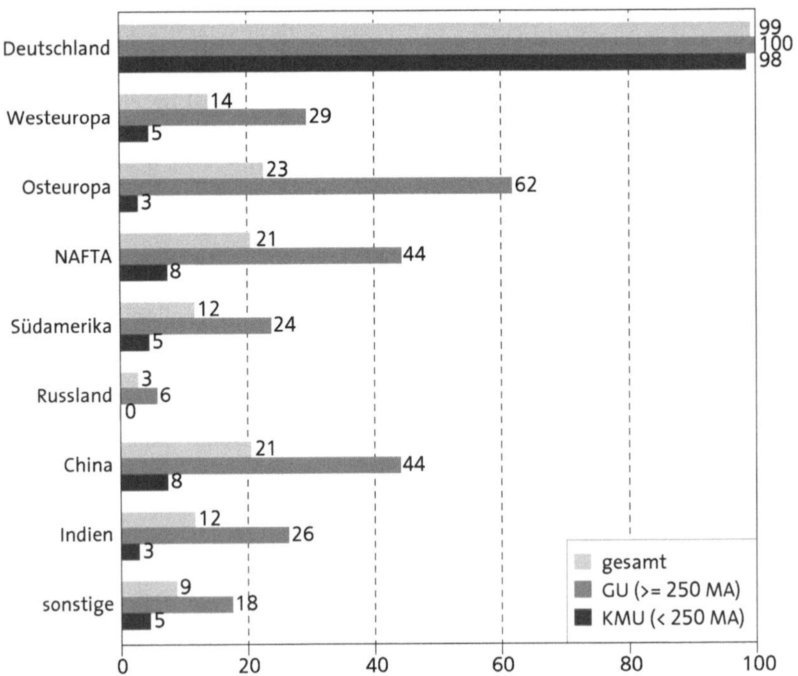

Quelle: Automobilzuliefererbefragung des Fraunhofer ISI (2011/2012)

RECHNERISCHE LOKALE UMSATZNACHTEILE REINER EXPORTSTRATEGIEN 3.2.2

Interessante Einblicke zeigen sich, wenn man die lokalen Umsätze der Zulieferer mit Produktionspräsenz vor Ort mit solchen vergleicht, die den jeweiligen Markt ausschließlich über Exportstrategien beliefern und keine lokale Produktionspräsenz aufgebaut haben. Die entsprechenden Differenzen können dann, wenn auch vorsichtig, als Absatzvorteil einer Vor-Ort-Produktionsstrategie bzw. als Absatznachteil einer reinen Exportstrategie interpretiert werden. Die größte relative Differenz zeigt sich hier in Indien, wo Zulieferer mit einer Produktionspräsenz vor Ort einen Umsatzanteil von 5,3 % gegenüber einem Umsatzanteil von 0,5 % von Zulieferern mit reinem Export aufweisen. Der rechnerische Exportnachteil der lokalen Marktbelieferung beläuft sich hierbei auf 91 % (Tab. III.10).

TAB. III.10 RECHNERISCHE EXPORTNACHTEILE DER AUTOMOBILZULIEFERER NACH ABSATZMÄRKTEN (IN %)

Absatz-/Produktions-regionen	Umsatzanteil *bei* Produktion vor Ort	Umsatzanteil *ohne* Produktion vor Ort	rechnerischer Exportnachteil des Lokalabsatzes
restliches Europa	21,3	20,3	4
NAFTA	9,7	3,2	67
Südamerika	8,3	0,9	89
Russland	4,0	0,9	77
China	9,4	2,7	71
Indien	5,3	0,5	91
sonstige Regionen	8,7	1,2	86

Quelle: Automobilzuliefererbefragung des Fraunhofer ISI (2011/2012)

An zweiter Stelle eines solchen rechnerischen Vergleichs folgt Südamerika mit einem Exportnachteil des Lokalabsatzes von 89 % (8,3 % bei lokaler Produktion vs. 0,9 % bei reinem Export). Auf den weiteren Rängen der Länder und Regionen, die besser mit lokalen Produktionsstrategien erreicht werden können, folgen Russland mit 77 % (4 % vs. 0,9 %), China mit 71 % (9,4 % vs. 2,7 %) sowie NAFTA mit 67 % (9,7 % vs. 3,2 %). Für Europa (ohne Deutschland) zeigen sich dagegen keine signifikanten Unterschiede des lokalen Absatzanteils, der jeweils 20 bis 21 % beträgt.

Diese rechnerischen Vergleiche können als Indiz dienen, dass insbesondere überseeische Märkte und Wachstumsmärkte einer lokalen Produktionspräsenz bedürfen, um signifikante Umsatzanteile vor Ort erreichen zu können. Am eindeutigsten zeigt sich dies für Indien und Südamerika, aber auch für Russland und China sowie mit Abstrichen auch für die NAFTA-Region. Die lokale Produktionsstrategie begünstigende Faktoren sind neben den tarifären Handelsbarrieren (Importbeschränkungen und Local-Content-Vorschriften) insbesondere eine eingeschränkte Lieferantenperformance (bei Beschaffungskonzepten wie »just in time« und »just in sequence« werden die Waren zu der gewünschten Zeit und Reihenfolge geliefert) sowie gegebenenfalls höhere Transport- und Logistikkosten. In der Konsequenz werden deutsche Automobilzulieferer zukünftig wahrscheinlich noch stärker als bislang insbesondere Produktionskapazitäten in den jeweiligen Wachstumsmärkten der Automobilindustrie ansiedeln, um hier mit entsprechenden Absatz- und Umsatzanteilen am Marktwachstum partizipieren zu können.

ALLOKATION ZUKÜNFTIG GEPLANTER PRODUKTIONSKAPAZITÄTEN 3.2.3

Die vermutete Verstärkung der Auslandsproduktion in Wachstumsmärkten zeigt sich bei den Angaben, wo die befragten Unternehmen bis zum Jahr 2020 den Aufbau neuer bzw. zusätzlicher Produktionskapazitäten planen. Zunächst bleibt aber festzuhalten, dass mit 63 % die meisten der befragten Automobilzulieferer einen Ausbau der Produktionskapazitäten in Deutschland planen. Dieser Anteil ist signifikant höher als die Anteile aller ausländischen Standorte, wenngleich damit noch nichts über den Umfang der jeweils geplanten Kapazitäten gesagt werden kann. Dennoch ist aufgrund dieser Zahlen davon auszugehen, dass auch zukünftig die deutschen Automobilzulieferer ihre inländische Wertschöpfung und Beschäftigung zumindest halten, wenn nicht sogar ausbauen werden.

An erster Stelle der ausländischen Produktionsstandorte liegt mit 40 % der geplanten Einstiege bzw. Erweiterungen China. Mit deutlichem Abstand an zweiter Stelle folgt Osteuropa mit 23 % der Auf-/Ausbauplanungen, gefolgt von der NAFTA-Region mit 17 % und Indien mit 15 %. An fünfter bis siebter Stelle folgen Russland mit 9 %, Südamerika mit 8 % und Westeuropa mit 5 % (Abb. III.11). Im Vergleich zur heutigen Produktionspräsenz fallen bei den zukünftigen Planungen insbesondere folgende Verschiebungen auf: China legt mit 40 % der Ausbauplanungen im Vergleich zu 21 % der heutigen Zulieferer mit Produktionspräsenz nochmals deutlich zu. Osteuropa kann mit 23 % sein Niveau halten. Russland kann, wenngleich auf weiterhin überschaubarem Niveau, mit 9 % Ausbauplanungen gegenüber 3 % Produktionspräsenz der Zulieferer ebenfalls signifikant zulegen. Unterdurchschnittlich ist insbesondere die Ausbauplanung für Westeuropa mit 5 % im Vergleich zu 14 % Zulieferer mit bereits bestehender Produktionspräsenz.

Auch bei den Aufbau- und Erweiterungsplanungen der deutschen Zulieferer zeigen sich deutliche Unterschiede nach Unternehmenscharakteristika. Insbesondere KMU planen zu drei Vierteln den Ausbau von Produktionsstandorten in Deutschland, wobei dies auch bei größeren Zulieferern mit 43 % an zweiter Stelle der regionalen Prioritäten liegt. Dagegen planen größere Zulieferer viel häufiger als KMU den Aufbau bzw. die Erweiterung ihrer Produktionspräsenz in China (68 % vs. 20 %), Osteuropa (39 % vs. 13 %), Indien (25 % vs. 7 %) und NAFTA (25 % vs. 13 %). Ebenfalls deutliche Unterschiede zeigen sich, wie vermutet, hinsichtlich der Stellung der Zulieferer in der Wertschöpfungskette. Direktzulieferer der ersten Stufe zu den OEM planen deutlich häufiger als Zulieferer der zweiten Stufe und aufwärts den Aufbau bzw. die Erweiterung ihrer Produktionspräsenz in China (54 % vs. 23 %), in Indien (22 % vs. 3 %), in Osteuropa (32 % vs. 10 %) sowie in Südamerika (12 % vs. 0 %). Umgekehrt planen Zulieferer der zweiten Stufe und aufwärts zu über drei Viertel signifikant häufiger einen Ausbau der Produktionskapazitäten in Deutschland als Zulieferer der ersten Stufe (etwa 50 %). Doch auch bei den Zulieferern der ersten Stufe steht Deutschland damit, nahezu gleichauf mit China, bei den Topprioritäten bei der zukünftigen lokalen Erweiterungsplanung.

ABB. III.11 STANDORTE AKTUELLER PRODUKTIONSKAPAZITÄTEN UND ZUKÜNFTIGER AUS-/AUFBAUPLANUNGEN NACH REGIONEN

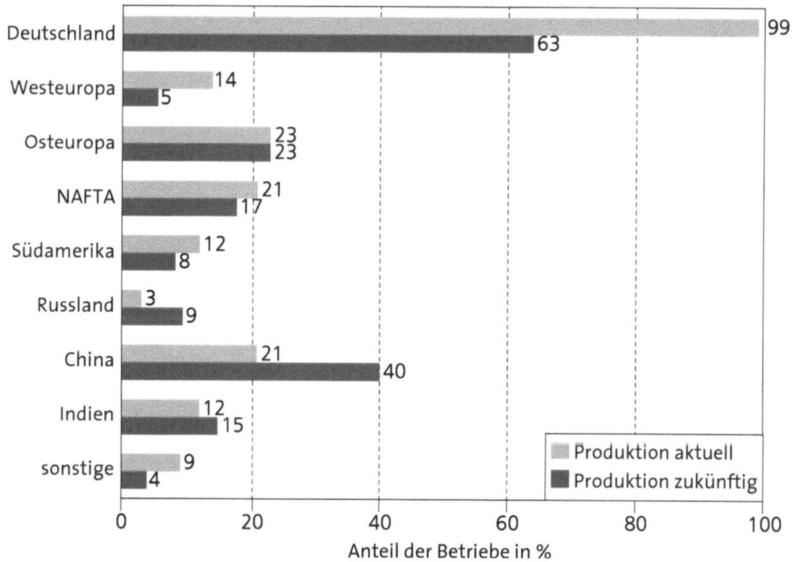

Quelle: Automobilzuliefererbefragung des Fraunhofer ISI (2011/2012)

Insgesamt zeigt sich demnach ein Bild, wonach insbesondere Zulieferer der ersten Stufe zukünftig noch weitaus stärker Produktionskapazitäten in überseeischen Wachstumsmärkten auf- und ausbauen, wobei hier insbesondere China ins Auge sticht. Die Tatsache, dass der chinesische Markt für bestimmte Modelle deutscher Hersteller bereits der Absatzraum Nummer 1 ist, scheint auch die zukünftigen Lokalisierungsstrategien der Direktzulieferer zu beeinflussen, von denen über die Hälfte aktiv werden will. Das Aktivitätsniveau bei den Zulieferern der zweiten Stufe wird hier zukünftig noch etwa um die Hälfte geringer ausfallen, in anderen überseeischen Märkten und Schwellenländern gegebenenfalls sogar noch deutlich geringer. Ob die Zulieferer der zweiten Stufe und aufwärts damit zusätzliche Absatzchancen im Ausland und damit gegebenenfalls auch Wertschöpfungspotenziale im Inland vergeben oder ob sich ihre Exportstrategie aufgrund ihrer Entkopplung von der direkten Zulieferung (»just in time«, »just in sequence«) auch zukünftig weiterhin erfolgreich umsetzen lässt, ist auf Basis der erhobenen Daten nicht eindeutig abzusehen.

ABB. III.12 INNOVATIONSANSTRENGUNGEN FÜR AAF UND AUS-/AUFBAUPLANUNGEN VON PRODUKTIONSKAPAZITÄTEN NACH REGIONEN

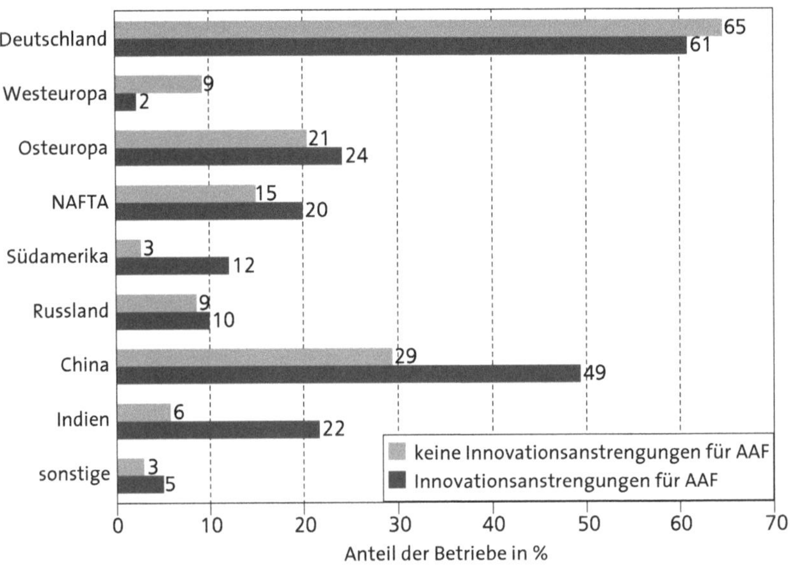

AAF: alternative Antriebs- und Fahrzeugkonzepte

Quelle: Automobilzuliefererbefragung des Fraunhofer ISI (2011/2012)

Darüber hinaus zeigt sich, dass auch Unternehmen, die derzeit Innovationsanstrengungen für Komponenten neuer Antriebs- und Fahrzeugkonzepte unternehmen, häufiger als andere den Aufbau bzw. die Erweiterung ihrer Produktionspräsenz in bestimmten Ländern und Märkten planen (Abb. III.12).

Insgesamt planen 74 % der befragten Automobilzulieferer zukünftig bis zum Jahr 2020 eine Ausweitung ihrer Produktionskapazitäten. Diese Quote ist bei Unternehmen, die Innovationsanstrengungen in Richtung Komponenten für neue Antriebs- und Fahrzeugkonzepte unternehmen, mit 83 % signifikant höher als bei Unternehmen ohne entsprechende Innovationsanstrengungen (65 %). Auch hier sticht wiederum China mit 49 % der Zulieferer, die eine Produktionspräsenz vor Ort planen und die entsprechenden Innovationsanstrengungen unternehmen, im Vergleich zu 29 % bei in dieser Richtung nicht innovativen Betrieben heraus (Abb. III.12). Ebenso signifikante Unterschiede zeigen sich für Indien mit 22 % Produktionspräsenz von Zulieferern mit entsprechenden Innovationsanstrengungen (vs. 6 % bei anderen) sowie mit Abstrichen in Südamerika (12 % vs. 3 %). Diese Angaben könnten ein Indiz dafür sein, dass gerade diejenigen Unternehmen, die Chancen in der Entwicklung von Komponenten für neue Antriebs- und Fahrzeugkonzepte sehen, zunehmend Marktanteile in diesen Regionen erwarten und daher ihre Produktionsstandortplanung entsprechend ausrichten. China und mit Abstrichen Indien könnten demnach zukünftig eine Schlüsselrolle für die Produktion entsprechender Komponenten, gegebenenfalls insbesondere für die lokalen Marktbedürfnisse, spielen.

DIFFERENZIERUNG VON EINSTIEGS- UND ERWEITERUNGSPLANUNGEN 3.2.4

Vergleicht man für die analysierten Produktionsmärkte, an welchen Standorten die deutschen Automobilzulieferer bereits mit Produktionskapazitäten präsent sind und zukünftig eine Erweiterung planen und wo sie mit dem Aufbau von Produktionskapazitäten komplett neu einsteigen, so zeigen sich interessante Einblicke (Abb. III.13). Demnach planen alle (d. h. 100 %) der bereits in China mit Produktionskapazitäten präsenten Zulieferer eine Erweiterung der Produktionspräsenz. Weitere 24 % der dort noch nichtpräsenten Zulieferer planen einen Neueinstieg durch den Aufbau einer Produktionspräsenz vor Ort. Eine ähnliche Erweiterungsquote zeigt sich für Indien, wo 82 % der bereits präsenten Zulieferer einen Ausbau ihrer Produktionsstandorte planen, wenngleich hier die Quote der noch nichtpräsenten Neueinsteiger mit 3 % deutlich geringer ist. In Osteuropa und in der NAFTA-Region planen jeweils 57 % bzw. 56 % der bereits vorhandenen Automobilzulieferer eine Erweiterung ihrer lokalen Produktionskapazitäten, während die Quote der Neueinsteiger mit 10 % bzw. 6 % im Mittelfeld rangiert. Noch geringer ist der Anteil der Zulieferer, die vorhandene Produktionskapazitäten ausbauen wollen, mit 40 % in Südamerika, wo auch die Neueinsteigerquote mit 3 % recht gering ist.

Besonders auffällig ist zudem Russland, wo zukünftig nur Unternehmen einen Aufbau von Produktionskapazitäten planen, die bislang dort nicht präsent waren – wobei diese Neueinsteigerquote mit 10 % relativ kräftig ist. Dies zeigt aber auch, dass die bislang bereits in Russland mit Produktion präsenten Zulieferer keine Erweiterungsplanungen beabsichtigen. Neben dieser Sonderrolle Russlands sticht wiederum besonders die Bedeutung von China als zukünftigem Produktionsstandort ins Auge. Hier spricht die Quote der 100 % bereits lokal präsenten Zulieferer mit Erweiterungsplanungen dafür, dass diese zunehmend auch aktive Strategien betreiben, um zukünftig lokale chinesische Firmen bedienen und beliefern zu können. Diese Quote korrespondiert mit den hohen Absatzzuwächsen der deutschen OEM in China, an denen die deutschen Zulieferer mit Produktionspräsenz vor Ort nachteilig zu partizipieren scheinen und die deren Marktentwicklungserwartungen deutlich positiv prägt.

ABB. III.13 EINSTIEGS- UND ERWEITERUNGSPLANUNGEN VON PRODUKTIONSKAPAZITÄTEN NACH REGIONEN

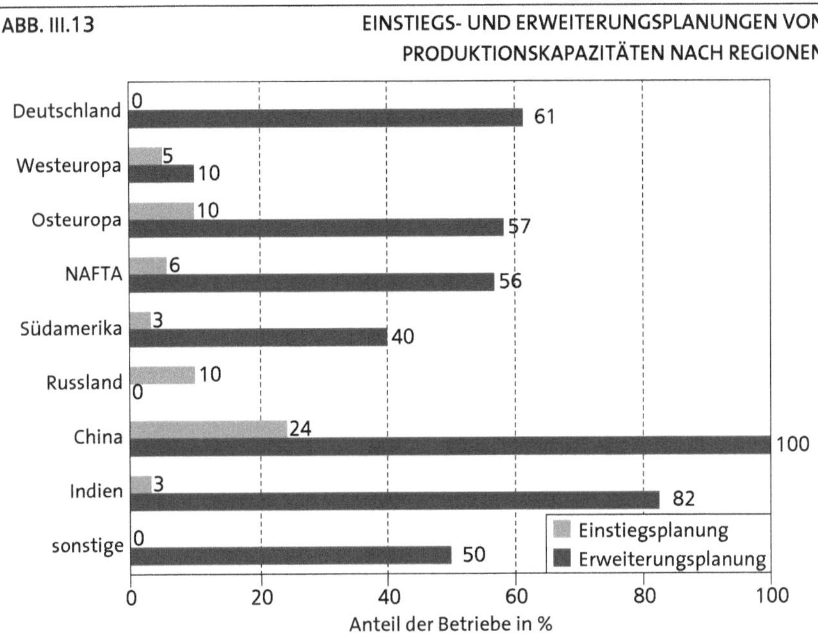

Quelle: Automobilzuliefererbefragung des Fraunhofer ISI (2011/2012)

HEUTIGE UND ZUKÜNFTIGE FUE-STANDORTE 3.3

HEUTIGE ALLOKATION VON FUE-KAPAZITÄTEN 3.3.1

An erster Stelle der Regionen außerhalb Deutschlands, in denen deutsche Zulieferer FuE-Kapazitäten aufgebaut haben, steht Westeuropa mit 17 % der dort FuE-treibenden Zulieferer. An zweiter Stelle gleichauf folgen China und die

NAFTA-Region mit jeweils 13 % deutschen Zulieferern mit lokalen FuE-Kapazitäten. Auf den Rängen 4 bis 6 nahezu gleichauf liegen Osteuropa (9 %), Südamerika (8 %) und Indien (8 %), während in Russland bislang noch keiner der befragten Zulieferer FuE-Kapazitäten angesiedelt hat. Im Vergleich mit den favorisierten Standorten für die Ansiedlung von Produktionskapazitäten zeigen sich hier interessante Unterschiede. Westeuropa liegt bei allgemein geringerem Ansiedlungsniveau bei FuE-Standorten signifikant weiter vorne als bei Produktionsstandorten (Rang 1 vs. Rang 4), während umgekehrt Osteuropa in der Rangreihe der FuE-Standorte signifikant weiter hinten liegt (Rang 4 vs. Rang 1). Ansonsten zeigt sich zumindest in der Reihenfolge der attraktiven Standorte für Produktion und FuE – bei zwar unterschiedlichem Anteilsniveau – eine bemerkenswerte Übereinstimmung (Tab. III.9).

TAB. III.11 ANTEILE ZULIEFERER MIT FUE- UND PRODUKTIONSSTANDORTEN NACH REGIONEN IN %

Betriebe mit FuE-Standorten in		Betriebe mit Produktionsstandorten in	
1. Westeuropa	17	1. Osteuropa	23
2. China	13	2. China	21
3. NAFTA	13	3. NAFTA	21
4. Osteuropa	9	4. Westeuropa	14
5. Südamerika	8	5. Südamerika	12
6. Indien	8	6. Indien	12
7. Russland	0	7. Russland	3
8. sonstige Welt	4	8. sonstige Welt	9

Quelle: Automobilzuliefererbefragung des Fraunhofer ISI (2011/2012)

Auch bei ausländischen FuE-Kapazitäten zeigen sich, wie bereits bei ausländischen Produktionskapazitäten, signifikante Unterschiede hinsichtlich der Größe der Unternehmen und ihrer Stellung in der Wertschöpfungskette. Größere Unternehmen haben viel häufiger als KMU FuE-Kapazitäten aufgebaut in Westeuropa (30 % vs. 6 %), China (27 % vs. 2 %), NAFTA (27 % vs. 4 %), Osteuropa (24 % vs. 0 %), Indien (18 % vs. 0 %) sowie Südamerika (15 % vs. 2 %). Ein etwas unterschiedliches Bild zeigt die Differenzierung nach der Stellung in der Wertschöpfungskette. Zulieferer der ersten Stufe sind hier insbesondere deutlich häufiger als Zulieferer der zweiten Stufe und aufwärts mit FuE-Kapazitäten vertreten in China (25 % vs. 2 %), Indien (18 % vs. 0 %) und Südamerika (15 % vs. 2 %) sowie in der NAFTA-Region (20 % vs. 7 %), während die Unterschiede in Westeuropa und Osteuropa (25 % vs. 10 % bzw. 15 % vs. 5 %) nicht ganz so deutlich ausfallen. Insgesamt zeigt sich aber auch bei der bisherigen Ansiedlung von FuE-Kapazitäten das bekannte Bild, wonach größere Systemzulieferer der ersten Stufe stärker mit entsprechenden Aktivitäten auch im Ausland präsent sind, wobei hier insbesondere die Wachstumsmärkte China und Indien eine strategische Rolle einnehmen.

Differenziert man weiter, in welchen Regionen die deutschen Unternehmen FuE-Kapazitäten angesiedelt haben, wenn sie auch mit Produktionskapazitäten vor Ort präsent sind, so zeigen sich interessante Muster der Kolokation von Produktion und FuE. Demnach haben 79 % der Zulieferer mit Produktionskapazitäten in Westeuropa (ohne Deutschland) in dieser Region auch FuE-Kapazitäten aufgebaut. In Südamerika beträgt diese Kolokalisierungsquote fast zwei Drittel (64 %), wobei allgemein Produktions- und FuE-Kapazitäten zwar im gleichen Länderraum, aber nicht unbedingt am gleichen Standort angesiedelt sein müssen. In Indien haben 58 % der dort mit Produktion präsenten Zulieferer auch FuE-Kapazitäten aufgebaut, in China 52 % und in der NAFTA-Region 48 %. Am seltensten findet eine Kolokation von FuE im Produktionsraum Osteuropa mit 35 % statt.

Das Bild zeigt keine uneingeschränkt eindeutige Tendenz dergestalt, dass ein Großteil der Unternehmen, die in entsprechenden Absatzmärkten Produktionskapazitäten aufgebaut haben, geradezu zwangsweise mit FuE-Kapazitäten folgen. Dennoch sind die entsprechenden Kolokalisierungsquoten jeweils deutlich höher als der Gesamtanteil der Zulieferer, der in den jeweiligen Märkten mit FuE-Kapazitäten präsent ist. Von daher kann von einer gewissen Sogwirkung der Ansiedlung von Produktionskapazitäten in den jeweiligen Märkten ausgegangen werden, die mit Ausnahme von Europa jeweils zwischen etwa der Hälfte und zwei Drittel liegt. In Westeuropa als traditionellem Heimatmarkt ist sie aufgrund geringer kultureller und geografischer Distanzen deutlich höher. Osteuropa dagegen scheint bislang hauptsächlich als Produktionsplattform und weniger als FuE-Region Vorzüge für die deutschen Zulieferer zu haben.

ALLOKATION ZUKÜNFTIG GEPLANTER FUE-KAPAZITÄTEN 3.3.2

Auch hinsichtlich der Frage, wo die befragten Unternehmen bis ins Jahr 2020 den Aufbau neuer bzw. zusätzlicher FuE-Kapazitäten planen, steht der Ausbau inländischer Kapazitäten an erster Stelle. Der entsprechende Wert für Deutschland ist mit 81 % geplanter FuE-Erweiterungen sogar noch deutlich höher als bei den geplanten Produktionserweiterungen (63 %). Dies ist ein starkes Indiz dafür, dass von etwa 60 % der befragten Zulieferer, die zukünftig eine Erweiterung ihrer FuE-Kapazitäten planen, ein Großteil davon zumindest auch in Deutschland aktiv werden wird. Es ist daher sehr wahrscheinlich, dass zukünftig Wertschöpfung und Beschäftigung im Forschungs- und Entwicklungsbereich der deutschen Zulieferer im Inland auch weiter ausgebaut werden können.

An erster Stelle der Auslandsmärkte, in denen deutsche Zulieferer bis ins Jahr 2020 den Aufbau oder die Erweiterung von FuE-Kapazitäten planen, steht China mit 30 % der Nennungen. Mit deutlichem Abstand auf den Plätzen 2 bis 4 folgen Indien (15 %), Osteuropa (13 %) sowie die NAFTA-Region (11 %). Nochmals deutlich zurück auf den Rängen 5 bis 7 liegen Südamerika mit 4 % der Zulieferer, die hier FuE-Aufbau oder -Erweiterungen planen, sowie Russland mit ebenfalls 4 % und Westeuropa mit 2 % (Abb. III.14).

ABB. III.14 ZUKÜNFTIGE AUS-/AUFBAUPLANUNGEN VON FUE-KAPAZITÄTEN DER AUTOMOBILZULIEFERER NACH REGIONEN

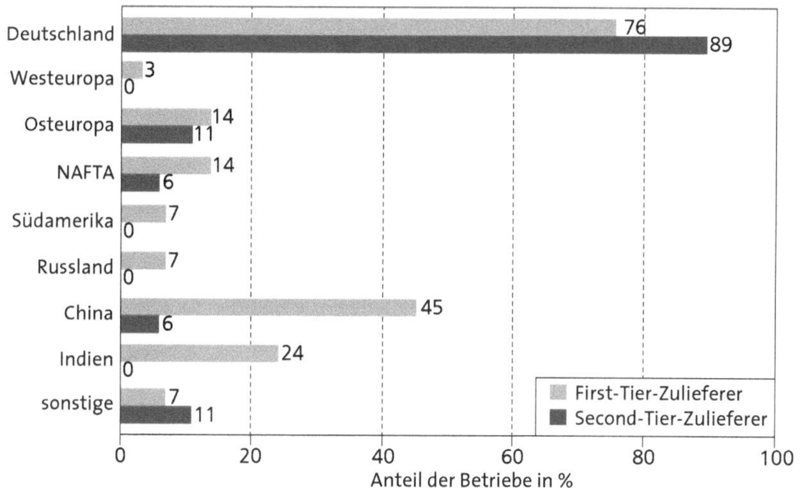

Quelle: Automobilzuliefererbefragung des Fraunhofer ISI (2011/2012)

Im Vergleich mit den bereits vorhandenen FuE-Präsenzen der deutschen Zulieferer gewinnen zukünftig wiederum insbesondere China und Indien an Bedeutung. Ebenfalls zulegen kann, wenn auch auf niedrigerem Niveau, Russland, wo bislang die deutschen Zulieferer noch nicht mit FuE-Kapazitäten präsent waren.

Auch bei der zukünftig geplanten Ansiedlung bzw. Erweiterung von FuE-Kapazitäten zeigt sich das bekannte Bild, wonach größere Unternehmen hier sehr viel häufiger im Ausland aktiv sind als KMU. Bei letzteren liegt der Fokus mit 91 % der Zulieferer mit Ausbauplanungen noch eindeutig in Deutschland, doch auch bei den größeren Unternehmen steht der deutsche FuE-Standort mit 72 % der Erweiterungsplanungen unangefochten an erster Stelle. Dies unterstreicht die weiterhin hohe Bedeutung des FuE-Standorts Deutschland auch für größere Unternehmen mit ihren höheren Wertschöpfungs- und Beschäftigungsanteilen.

Sehr viel häufiger als KMU planen größere Unternehmen den Aufbau bzw. die Erweiterung von FuE-Kapazitäten wiederum insbesondere in China (48 % vs. 3 %) sowie mit deutlichem Abstand in Indien (24 % vs. 9 %), Osteuropa (20 %

vs. 4 %) und der NAFTA-Region (16 % vs. 4 %). Auch bei Zulieferern der ersten Stufe dominiert bei den Ausbauplanungen für FuE weiterhin der deutsche Standort (76 %), wenn auch seltener als bei Zulieferern der zweiten Stufe aufwärts (89 %). Auch hier zeigt sich wiederum die Dominanz der Ausbauplanungen der Zulieferer der ersten Stufe insbesondere für China (45 % vs. 6 % bei Zulieferern der zweiten Stufe und aufwärts) sowie Indien (24 % vs. 0 %). Die von den Automobilherstellern (OEM) entlang der Wertschöpfungskette gemäß dem Follow-the-Customer-Prinzip in Gang gesetzte, höhere Lokalisierungsquote bei Direktzulieferern der ersten Stufe scheint demnach nicht nur den lokalen Aufbau von Produktionskapazitäten, sondern mehr und mehr auch von lokalen FuE-Kapazitäten zu betreffen. Gerade aber auch bei Follow-the-Customer-Strategien kann angenommen werden, dass dies vorrangig zur besseren Kunden- und Marktanpassung des Produktangebots im Sinne eines »knowledge exploiting«, der Verwertung vor Ort gesammelter Erfahrungen für zukünftige Produkte, dient. Knowledge-Augmenting-Strategien, (Forschung für die Besonderheiten des Marktes identifizieren direkt vor Ort) bei denen in ausländischen Zentren mit exzellenten Forschungsbedingungen auch eigenständig Produkte für den Weltmarkt entwickelt werden, dürften auch bei den aktuellen Planungen der deutschen Automobilzulieferer noch eine untergeordnete Rolle spielen.

Auch beim zukünftig geplanten Aufbau bzw. der Erweiterung von FuE-Kapazitäten deutscher Zulieferer im Ausland zeigt sich eine Tendenz zur Kolokation in Ländern und Märkten, wo bereits Produktionsstandorte aufgebaut wurden. So geben beispielsweise 77 % der bereits in China mit Produktionskapazitäten präsenten Zulieferer an, dort zukünftig FuE-Kapazitäten auf- bzw. ausbauen zu wollen. In Indien beträgt die entsprechende Quote 58 %. Deutlich dahinter sind Osteuropa (33 %), die NAFTA-Region (27 %) und Südamerika (22 %) bei den Anteilen der vor Ort mit produktionspräsenten Unternehmen, die zukünftig auch FuE-Kapazitäten ausbauen wollen. Im Vergleich zu den bereits heute beobachtbaren Kolokationsquoten zeigt sich hier also insbesondere bei China ein deutlicher Anstieg, während NAFTA und insbesondere Südamerika deutlich zurückfallen. Dies ist ein weiterer Beleg für die zunehmende geografische Verschiebung der FuE-Anstrengungen deutscher Zulieferer nach China, das insbesondere auch für den Auf- und Ausbau neuer Antriebs- und Mobilitätskonzepte als Zukunftsmarkt gesehen wird.

ZWISCHENFAZIT ZUR MARKTSTRUKTUR 4.

Die deutsche Automobilindustrie ist als tragende Säule des deutschen verarbeitenden Gewerbes in hohem Maße vom Export abhängig. In direkter Weise wird dies vor allem bei Automobilherstellern sichtbar. Jeweils drei von vier in Deutschland hergestellten Personenkraftwagen wurden im Jahr 2010 im Ausland abgesetzt. Zudem zeigt der Blick in die Vergangenheit, dass die Exportquoten in den letzten zehn Jahren um 8 Prozentpunkte zugenommen haben. Dabei sind drei Regionen von zentraler Bedeutung für das Exportgeschäft der deutschen Hersteller: 57 % der Fahrzeuge werden ins europäische Ausland exportiert (EU-27 u. EFTA), in den NAFTA-Raum rund 15 % und nach China etwa 11 %. In der nahen Vergangenheit haben vor allem die Märkte in den BRICS-Staaten stark an Bedeutung gewonnen und insbesondere die westeuropäischen Absatzmärkte in den Hintergrund gedrängt. Nach wie vor spielt der nordamerikanische Raum eine nicht zu unterschätzende Bedeutung für die deutschen Automobilhersteller, mit der Konsequenz, dass auch hier Produktionskapazitäten neu eingerichtet werden.

In den letzten zehn Jahren stieg die jährliche Produktionsmenge am Standort Deutschland eher in geringem Umfang. Vom weltweiten Wachstum profitierten in erster Linie die Produktionsstandorte im Ausland. Mengenmäßige Ausweitungen der Fertigungskapazitäten haben die deutschen Hersteller in der Vergangenheit fast ausschließlich im Ausland realisiert. Demgegenüber ist festzustellen, dass die Automobilhersteller in zunehmendem Maße Fahrzeuge der Oberklasse an deutschen Standorten fertigen, sodass die Umsätze deutlich stärker stiegen als die Ausbringungsmenge.

Die am Standort Deutschland angesiedelten Produktionskapazitäten waren im Jahr 2010 mit knapp 90 % ausgelastet. Im Vergleich zum weltweiten Durchschnitt (82 %) ist dies ein sehr guter Auslastungsgrad. Mit Ausnahme der Opel-Werke kann derzeit davon ausgegangen werden, dass keine größeren Überkapazitäten am Standort Deutschland bestehen. Anders sieht die Lage an den Produktionsstandorten im europäischen Ausland aus. Hier sind die Werke – auch die der deutschen OEM – im Mittel nur zu zwei Dritteln ausgelastet. Damit ist das Gros der weltweiten Überkapazitäten im europäischen Ausland angesiedelt. In China konnten trotz eines massiven Aufbaus von Fertigungskapazitäten in der Vergangenheit (114 % von 2007 bis 2010) die Kapazitäten im Jahr 2010 quasi vollständig ausgeschöpft werden.

Auf den ersten Blick scheint die Abhängigkeit der Automobilzulieferer vom Exportgeschäft nicht so eindrücklich zu sein. Wie die im Rahmen der durchgeführten Primärerhebung ermittelten Werte zeigen, realisieren die Automobilzulieferer im Mittel rund zwei Drittel ihrer Umsätze am heimischen Markt. Bei mittelständischen Unternehmen liegt der direkte Exportanteil bei rund 30 %, bei Großunternehmen bei gut 40 %. Indirekt ist die Abhängigkeit entsprechend größer, da die im Inland abgesetzten Produkte in Automobile eingehen, die zu 76 % exportiert werden.

Trotz dieser im Vergleich zu den OEM etwas stärkeren Konzentration auf den heimischen Absatzmarkt sind die Automobilzulieferer bereits heute in großem Umfang im Ausland mit Produktionskapazitäten präsent. Beispielsweise verfügt bereits jeder fünfte der befragten Zulieferbetriebe heute über Produktionsressourcen in China. Für die Zukunft planen die Zulieferer eine Ausweitung ihrer internationalen Aktivitäten. Vor allem Zulieferer der ersten Stufe sehen in überseeischen Wachstumsmärkten die Möglichkeit, Produktionskapazitäten auf- und auszubauen. Besonders China steht im Fokus der Unternehmen. Die Tatsache, dass der chinesische Markt für viele der deutschen Automobilhersteller von wichtiger bis hin zu herausragender Bedeutung ist, scheint auch die zukünftigen Lokalisierungsstrategien der Direktzulieferer zu beeinflussen, von denen hier über die Hälfte aktiv werden will. Das Aktivitätsniveau bei den Zulieferern der zweiten Stufe wird hier zukünftig noch etwa um die Hälfte geringer ausfallen, in anderen überseeischen Märkten und Schwellenländern gegebenenfalls sogar noch deutlich geringer. Allerdings ist auch festzuhalten, dass fast zwei Drittel der Automobilzulieferer am Standort Deutschland den Ausbau ihrer Fertigungskapazitäten planen.

Insgesamt verdeutlichen die Zahlen die direkte, aber auch indirekte Abhängigkeit der deutschen Automobilwirtschaft von den Auslandsmärkten. Vor dem Hintergrund, dass sich die Wachstumsmärkte außerhalb Europas befinden, ist davon auszugehen, dass diese Abhängigkeit zunehmen wird.

Die Ergebnisse bilden im Wesentlichen den aktuellen Stand ab und stellen eine der zentralen Eingangsgrößen in die Entwicklung der globalen Wertschöpfungsszenarien dar, die im Kapitel VI vorgestellt werden.

POTENZIELLE DIVERSIFIZIERUNG UND STRUKTURWANDEL IN DER AUTOMOBILINDUSTRIE IV.

Nach Jahrzehnten der Optimierung und Produktion von fossil angetriebenen Fahrzeugen mit Stahlkarosserien und Verbrennungsmotor wird Diversifizierung der prägende Begriff der Automobilindustrie für die nächsten Jahrzehnte sein (Frost & Sullivan 2012b; Huber et al. 2011; Wells 2010). Im folgenden Kapitel wird erläutert, welche Strukturänderungen in der Automobilindustrie bereits eingetreten sind oder zukünftig erwartet werden. Dabei spielt neben alternativen Antrieben und Materialforschung in Form von Anwendung neuer Materialien für den Fahrzeugbau auch die Ausdifferenzierung der Produktpalette eine große Rolle. Neue Segmente in Nischen sollen kundenspezifischere Angebote bieten. Abschließend gilt es zudem, die Mobilitätsdienstleistung in Form von Carsharing und anderen Mobilitätsangeboten näher zu betrachten.

TECHNOLOGISCHE AUSDIFFERENZIERUNG DER PRODUKTE 1.

Im Automobilbau ist eine Reihe von teilweise signifikanten technologischen Änderungen zu erwarten. Neben dem sich andeutenden Bedeutungszuwachs von alternativen Antriebsquellen, wie Hybridantrieb oder Elektroantrieb, könnte es auch zu radikalen Änderungen im Bereich der Karosserien in Richtung eines Großserieneinsatzes von Leichtbauwerkstoff kommen. Eine entscheidende Treiberrolle kommt dort selbstverständlich den Automobilherstellern zu. Aufgrund der in der Automobilindustrie sehr ausgeprägten Arbeitsteilung kommt den Automobilzulieferbetrieben eine nicht zu geringschätzende Rolle zu. Die folgenden Ausführungen analysieren daher zunächst im Allgemeinen die zentralen technologischen Entwicklungen und gehen dann der Frage nach, wie die deutschen Automobilhersteller in den einzelnen Bereichen aufgestellt sind und welche Strategien sie verfolgen. Überdies wird auf Grundlage einer eigens für diese Studie durchgeführten Primärerhebung analysiert, welche Aktivitäten deutsche Automobilzulieferer unternehmen, um sich für den technologischen Wandel zu rüsten bzw. ihn unter Umständen sogar entscheidend mitzuprägen.

INNOVATIONSPFADE IM BEREICH ANTRIEBSKONZEPTE 1.1

Im Bereich des Antriebsstrangs zeichnen sich nach dem heutigen Stand tiefgreifende technologische Veränderungen ab. In den nachfolgenden Unterkapiteln werden die wesentlichen Technologiepfade skizziert und zudem die Strategien der Automobilhersteller dargestellt.

HOCHEFFIZIENTE KONVENTIONELLE ANTRIEBSKONZEPTE 1.1.1

Seit Beginn des Automobilbaus ist der Verbrennungsmotor die dominierende Antriebsquelle. Der Verbrennungsmotor generiert Leistung durch Wandlung von chemischer Energie, die im Kraftstoff gebunden ist, in Wärme und durch Transformation dieser in mechanische Arbeit. Beim Ottomotor, der am häufigsten angewandten Antriebsart in Fahrzeugen, laufen die folgenden Prozesse periodisch ab: Ein explosives Luft-Benzin-Gemisch wird in den Zylinder gezogen, verdichtet und gezündet. Durch die Verbrennung und Expansion des Gemischs entsteht Druck, der den Kolben mit Kraft verschiebt. Abschließend wird das entstandene Abgas in den Auspuff geleitet (Robert Bosch GmbH 2007, S. 460 ff.; Weber 2006, S. 16 f.).

Bis in die 1980er Jahre war der Benzinmotor die dominierende Antriebsquelle für Personenkraftfahrzeuge. Anfang der 1990er Jahre setzte mit der Weiterentwicklung des Dieselmotors ein Paradigmenwechsel ein. Mit den stark verbesserten Dieselmotoren konnten deutliche Verbrauchseinsparungen realisiert werden. Fast 20 Jahre lang schien der Dieselmotor hinsichtlich des Wirkungsgrads unschlagbar und setzte sich vor allem in Europa durch. In der nahen Vergangenheit unternahmen die Hersteller vermehrt Anstrengungen, die Effizienz des klassischen Verbrennungsmotors (insbesondere des benzinbetriebenen) zu verbessern. Im Zuge der Optimierung des Verbrennungsmotors kommen verschiedene Technologien zum Einsatz. Dazu zählen beispielsweise (Düsterwald et al. 2007, S. 186):

- Downsizing und Turboaufladung,
- Direkteinspritzung,
- variabler Ventiltrieb,
- Verringerung der innermotorischen Massen und Reibungswiderstände,
- Zylinderabschaltung sowie
- Start-Stopp-Systeme.

Durch den Einsatz dieser Technologien konnte die Kraftstoffeffizienz der Motoren verbessert werden und liegt nunmehr auf Dieselniveau.

ELEKTRISCHE ANTRIEBSKONZEPTE 1.1.2

Der Begriff Elektromobilität findet in der Regel Verwendung im Zusammenhang mit motorisiertem Individualverkehr, wobei ein elektrischer Antrieb in die Transportmittel eingebaut und/oder eine wesentliche Menge an Energie in elektrischer Form in Batterien gespeichert ist. Dabei kann zwischen rein batteriebetriebenen Elektrofahrzeugen (BEV), brennstoffzellengestützten Elektrofahrzeugen (FCEV), Hybridfahrzeugen (HEV) und Plug-in-Hybridfahrzeugen (PHEV) unterschieden werden (Wietschel/Dallinger 2008, S. 1).

Diese unterschiedlichen Antriebsformen sind in Tabelle IV.1 in einer Übersicht abgebildet und werden im Folgenden genauer erläutert.

TAB. IV.1 ÜBERSICHT DER UNTERSCHIEDLICHEN ANTRIEBSKONZEPTE

Antriebsart	Beispielfahrzeug	Technik	Vorteile/Nachteile
Verbrennungsmotor	VW Golf	konventionelle Otto- oder Dieselmotoren	bewährte Technik, vorhandene Infrastruktur schlechter Wirkungsgrad der Verbrennungsmotoren, hohe Emissionen
Mikrohybrid	Smart fortwo mhd	Start-Stopp-Funktion, regeneratives Bremsen mit dem Startermotor Spannung: 12 V elektr. Leistung: 2 kW Batteriekapazität: 0,6–1,2 kWh	kostengünstige Lösung, Rückgewinnung von Bremsenergie, resultierende Verbrauchsreduktion nur geringes Einsparpotenzial, kaum Einsparung im Langstreckenbetrieb
Mildhybrid	Mercedes-Benz S 400 HYBRID	Start-Stopp-Funktion, regeneratives Bremsen, Beschleunigungsunterstützung Spannung: 36–150 V elektr. Leistung: 5–20 kW Batteriekapazität: 1 kWh	gutes Aufwand-Nutzen-Verhältnis, spürbare Verbrauchsreduktion teure Batterien, zusätzliche Komponenten bringen Mehrgewicht und benötigen Platz
Vollhybrid	BMW Active-Hybrid X6	Start-Stopp-Funktion, regeneratives Bremsen, Beschleunigungsunterstützung, kurzes elektrisches Fahren Spannung: 200–400 V elektr. Leistung: 30–50 kW Batteriekapazität: 0,6–2 kWh	sehr gute Fahrleistung, hohes Einsparpotenzial in der Stadt, lokales emissionsfreies Fahren hoher technischer und finanzieller Aufwand, Einsparpotenzial auf Langstrecken nur gering, zusätzliches Gewicht
Plug-in-Hybrid	Audi e-tron Spyder	Start-Stopp-Funktion, regeneratives Bremsen, längeres elektrisches Fahren Spannung: 200–400 V elektr. Leistung: 30–70 kW Batteriekapazität: 5–15 kWh	hohe konventionelle Reichweite, begrenztes elektrisches Fahren fehlende Ladeinfrastruktur, elektrische Reichweite geringer als bei Elektroautos, Zusatzgewicht durch Batterie

Antriebsart	Beispielfahrzeug	Technik	Vorteile/Nachteile
Range Extender	Opel Ampera	regeneratives Bremsen, rein elektrisches Fahren, Stromversorgung über Verbrennungsmotor Spannung: 200–400 V elektr. Leistung: 30–70 kW Batteriekapazität: 10–30 kWh	Reichweite ähnlich von konventionellen Fahrzeugen, geringere Batteriekosten Mehrgewicht durch Hybridkomponenten, zusätzlicher Platzbedarf
Elektroantrieb	MINI E	regeneratives Bremsen, rein elektrisches Fahren Spannung: 200–400 V elektr. Leistung: 30–70 kW Batteriekapazität: 10–30 kWh	emissionsfreies Fahren, nur eine Antriebsquelle, hohes CO_2-Einsparpoten-zial bei Stromerzeugung durch regenerative Energien begrenzte Reichweite, fehlende Ladeinfrastruktur, lange Ladezeiten
Brennstoffzelle	Mercedes-Benz B-Klasse F-CELL	regeneratives Bremsen, rein elektrisches Fahren Spannung: 200–400 V elektr. Leistung: 30–70 kW Brennstoffzelle mit zusätzlicher Batterie als Puffer	emissionsfreies Fahren, große Reichweite teure Technologie, energieintensive Wasserstoffherstellung, Speicherung im Fahrzeug, fehlende Ladeinfrastruktur

Eigene Zusammenstellung

HYBRIDFAHRZEUG

Hybridfahrzeuge verwenden mindestens zwei unterschiedliche Energiewandler; beispielsweise einen Verbrennungsmotor kombiniert mit einem Elektromotor und/oder zwei unterschiedliche Energiespeicher, wie etwa einen Kraftstofftank und zusätzlich eine Batterie. Ziel ist es, die Vorteile der Einzelsysteme zu nutzen: den hohen Wirkungsgrad und die Emissionsfreiheit des elektrischen Antriebs kombiniert mit der großen Reichweite eines Verbrennungsmotors, die leichte und kompakte Bauweise und ein zeitsparendes Tanken. Nachteil des Konzepts sind die steigende Komplexität und die damit verbundenen höheren Kosten. Hybridfahrzeuge können klassifiziert werden in Abhängigkeit vom Aufbau ihres Antriebsstrangs (serieller, paralleler und leistungsverzweigter Hybrid) oder gemäß dem Grad der Hybridisierung und werden benannt nach der installierten elektrischen Leistung des Motors (Mikro-, Mild- und Vollhybrid) (Jadidi 2010, S. 22; Ketterer et al. 2009, S. 30 ff.).

> Der Mikrohybrid stellt die niedrigste Hybridisierungsstufe dar und ist begrenzt auf eine Start-Stopp-Automatik sowie die Möglichkeit zur Rückgewinnung der Bremsenergie in limitierter Form (Biermann 2007, S. 70). Eine automatische Abschaltung des Motors findet statt, wenn das Fahrzeug angehalten

wird. Die Fahrzeugelektronik erhält zwischenzeitlich die Energie aus der Batterie. Kraftstoffeinsparungen von 5 bis 10 % können damit erzielt werden. Teils wird der Mikrohybrid aus der Definition der Hybridfahrzeuge exkludiert, da der Startergenerator keine eigene Antriebsmaschine darstellt (Friel 2010, S. 497 f.; Blesl et al. 2009, S. 9).

- Der Elektromotor des Mildhybrids ist mit über 10 kW leistungsstärker dimensioniert als der des Mikrohybrids. Neben der Start-Stopp-Funktion sowie der Möglichkeit zur Rekuperation der Bremsenergie kann dieser der Leistungsunterstützung des konventionellen Motors in bestimmten Lastbereichen dienen. Eine Kraftstoff-einsparung von bis zu insgesamt 15 % ist bei diesem Konzept möglich (Blesl et al. 2009, S. 9).
- Ein Vollhybrid ermöglicht es, das Fahrzeug über eine begrenzte Strecke, beispielsweise im innerstädtischen Bereich, rein elektrisch anzutreiben. Speziell beim Anfahren sowie beim Beschleunigen fängt der Elektromotor Leistungsspitzen ab. Dadurch kann der Verbrennungsmotor ständig im optimalen Drehzahlbereich mit einem hohen Wirkungsgrad betrieben werden (Biermann 2007, S. 70; Ketterer et al. 2009, S. 32). Die Verbrauchseinsparung liegt bei über 20 % des Kraftstoffs im Vergleich zu einem konventionellen Fahrzeug (Blesl et al. 2009, S. 9).

PLUG-IN-HYBRIDFAHRZEUG

Die Variante des Plug-in-Hybridfahrzeugs kann zwischen einem rein batteriebetriebenen Elektrofahrzeug und einem Vollhybridfahrzeug eingeordnet werden. Sie unterscheidet sich von einem Hybridfahrzeug dadurch, dass die Batterie im Fahrzeug von einer externen Stromquelle aufgeladen werden kann. Hierbei existieren zwei verschiedene Zustände während des Fahrens, die von dem momentanen Ladezustand abhängen. Während der Phase »charge depleting« (Ladung verringern) wird die Ladung der Batterie vermindert und das Fahrzeug wird rein elektrisch betrieben. Ist diese Energie aufgebraucht, wechselt das Plug-in-Hybridfahrzeug in den Modus »charge sustaining« (Ladung aufrechterhalten) und das Fahrzeug fungiert als Hybridfahrzeug und nutzt beispielsweise die regenerative Bremsenergie. Für den Fall, dass die durchschnittliche Tagesfahrleistung geringer ist als die maximale elektrische Reichweite, ist das Plug-in-Hybridfahrzeug ein Elektroauto, das nur in seltenen Fällen den Verbrennungsmotor als Range Extender verwendet (Blesl et al. 2009, S. 20; Delucchi/Lipman 2010, S. 32; Ketterer et al. 2009, S. 34).

REIN BATTERIEBETRIEBENES ELEKTROFAHRZEUG

Rein batteriebetriebene Elektrofahrzeuge nutzen einen Elektromotor als Antriebsmaschine, kombiniert mit einer Batterie, die über das externe Stromnetz mit Energie versorgt werden kann (Friel 2010, S. 496). Moduliert über die Gaspedalstellung werden die entsprechenden Strom- bzw. Spannungswerte am Elektromotor umgewandelt und dadurch die geforderte Fahrgeschwindigkeit und Beschleunigung reguliert (Blesl et al. 2009, S. 2). Durch den vollständigen Wegfall des verbrennungsmotorischen Antriebsstrangs ergeben sich bei reinen Elektrofahrzeugen im Vergleich zu konventionellen oder Hybridfahrzeugen die größten Möglichkeiten hinsichtlich einer Neuentwicklung der kompletten Fahrzeugstruktur. So ist es auch weiterhin möglich, neue Komponenten in konventionelle Fahrzeuge einzubauen, was dem sogenannten »conversion design« entspricht, oder etwa ein komplett neues Fahrzeug zu entwerfen, dessen Design auf die Anforderungen des neuen Antriebsstrangs zugeschnitten ist. Dieser Ansatz wird als »purpose design« bezeichnet.

BRENNSTOFFZELLENGESTÜTZTES FAHRZEUG

Brennstoffzellengestützte Fahrzeuge generieren die elektrische Energie für den Antrieb des Elektromotors durch chemische Umwandlung eines Brennstoffs (Biermann/Scholz-Starke 2010, S. 25). Am ökologisch sinnvollsten und einfachsten ist die Verwendung von Wasserstoff, andere Energieträger können beispielsweise Erdgas oder Methanol sein (Babiel 2007, S. 26). Der größte Vorteil im Vergleich zu rein batteriebetriebenen Fahrzeugen ist die höhere Speicherdichte der Energieträger. Dadurch erhöht sich die potenzielle Reichweite des Fahrzeugs. Ein weiterer Vorteil von brennstoffzellengestützten Fahrzeugen ist die Einsparung der langen Aufladezeiten von batteriebetriebenen Elektrofahrzeugen (Blesl et al. 2009, S. 30). Defizite liegen in der komplexen Speicherung des Wasserstoffs sowie dem hohen finanziellen Realisierungsaufwand (www.mobilitaet-aktuell.de/allgemein/vor-und-nachteile-der-brennstoffzelle/).

TECHNOLOGIESTRATEGIEN DER AUTOMOBILHERSTELLER 1.1.3

Der zu betreibende hohe Aufwand bei der Umsetzung und Entwicklung der im vorangegangenen Kapitel erläuterten Antriebskonzepte bedingt, dass Automobilhersteller bei der Modifikation ihrer Fahrzeugflotte unterschiedliche Strategien verfolgen. Nicht alle Hersteller sind in den unterschiedlichen Technologiefeldern in gleicher Intensität aktiv. Abbildung IV.1 zeigt, auf welche Technologien die Automobilhersteller derzeit ihre Schwerpunkte legen.

Es zeigt sich, dass die Konzeption und Produktion von Mikrohybriden von allen OEM verfolgt werden. Ebenso ist eine recht hohe Aktivität im Bereich der rein batteriebetriebenen Fahrzeuge zu erkennen, während sich bei den Mild- und Vollhybriden größere Abweichungen zeigen. Vier Unternehmen sind im Bereich der Vollhybride bisher kaum aktiv. Dagegen existiert ein besonders gutes und breites Technologieportfolio bei BMW, Daimler sowie bei Ford und Volkswagen, wobei letztere im Bereich der Mildhybrids noch zurückhaltend agieren.

ABB. IV.1 AKTIVITÄTSGRAD DER AUTOMOBILHERSTELLER BEI ALTERNATIVEN ANTRIEBEN

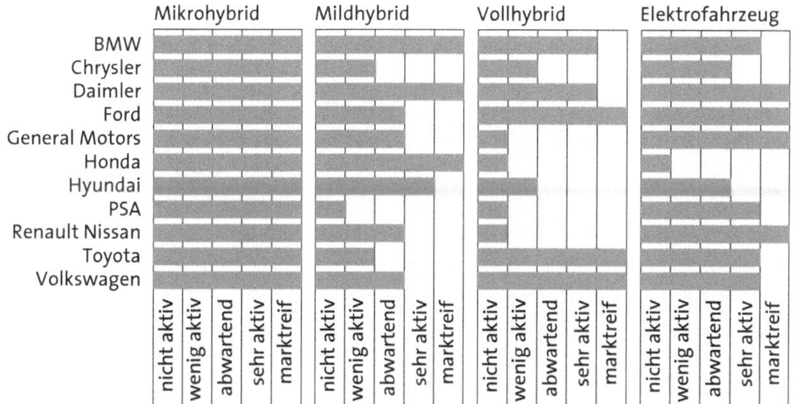

Eigene Darstellung in Anlehnung an Kumar 2012

Im Einzelnen legen die deutschen Automobilhersteller ihre Schwerpunkte auf folgende Technologien:

- Die Audi AG hat es sich zum Ziel gesetzt, bis zum Jahr 2020 im Bereich Elektromobilität führend im Premiumsektor zu sein. Hierzu wurde mit »e-tron« eine eigene Dachmarke etabliert, unter der Elektroautos, Plug-in-Hybride sowie Range Extender vertrieben werden. Zudem wurde 2009 das Projekt »e-performance« ins Leben gerufen, das sich mit der Lösung strategischer Fragen der Elektromobilität befasst. Audi hat 2010 im Rahmen des Pariser Autosalons den Plug-in-Hybrid Audi e-tron Spyder vorgestellt. Im darauffolgenden Jahr stellte Audi in Shanghai mit dem Audi A3 e-tron concept einen weiteren Plug-in-Hybriden vor. Im gleichen Jahr startete auch ein Flottenversuch mit 20 Audi A1 e-tron in München, die mit Range Extender ausgestattet waren. Bezüglich einer etwaigen Serienfertigung dieses Modells wurde jedoch noch keine Entscheidung getroffen. Mit dem Audi Q5 hybrid wurde ebenfalls im Jahr 2011 ein Vollhybrid in den Markt eingeführt. Im Jahr 2012 sollen mit dem A6 hybrid und dem A8 hybrid zwei weitere folgen. Das erste Elektroauto, das in Serie auf den Markt gebracht wird, ist der R8 e-tron, der Ende 2012 auf den Markt kommen soll. Bei den Plug-in-Hybriden wird es im Jahr 2014 der Audi A3 sein, gefolgt vom Audi A4 und Q7 ein Jahr später (Audi AG 2012; Rudschies/Vigl 2012).
- Die BMW AG startete im Jahr 2007 den Think Tank »project i« zur Entwicklung einer nachhaltigen Mobilität der Zukunft. Bereits 2009 wurde von BMW eine Testflotte von 600 rein batteriebetriebenen MINI ins Feld gesendet, um Erkenntnisse über das Nutzerverhalten zu gewinnen. Eine weitere

rein elektrisch betriebene Testflotte, basierend auf dem BMW 1er Coupé, startete im Jahr 2011. Im Jahr 2012 soll mit dem BMW ActiveHybrid 5 ein Vollhybrid folgen. Unter der Submarke BMW i ist für 2013 die Markteinführung des rein elektrisch angetriebenen Megacity Vehicle BMW i3 sowie 2014 die des Plug-in-Hybrid BMW i8 geplant (BMW AG 2012a).

› Die Daimler AG startete bereits im Jahr 2007 in London mit ihrer Marke Smart einen Flottenversuch mit rein elektrisch betriebenen Fahrzeugen, der 2009 auf 1.500 Fahrzeuge in Europa, Asien und Nordamerika erweitert wurde. Die dritte Generation des Smart fortwo electric drive kommt 2012 auf den Markt, wobei fünfstellige Produktionszahlen angestrebt werden. Die Stammmarke Mercedes-Benz begann im Jahr 2010 mit der Produktion von 500 A-Klasse-E-CELL-Elektroautos. Im gleichen Jahr wurde auch der erste rein elektrische Transporter, Mercedes-Benz Vito E-CELL, auf dem Markt eingeführt, dessen weltweiter Bestand auf 2.000 Fahrzeuge bis Ende 2012 anwachsen soll. Mit dem Mercedes-Benz SLS AMG E-CELL wird ein weiteres Elektroauto im Jahr 2013 die Produktpalette ergänzen. Zudem soll ein Jahr später mit dem Mercedes-Benz Concept B-Class E-CELL PLUS ein Fahrzeug mit Range Extender in Serienproduktion gehen. Im Bereich der Hybridtechnologie ist die Daimler AG bereits seit Längerem aktiv. So hat sie mit dem Mercedes-Benz S 400 HYBRID im Jahr 2009 als erster europäischer Hersteller einen Hybrid-Pkw aus der Großserienproduktion auf dem Markt eingeführt. Im Jahr 2012 sollen mit dem E 300 BlueTEC HYBRID für den europäischen Markt und dem E 400 HYBRID für den asiatischen Markt zwei weitere Mildhybride folgen. Mit dem 2009 vorgestellten S 500 Plug-in HYBRID wird die Daimler AG auch einen Plug-in-Hybriden in ihrem Portfolio haben (Daimler AG 2011; Daimler AG 2012).

› Die Volkswagen AG strebt für das Jahr 2018 an, die Marktführerschaft im Bereich der Elektromobilität zu übernehmen. Um dieses Ziel zu erreichen, wurde im Jahr 2008 mit dem Golf twinDRIVE ein Plug-in-Hybridkonzeptfahrzeug vorgestellt, welches seit 2010 in Wolfsburg und Berlin im Flottenversuch unterwegs ist. Für das Jahr 2013 sollen die rein elektrisch betriebenen Fahrzeuge Golf und up! in Serie auf den Markt kommen. Für das gleiche Jahr ist auch eine Serienproduktion der Hybridversion des Jetta und Golf geplant. Ebenfalls 2013 soll das auf der Motor Show in Katar Anfang 2011 präsentierte »1-Liter-Auto« mit Plug-in-Hybrid VW XL1 in Serie gehen (Volkswagen AG 2012b u. 2012d).

Brennstoffzellenbetriebene Fahrzeuge befinden sich aktuell zumeist noch im Versuchsstadium. So betreibt etwa Audi 4 Q5 HFC mit Brennstoffzellenantrieb (Rudschies/Vigl 2012), VW hat mit dem Touran, Tiguan HyMotion und Touran HyMotion gleich drei Modelle im Flottenversuch (Volkswagen AG 2012c). BMW lieferte im Jahr 2007 bereits 100 BMW Hydrogen 7 zu Versuchszwecken an ausgewählte Personen aus, hat aber den Entwicklungspfad der direkten Verbrennung von Wasserstoff mittlerweile eingestellt (BMW AG 2012b). Opel erprobt seit 2002 100 HydroGen4-Brennstoffzellenfahrzeuge in der Praxis, die bereits eine Strecke von 3,2 Mio. km zurückgelegt haben (www.handelsblatt.com/auto/test-technik/brennstoffzelle-wasserstoff-soll-dem-elektroauto-schwung-geben/4743118.html). Als Zeitpunkt für eine Serienproduktion von Brennstoffzellenfahrzeugen wird von vielen Herstellern wie etwa VW, Opel, Toyota und anderen das Jahr 2015 genannt (Schaal 2011; Schröter 2011; Winterhagen 2009). Die Daimler AG will mit dem 2009 vorgestellten Mercedes-Benz B-Klasse F-CELL bereits 2014 in Serie gehen. Um die Alltagstauglichkeit dieses Modells zu demonstrieren, wurde im Jahr 2011 eine Weltumrundung vorgenommen (Schaal 2011). In Bezug auf die Daimler AG ist zu erwähnen, dass das Unternehmen in den letzten Jahrzehnten kontinuierlich die Weiterentwicklung der Brennstoffzelle zur Anwendung in Personenkraftwagen vorangetrieben hat. Andere Hersteller hingegen haben ihre Aktivitäten in den 2000er Jahren deutlich zurückgefahren. Das amerikanische Pike Research Institute hat Ende 2011 die Aktivitäten von zehn Automobilherstellern im Bereich Brennstoffzelle untersucht und bewertet. Dabei wurde die Daimler AG auf den ersten Platz noch vor Honda und Toyota gesetzt. Ausschlaggebend für diesen Spitzenplatz sei ein klar erkennbarer Weg zu einer wirtschaftlichen Produktion von Brennstoffzellenfahrzeugen sowie deren Engagement beim Aufbau der benötigten Infrastruktur gewesen (Pike Research 2011).

STRATEGISCHE POSITIONIERUNG DER AUTOMOBILHERSTELLER BEI BESCHAFFUNG UND HERSTELLUNG VON FAHRZEUGBATTERIEN 1.1.4

In den vorangegangenen Kapiteln wurde aufgezeigt, welche Veränderung die neuen Antriebskonzepte auf technischer Ebene mit sich bringen. Um diese auch entsprechend umzusetzen, werden neue Fahrzeugkomponenten benötigt. Die Fahrzeugbatterie wird als Schlüsselkomponente bei der Elektrifizierung des Antriebsstrangs angesehen (AG 2 2010).

Da die Kompetenzen der Automobilhersteller lange Jahre im Bereich des Verbrennungsmotors lagen und diese zumeist weder die ausreichende technologische Erfahrung noch die Produktionskapazitäten für eigenständige Entwicklung dieser neu aufkommenden Komponenten besitzen, versuchen sie über unterschiedliche Kooperationen die Kompetenzen und Kapazitäten zu erlangen (Roland Berger/VDMA 2011). Die dafür am häufigsten verwendeten Kooperationsformen stellen dabei das Joint Venture, die strategische Allianz und die Lieferantenverträge dar. Die einzelnen Formen unterscheiden sich insbesondere hinsichtlich ihres Integrationsgrades. Während unter einer Integration die Verschiebung der Organisationsform zum Unternehmen verstanden wird, ist die Desintegration eine Verschiebung vom Unternehmen zum Markt. Von den zuvor genannten Kooperationsformen stellen die Lieferantenverträge die stärkste Form der Desintegration dar. Die vollständige Eigenentwicklung und Eigenerstellung ist die am stärksten ausgeprägte Form der Integration. Sydow definiert eine strategische Allianz als »eine formalisierte, langfristige Beziehung zu anderen Unternehmungen, die mit dem Ziel aufgenommen wird, eigene Schwächen durch Stärkepotenziale anderer Organisationen zu kompensieren, um ... die Wettbewerbsposition ... zu sichern und langfristig zu verbessern« (Sydow 1992). Im Gegensatz zu einem Joint Venture bleibt hier die rechtliche Eigenständigkeit der beteiligten Unternehmen bestehen, während bei einem Joint Venture ein rechtlich eigenständiges Unternehmen entsteht, bei dem die Partner etwa zu gleichen Teilen beteiligt sind.

Im Folgenden werden die Kooperationsaktivitäten der Automobilhersteller, differenziert nach Kooperationsformen, vorgestellt. Inwieweit sich die Kooperationen am Markt mittel- bis langfristig etablieren oder verändern, ist aus der derzeitigen Sicht nur schwer abschätzbar. Aus diesem Grund handelt es sich bei der dargestellten Einordnung um eine Momentaufnahme mit Stand April 2012. Demnach lassen sich die einzelnen OEM in die in Tabelle IV.2 dargestellten vier Gruppen einordnen.

TAB. IV.2 CLUSTEREINTEILUNG DER OEM ANHAND IHRER INTEGRATIONSSTRATEGIEN

Cluster A	Cluster B	Cluster C	Cluster D
hoher Integrationsgrad und hohe Wertschöpfungstiefe	enge Kooperation mit festen Batteriepartnern, meist als Joint Venture	verschiedene flexible Kooperationen mit unterschiedlichen Partnern	geringer Integrationsgrad mit Fokus auf Kunden-/Lieferantenbeziehung
BYD Auto Tesla Motors	Daimler SAIC Toyota Honda Nissan Mitsubishi Motors Hyundai	VW GM BMW	PSA Peugeot Citroën Fisker Chrysler Ford DFY

Eigene Darstellung

- Die Automobilhersteller BYD Auto (»Build Your Dreams«) und Tesla Motors bilden die Gruppe A. Sie kennzeichnen sich durch einen relativ hohen Integrationsgrad und damit einer vergleichsweise hohen Wertschöpfungstiefe im Bereich der Lithium-Ionen-Batterieherstellung aus.
- Die Gruppe B fasst die Fahrzeughersteller zusammen, die in enger Kooperation mit erfahrenen Batterieherstellern zusammenarbeiten und somit vorrangig eine vertikale Integration umsetzen. In der Regel werden hierfür eigenständige Unternehmen in Form von Joint Ventures gegründet, da so auf vorhandene Produktionsmittel, Ressourcen sowie Know-how zur Herstellung von Lithium-

Ionen-Batterien zurückgegriffen werden kann. Auffallend ist, dass es sich bei den Automobilherstellern, mit Ausnahme der Daimler AG, ausschließlich um asiatische Unternehmen handelt. Der Grund hierfür könnte darin liegen, dass vor allem die europäischen OEM erst in der nahen Vergangenheit begonnen haben, ihre Aktivitäten im Bereich der Entwicklung und Produktion ernsthaft zu intensivieren, um nicht den Anschluss zur aufstrebenden Konkurrenz aus Asien zu verlieren.

> Gruppe C umfasst die Fahrzeughersteller Volkswagen, BMW und General Motors. Diese Unternehmen zeichnen sich im Vergleich zu den japanischen OEM durch weniger enge Kooperationen mit mehreren Batterieherstellern und anderen Automobilherstellern aus. Dabei finden sowohl vertikale als auch horizontale Unternehmensintegrationen statt. Häufig ist die Kooperation von dem jeweiligen Fahrzeugtypen abhängig (Goldman Sachs 2010). In diesem Cluster werden von den Unternehmen meist Beteiligungen an zahlreichen strategischen Allianzen und Entwicklungskooperationen eingegangen sowie eine Vielzahl an Lieferantenverträgen geschlossen. Joint Ventures spielen eine untergeordnete Rolle. Lediglich BMW ist ein Joint Venture mit PSA Peugeot Citroën eingegangen. Es wird deutlich, dass dieser Gruppe ausschließlich nichtjapanische Unternehmen, vor allem deutsche, zugeordnet werden.

> Die Gruppe D umfasst die OEM, die bisher lediglich eine geringe Integration in die Wertschöpfungskette von Lithium-Ionen-Batterien aufweisen und vorrangig Kunden- und Lieferantenbeziehungen mit Batterieherstellern zeigen. Vor allem amerikanische Unternehmen wie Ford, Chrysler und Fisker gehören dieser Gruppe an.

Insgesamt zeigt sich, dass vor allem die europäischen Unternehmen in den vergangenen 3 Jahren verschiedene, flexible Kooperationen mit unterschiedlichen Unternehmen aufbauten. Die asiatischen Unternehmen vertrauen auf enge Kooperation mit festen Batterieherstellern, meist in Form von Joint Ventures. Die meisten US-amerikanischen Unternehmen setzen ihren Fokus auf Kunden- und Lieferantenbeziehungen, um am Markt flexibel zu bleiben. Nur wenige strategische Allianzen werden von diesen eingegangen und wenn, dann meist nur mit heimischen Unternehmen.

INNOVATIONSPFADE IM BEREICH LEICHTBAUMATERIALIEN 1.2

In den vergangenen 30 Jahren konnte eine deutliche Zunahme des Leergewichts bei Neufahrzeugen beobachtet werden. Ein konkretes Beispiel für diesen Trend lässt sich an Fahrzeugen vom Typ Volkswagen Golf zeigen. Ein Vergleich des aktuellen Basismodells mit einem Golf I des Baujahres 1971 weist ein Mehrgewicht von über 550 kg aus, was einem prozentualen Zuwachs von über 76 % des ursprünglichen Fahrzeuggewichts entspricht (Durst 2008).

Maßgebliche Treiber dieser Entwicklung finden sich insbesondere in der zeitgleichen Zunahme der Fahrzeugabmessungen und den gestiegenen rechtlichen Sicherheitsanforderungen an die Fahrzeugstrukturen hinsichtlich einzuhaltender Crashtests (Propfe et al. 2011). Ein weiterer nicht zu vernachlässigender Gewichtstreiber, der in der Vergangenheit realisierte Bemühungen zur Reduktion der Fahrzeugmasse überkompensiert hat, stellt der kontinuierlich gestiegene Einbau komfortbedingter Zusatzfunktionen dar (UBA 2006, S. 179). Diese erhöhen zwar einerseits, falls in verbesserten Serienausstattungen enthalten, die Fahrzeugleergewichte, bleiben andererseits als Sonderausstattungen als Mehrgewicht unberücksichtigt und gehen somit weder in die Berechnung der CO_2-Besteuerung in Deutschland noch in die CO_2-Grenzwertberechnung der EU mit ein. Bei der Gegenüberstellung von Serienausstattung mit reichlicher Sonderausstattung bzw. Vollausstattung ist bei aktuellen Fahrzeugen von einem Mehrgewicht von 150 kg bis hin zu 200 kg (Prien 2009) auszugehen, was einem Zusatzverbrauch von bis zu 0,6 l Kraftstoff pro 100 km im Realfahrbetrieb entspricht (www.uni-due.de/imperia/md/content/car/studie_kraftstoffverbrauch_-_juli_2009_2.pdf).

Nachdem bei Fahrzeugen der letzten Fahrzeuggeneration erstmalig sowohl bei Größe als auch Gewicht im direkten Vergleich mit dem Vorgängermodell keine Zunahme mehr beobachtet werden konnte, zeichnet sich derzeit der Trend ab, dass neue Fahrzeuge mit konventionellen Verbrennungsmotoren geringfügig leichter werden (Sackmann 2011). Darüber hinaus werden in den Werbeauftritten deutscher Premiumhersteller bereits realisierte und künftig zu erwartende Gewichtseinsparungen sowohl zur Darstellung der technologischen Kompetenz, zur Marken- und Produktdifferenzierung als auch zum Hervorheben der Wertigkeit des Produkts verwendet. Die nichtsichtbaren Eigenschaften der Fahrzeugstruktur gewinnen somit an Bedeutung und werden als innovative Bestandteile eines neuen Mobilitätsverständnisses vermarktet (Propfe et al. 2011).

REDUKTION DER FAHRZEUGMASSE 1.2.1

Allgemein stellt die Senkung der Fahrzeugmasse eine bedeutende Maßnahme zur Reduktion des Energiebedarfes eines Fahrzeugs dar (Propfe et al.2011). Neben den direkt der ursprünglichen Massereduktion zurechenbaren Einspareffekten sind darüber hinaus zusätzliche sekundäre Einspareffekte realisierbar, die sich aus der Anpassung und Optimierung von Fahrzeugkomponenten auf die verringerte Fahrzeugmasse ergeben. Durch die Anpassung von Motoren, Bremsen und Getriebe sind im Schnitt zusätzlich weitere 30 % Gewichtseinsparung realisierbar, was insbesondere aus Kostensicht die Aufwände der ursprünglichen Gewichtsreduktion rechtfertigen kann (NRC 2011). Unabhängige Studien kommen zu dem Schluss, dass die Berücksichtigung sekundärer Einspareffekte bei konventionellen Fahrzeugen zu einer Verdoppelung des ursprünglichen Kraftstoffeinsparpotenzials führt (Henning/Moeller 2011 S. 1232; NRC 2011). Zusammenfassend ist bei einer Reduktion der Fahrzeugmasse von konventionell betriebenen Fahrzeugen um 100 kg von einer Kraftstoffeinsparung von 0,3 bis 0,4 l pro 100 km auszugehen (Prien 2009).

Bei alternativ angetriebenen Hybrid- oder Batteriefahrzeugen wird die Elektrifizierung des Antriebsstrangs nach derzeitigem Kenntnisstand mit einer Erhöhung der Fahrzeugmasse einhergehen. Während für Fahrzeuge mit optimierten Verbrennungsmotoren für Start-Stopp-Automatik und Turbolader circa 50 kg Mehrgewicht veranschlagt werden, sind bei Hybridfahrzeugen circa 150 kg und bei batteriebetriebenen Fahrzeugen sogar bis zu 250 kg Mehrgewicht zu erwarten (McKinsey 2012). Für Fahrzeuge mit alternativen Antrieben ist daher mit zunehmenden Leichtbauanstrengungen zu rechnen, um einerseits die Gewichtszunahme durch die veränderten Antriebe zu kompensieren und weil andererseits aufseiten des effizienteren Antriebssystems geringere Optimierungspotenziale bestehen und somit Leichtbautechnologien ein höherer Stellenwert im Gesamtfahrzeugsystem zukommt (Propfe et al. 2011).

Die Betrachtung von sekundären Einspareffekten bei batteriebetriebenen Fahrzeugen kann insbesondere vor dem Hintergrund des Zielkonflikts zwischen möglichst hoher Reichweite einerseits und möglichst geringer Fahrzeugmasse andererseits sinnvoll sein. Sowohl technische als auch wirtschaftliche Gründe begünstigen in diesem Fall die Investition in Leichtbaukonzepte, wenn dadurch die Batteriegröße und -kapazität reduziert werden kann (McKinsey 2012). Beispielsweise berechnen sich aus zukünftig zu erwartenden Batteriekosten von 300 bis 1.000 Euro/kWh Leichtbaumehrkosten von 2 bis 18 Euro je eingespartes kg, was den Einsatz neuartiger Leichtbautechnologien und Werkstoffe wirtschaftlich attraktiv machen kann (Propfe et al. 2011).

Hinsichtlich der Anteile an der gesamten Fahrzeugmasse zeigt sich (Abb. IV.2) für Fahrzeugsegmente mit konventionellem Antrieb ein einheitliches Bild. Auf die Komponenten Karosserie und Fahrwerk entfallen im Durchschnitt nahezu 66 % der gesamten Fahrzeugmasse. Umfangreichere Serienausstattungen zeigen sich bei Oberklassefahrzeugen für die erhöhten Elektronikanteile verantwortlich. Im Vergleich zum Durchschnitt konventioneller Fahrzeuge wird bei Elektrofahrzeugen eine anteilige Verschiebung der Masse von Fahrwerk und Elektrik zum Antriebssystem erwartet, was zu großen Teilen dem Batteriesystem zurechenbar ist (Propfe et al.2011).

Auch für neuartige Fahrzeuggenerationen mit alternativen Antrieben wird die Karosserie mit circa 37 % weiterhin einen großen Anteil an der Gesamtfahrzeugmasse einnehmen. Im Folgenden werden daher gezielt Ansätze und Stellhebel möglicher Gewichtseinsparpotenziale im Karosseriebereich vorgestellt, insbesondere die Substitution derzeit eingesetzter Werkstoffe durch Leichtbauwerkstoffe, wie beispielsweise CFK-Faserverbundwerkstoffe (carbonfaserverstärkte Kunststoffe).

ABB. IV.2 ANTEILE DER FAHRZEUGKOMPONENTEN AN DER GESAMTFAHRZEUGMASSE IN ABHÄNGIGKEIT VON ANTRIEBSART UND FAHRZEUGSEGMENT IN %

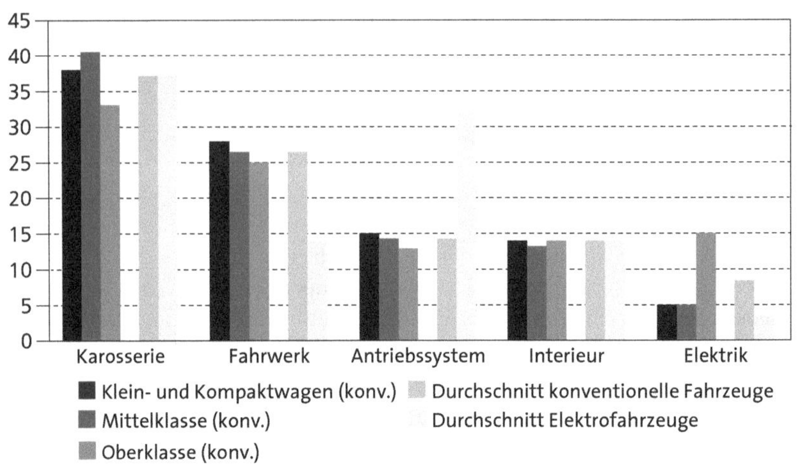

Eigene Darstellung in Anlehnung an Goede et al. 2005 und Propfe et al. 2011

LEICHTBAU IN DER KAROSSERIE 1.2.2

Der Karosseriebau in der Automobilindustrie wird von den Fahrzeugherstellern als eine der Kernkompetenzen angesehen. Im Vergleich zu anderen Fahrzeugmodulen erbringen sie hier wesentliche Anteile der Wertschöpfung selbst. Hierunter zählen neben den erforderlichen Entwicklungsumfängen auch die geschlossene Prozesskette aus Formgebung der angelieferten Metalle im Presswerk, Karosseriebau im hochautomatisierten Rohbau sowie die daran anschließenden Lackiertätigkeiten.

Die Entwicklung von Fahrzeugkarosserien unterliegt zudem einer Vielzahl an zu erfüllenden Anforderungen und Restriktionen, wie beispielsweise unterschiedliche gesetzliche Sicherheitsanforderungen und Recyclingquoten in den Hauptabsatzmärkten, die Berücksichtigung und Funktionsgewährleistung unter wechselnden Umgebungsbedingungen im Fahrzeugbetrieb und der Balance zwischen Kosten und Gewicht (Frost & Sullivan 2011c). Um Leichtbaupotenziale im Karosseriebau ganzheitlich zu bewerten, müssen daher wesentliche Prinzipien und Stellhebel (Tab. IV.3) stets hinsichtlich technischer und wirtschaftlicher Vergleichskriterien bewertet werden, um einen bestmöglichen Kompromiss bezüglich Werkstoff, Konzept, Fertigung und Funktion zu erzielen (Kurek 2010).

Durch die Einführung elektrifizierter Fahrzeugkonzepte und die einhergehende veränderte Verteilung der Fahrzeugmasse sind weitere Anforderungen an die

Fahrzeugstruktur hinsichtlich Crashverhalten, Kostenreduktion und erhöhte Dämpfungsgewichtsaufwände zur Geräuschkompensation zu erwarten (Propfe et al. 2011). Werden hierfür bestehende Fahrzeugstrukturen für konventionelle Verbrennungsmotoren angepasst, wird dies als »conversion design« bezeichnet und von neu entwickelten Fahrzeugstrukturlösungen (»purpose design«) abgegrenzt. Letztlich wird unabhängig vom Fahrzeugkonzept auf bestehende Bauweisen von Fahrzeugstrukturen zurückgegriffen.

TAB. IV.3 WESENTLICHE PRINZIPIEN UND STELLHEBEL ZUR REALISIERUNG EINES GANZHEITLICHEN KAROSSERIELEICHTBAUS

Werkstoffleichtbau (Materialsubstitution)	Konzeptleichtbau
hochfeste Stähle höchstfeste Stähle Leichtmetalle (Aluminium, Magnesium, Titan) Kunststoffe Faserverbundwerkstoffe (CFK, GFK) hybride Bauteile (Metall-Kunststoff-Kombinationen etc.)	Reduktion der Teilezahl und Fügestellen Formgebung (Minimierung des Werkstoffeinsatzes) Topologieoptimierung innovative Rahmenstrukturen homogene Strukturverläufe größere Wirkquerschnitte (Verwindungssteifigkeit) optimierte Belastungspfade (Impulse, Schwingungen) lastgerechte Trägerverläufe Fokussierung auf Lastkollektive (Zug, Druck, Biegung, Torsion)
Fertigungsleichtbau	**Funktionsleichtbau**
innovative Fügetechnologien (Laserlöten und -schweißen, Kleben etc.) vereinfachte Walzprofile und Hydroforming Hohlstrukturen (Umformtechnik, Gießverfahren) modularisierte Knotenkonzepte (Plattformstrategien/Modularisierungen) optimierte Beschichtungsverfahren digitale Werkstoffabsicherung	Lebensdauer (Korrosion, Wärmedruckbeständigkeit, Temperaturwechsel, Langzeitbelastungen etc.) Beherrschbarkeit von Reparaturen Akustik (Schwingungsverhalten, Vibrationen etc.) Energieaufnahmefähigkeit (Impulse, Crashverhalten etc.) Aerodynamik Einschätzbarkeit des Fahrverhaltens (aktive Fahrzeugsicherheit)

Quelle: Kurek 2010, ergänzt durch Goede et al. 2005 und UBA 2006

Die zentralen Entscheidungskriterien für die Bauweise von Fahrzeugstrukturen sind neben den Stückzahlkosten, die maßgeblich vom Produktionsvolumen abhängen (Durst 2008), auch in der bestehenden Infrastruktur der Automobilwerke zu finden. In der automobilen Großserienproduktion (mehr als 100.000 Fahrzeuge pro Jahr) findet bis heute mehrheitlich die stahlintensive Bauweise Verwendung (Durst 2008), in der möglichst stoffreine Stahlmodule an wenigen einfach zu beherrschenden Schnittstellen miteinander verbunden werden (Propfe et al. 2011). Zusätzlich besteht in der Aluminium-Space-Frame-Bauweise, in der mittels Druckgussknoten Strangpressprofile verbunden werden, eine Alternative für Mittelserien (10.000 bis 50.000 Fahrzeuge pro Jahr) in Aluminiumvollbauweise (NRC 2010). Durch den singulären Einsatz von Aluminium können über 40 % Gewicht gegenüber einer vergleichbaren Stahlkarosse eingespart werden (Prien 2009). Für Kleinserien (unter 10.000 Fahrzeuge pro Jahr) im Sportwagensegment nehmen selbsttragende CFK-Karossen in einschaliger Bauweise (Monocoque) eine Sonderrolle ein, da sie aufgrund der geringen Stückzahl eine wirtschaftliche und technisch attraktive Leichtbauweise darstellen. Aktuell besteht ein beachtenswerter Ansatz der BMW AG darin, mittels der Submarke BMW i außerhalb des bestehenden Produktportfolios Erfahrungen mit der CFK-Monocoque-Bauweise in Mittelserie zu sammeln (Kurek 2010).

Eine innovative und aus wirtschaftlicher Sicht erfolgversprechende Leichtbauweise stellt das Multimaterialdesign dar. Hierbei werden Werkstoffe hinsichtlich des Gewichtseinsparpotenzials, den technischen Materialeigenschaften und den für die Stückzahl angestrebten Fertigungsverfahren an der jeweils passenden Stelle in der Fahrzeugstruktur eingesetzt und mittels einer Vielzahl an neuartigen Klebe- und Fügeverfahren miteinander verbunden (Propfe et al. 2011). Im Vergleich zu einer baugleichen Stahlreferenzstruktur konnte somit unter Einsatz der Mischbauweise mittels hochfester Stähle, Aluminium, Magnesium und CFK das Karosseriegewicht um 35 % (absolut: 100 kg) reduziert werden, wobei Mehrkosten von 8 Euro je eingespartes kg anfallen (Automobilindustrie 2010, S. 70). Das Multimaterialdesign ermöglicht somit neben konventionellen auch neuartigen Werkstoffen neue Einsatzbereiche.

NEUE WERKSTOFFE 1.2.3

Im Werkstoffleichtbau stellt der Vergleich und die Bewertung verschiedener Werkstoffkonzepte auf Einzelbauteilebene hinsichtlich mechanischer, physikalischer und ökonomischer Kennwerte eine standardisierte Vorgehensweise dar (Durst 2008). Rückschlüsse hieraus lassen nur sehr eingeschränkte Aussagen über allgemeingültige Vorteilhaftigkeiten zur Substitution der konkurrierenden Leichtbauwerkstoffe untereinander hinsichtlich Gewicht und Kosten zu. Es muss hierbei bedacht werden, dass in Abhängigkeit des eingesetzten Werkstoffs Materialeinsatz und Bauteilgeometrie angepasst werden müssen und sich somit das Design des Leichtbauwerkstücks signifikant vom ursprünglichen Werkstück oder von alternativen Leichtbauwerkstücken unterscheiden kann. Treiber dieser notwendigen Anpassungen liegen einerseits in den werkstoffspezifischen Fertigungsverfahren und andererseits in den Werkstoffeigenschaften, die auf den Einsatzzweck und zur Gewährleistung identischer mechanischer Bauteileigenschaften abgestimmt werden müssen. Darüber hinaus besteht durch die großen Gestaltungsfreiheiten bei Faserverbundwerkstoffen auch die Möglichkeit, mittels der Integralbauweise mehrere konventionelle Bauteile durch ein Leichtbauteil zu substituieren. Somit kann bei einer gesamten Kostenbetrachtung trotz höherer Stückgutkosten unter Umständen die CFK-Integralbauweise kostengünstiger als eine konventionelle Metallbauweise sein, da zusätzliche Kostenreduktionen in der Fertigung und Lagerung und entfallende Aufwände für die Verbindung der konventionellen Bauteile in die Betrachtung mit einbezogen werden müssen (Durst 2008).

ABB. IV.3 QUALITATIVER ZUSAMMENHANG ZWISCHEN STÜCKZAHL UND BAUTEILKOSTEN BEI VERSCHIEDENEN WERKSTOFFKONZEPTEN

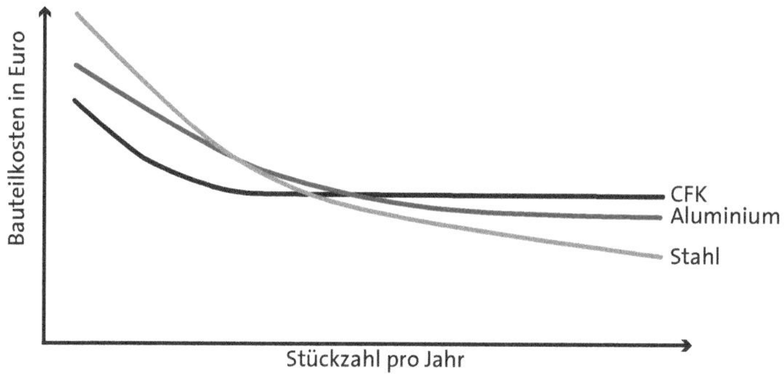

Quelle: Goede et al. 2005

Der qualitative Vergleich in Abbildung IV.3 berücksichtigt neben den zuvor erwähnten Effekten auch die unterschiedlichen Kostenstrukturen hinsichtlich Werkstoff- und Fertigungskosten in Abhängigkeit der zu produzierenden Stückzahl. Die Kostenstruktur von Metallbauteilen charakterisiert sich durch hohe Fixkosten (Werkzeuginvestitionen) und geringe variable Werkstoff- und Fertigungskosten. Im Gegensatz hierzu stehen bei CFK-Faserverbundwerkstoffen vergleichsweise niedrigere Werkzeuginvestitionen und hohe variable Kosten gegenüber. Der große Einfluss der höheren Werkstoff- und Fertigungskosten der CFK-Faserverbundwerkstoffe bei steigenden Stückzahlen zeigt auf, dass Prozessverbesserungen in den CFK-Herstellungsverfahren für den Einsatz in der automobilen Mittel- und Großserie künftig von entscheidender Bedeutung sind.

Eine aktuelle McKinsey-Studie geht von einer Zunahme des Jahresumsatzes von Leichtbauteilen in der Automobilindustrie von derzeit 70 Mrd. Euro auf bis zu 300 Mrd. Euro im Jahr 2030 aus. Im gleichen Zeitraum wird der Anteil von Leichtbauteilen im Fahrzeug von derzeit 30 auf 70 % steigen (McKinsey 2012).

Stahl kommt auch 2030 mit circa 40 % für den Hauptanteil an Leichtbaumaterialien auf (Trechow 2012). Durch die fortschreitende Entwicklung von zunehmend hoch- und höherfesten Stahlsorten wird die Verwendung dünnerer Wanddicken und somit leichterer Bleche ermöglicht, was zu einer Substitution herkömmlicher Stähle führen wird. Für Karosserien der Kompakt- und Mittelklasse besteht durch Einsatz neuer Stahlsorten schon heute ein Gewichtseinsparpotenzial von bis zu 35 % bei Mehrkosten von circa 2 Euro je eingespartes kg (Kämpfer 2011).

Der zunehmende Einsatz von Aluminium wird außer aus Gewichtsgründen auch in Bereichen vorangetrieben, in denen aus fertigungstechnischen Gründen keine Wandstärkenreduzierung für Stahlbleche realisiert werden kann (Goede et al. 2005). Bereits heute besteht in der Nutzung von konventionellen und neuen Aluminiumlegierungen ein Gewichtseinsparpotenzial von bis zu 40 %, verglichen mit Referenzfahrzeugen aus Stahl auf dem neuesten Stand der Technik (Automobilindustrie 2010, S. 76). Derzeit ist von Mehrkosten von circa 10 bis 12 Euro je eingespartes kg auszugehen (Kämpfer 2011). 2030 wird Aluminium noch circa 40 % teurer als Stahl sein (Trechow 2012).

Carbonfaserverstärkte Kunststoffe finden bisher in der automobilen Großserie keine Verbreitung, werden aber aufgrund ihrer herausragenden Materialeigenschaften und hohen Gewichtseinsparpotenziale gegenüber Stahl (bis zu 50 %) und gegenüber Aluminium (bis zu 30 %) zunehmend wichtiger (Goede et al. 2005). Aktuell betragen bei diesem Leichtbauwerkstoff die Mehrkosten circa 50 Euro je eingespartes kg. Bis 2030 ist langfristig von einer 70%igen Kostensenkung auszugehen, wodurch die Mehrkosten auf circa 15 bis 20 Euro je eingespartes kg reduziert werden könnten (McKinsey 2012). Dennoch ist trotz Verbesserungspotenzialen in der Konstruktion und Fertigung von CFK-Verbundwerkstoffen der massenhafte Einsatz in der Großserie in den nächsten 20 Jahren eher unwahrscheinlich, weshalb Automobilhersteller den Einsatz auf spezielle Modelle in Luxusfahrzeugen und hochwertigen Elektrofahrzeugen beschränken werden (Trechow 2012). Hemmnisse bestehen darüber hinaus in der Inspektion und Schadensdetektion sowie der Reparatur und dem Recycling (Automobil Industrie 2010 S. 47; Henning/Moeller 2011, S. 1203; Durst 2008).

Wachstumspotenziale bestehen ferner für Hybridbauteile, wie beispielsweise Metall-Kunststoff-Verbünde mit hohen Aluminium- und Magnesiumanteilen sowie einem kleinen Anteil an CFK. Hierbei werden strukturfestigende Kunststoffverbindungen mit dünnwändigen Stählen kombiniert. Des Weiteren wird von einem Wachstum im Bereich der Kunststoffe und glasfaserverstärkten Verbundwerkstoffe ausgegangen (McKinsey 2012), letztere spielen im Karosseriebereich allerdings eine untergeordnete Rolle, da sie aufgrund ihrer mechanischen Eigenschaften nur bedingt für tragende Aufbauten und Bauteile infrage kommen (Kurek 2010; Durst 2008).

In Abhängigkeit der Fahrzeugklasse könnten somit im Jahre 2030 unterschiedliche Leichtbaumaterialmixe rentabel sein (McKinsey 2012):

› Bei Kleinwagen und in der Kompakt- und Mittelklasse ist bei einer Gewichtsreduktion von circa 250 kg von einem kostengünstigen Materialmix aus hochfesten Stählen (48 %), konventionellem Stahl (15 %) und circa 10 % Aluminium und Kunststoff auszugehen. Die Mehrkosten liegen hierbei bei circa 3 Euro je eingespartes kg (Trechow 2012).

- In der Oberklasse ist von einer Gewichtsersparnis von 420 kg auszugehen, bei durchschnittlichen Mehrkosten von 4 Euro/kg. Vereinzelt können auch Kosten von 5 bis 14 Euro pro kg Gewichtsabnahme, beispielsweise für hybride Bauteile, gerechtfertigt sein (McKinsey 2012).
- Lediglich im Luxussegment und bei hochwertigen Elektrofahrzeugen ist wegen der großen Gewichtseinsparung von circa 500 kg von einem hohen Anteil an CFK (50 %), Leichtmetallen und hochfesten Stählen (40 %) sowie konventionellem Stahl (circa 10 %) auszugehen (Trechow 2012). Da durch den Einsatz von CFK auch Image und Designaspekte vermittelt werden sollen, wird den Mehrkosten eine geringere Bedeutung zugewiesen, wodurch selbst Kosten von 15 bis 20 Euro je eingespartes kg keine Hindernisse darstellen sollten (McKinsey 2012).

Tabelle IV.4 gibt einen Überblick über die Einführung und Einsatzfelder von Leichtbauwerkstoffen im Automobilbau in den kommenden 20 Jahren.

ZUKÜNFTIGE CFK-HERSTELLUNGS- UND FERTIGUNGSVERFAHREN

Derzeit gängige Verfahren zur Herstellung von carbonfaserverstärktem Kunststoff sind aufgrund ihrer langen Prozesszykluszeiten und Kostenintensität auf Klein- und Mittelserien begrenzt (Durst 2008). Der Vergleich der Kostenstruktur von einfachen und komplexen CFK-Bauteilen im Automobilbereich weist einen Anteil von 65 bis 75 % für Fertigungs- und Werkzeugkosten aus, wohingegen die Kosten für die Ausgangsprodukte (Rohfaser und Harz) nur bei 15 bis 25 % liegen (Frost & Sullivan 2011a). Der größte Stellhebel zur wirtschaftlichen Herstellung von CFK-Leichtbauteilen liegt daher im Bereich moderner Fertigungsverfahren.

Heutzutage wird ein Großteil der Teile noch in händischer Kleinserienarbeit gefertigt. Ein Hemmnis, das die Entwicklung hochautomatisierter Fertigungsverfahren erschwert, besteht in den vielfältigen Gestaltungsmöglichkeiten des Faseraufbaus, welche anwendungsabhängige Fertigungsvariabilitäten erfordern (Propfe et al. 2011). Ein weiterer Nachteil liegt in den uneinheitlichen Strategien der Fahrzeughersteller im Umgang und den Einsatzfeldern von CFK-Verbundwerkstoffen. Einem gezielten lokalen Einsatz in einer Multimaterialstruktur (Durst 2008) steht beispielsweise der großflächige Einsatz von CFK bei der BMW Submarke BMW i gegenüber (Propfe et al. 2011).

TAB. IV.4 ZEITLEISTE FÜR DIE EINFÜHRUNG VON LEICHTBAUMATERIALIEN IN DIE AUTOMOBILE MITTEL- UND GROSSSERIE (2010–2030)

	2010 2015	2020	2025 2030
hochfeste und höchstfeste Stähle	*Karosserie*: Anbauteile, B-Säule, Unterboden, Türrahmen, Motoraufhängung, Längsträger, Querstreben, lokale Karosserieverstärkungen, Stoßstangenträger, Schweller *Fahrwerk*: Radaufhängungen, Verstärkungen *andere*: Felgen	vermehrter Einsatz von höchstfesten Stählen in den identischen Anwendungsbereichen	insgesamt geringere Prozentanteile von Stahl am Fahrzeuggewicht, spezifische Eigenschaften neuer Stahlvarianten erlauben Einsatz verbesserter Formfertigungsverfahren und ermöglichen die Anwendung komplexerer Bauteilgeometrien *Karosserie*: Anbauteile
Aluminium	*Karosserie*: Dach, Kofferraumdeckel, Stoßstangenträger, Motorhauben *Fahrwerk*: Vorderachsträger, Achsaufhängungen, Hinterradaufhängung, Lenkgestänge *Antriebssystem*: Antriebsstrangkomponenten, Zylinderblock, Kurbelwellengehäuse *Elektrik*: Kabelstrang	Karosserie: Türen, Kotflügel, Heckklappen, Radabdeckung, diverse Anbauteile	insgesamt höhere Prozentanteile am Fahrzeuggewicht, weitere Anwendungen in Abhängigkeit der Materialkosten *Karosserie*: Motorraum, Motorverkleidung
Magnesium	*Karosserie*: Verstärkungsstreben und -träger, energieabsorbierende crashrelevante Struktur-komponenten *Antriebssystem*: Komponenten des Ansaugsystems *Interieur*: Sitzbestandteile, Instrumentenanzeige, Cockpitbestandteile *Andere*: Felgen	*Karosserie*: Innenteile im Bereich der Seitentüren *Antriebssystem*: Motorblock	insgesamt geringe zusätzliche Anwendungsbereiche *Antriebssystem*: Getriebebauteile (voraussichtlich)

	2010	2015 2020	2025 2030
Kunststoffe, Faserverbundwerkstoffe	*Karosserie*: Kofferraumdeckel, Seitenspiegelgehäuse, Anbauteileaufhängung, Unterbodenverkleidung *Antriebssystem*: Abdeckungen und Verkleidungen, Komponenten des Ansaugsystems *Interieur*: Instrumentenanzeige, Cockpitbestandteile *andere*: Stoßfänger, Verkleidungen	*Karosserie*: Türen, Dach, Kotflügel, Unterboden, B- und C-Säule, Seitenaufprallschutz, Motoraufhängung *Interieur*: Verkleidungen, vibrations- und geräuschdämmende Anwendungen, Sitzbestandteile, Schalthebel *Antriebssystem*: Getriebetunnel, *andere*: Substitution von Glas durch Polycarbonate	insgesamt höhere Prozentanteile am Fahrzeuggewicht, neu entwickelte Materialien/Werkstoffe mit verbesserten Steifigkeitseigenschaften erlauben den Einsatz in strukturkritischen Anwendungsbereichen, Weiterentwicklung und erhöhter Einsatz von Metall-/Kunststoffhybriden

Quelle: NRC 2010, ergänzt durch Frost & Sullivan 2011a

Für eine Großserienproduktion ist daher die gesamte Prozesskette von der Herstellung der Rohfaser über die Vorfertigung der Halbzeuge (Gelege und Gewebe) mittels automatisierter Verfahren der Textiltechnik und Montagetechnik zu optimieren und gezielte Prozessverbesserungen bei den Fertigungsprozessen für automobile CFK-Bauteile zu erschließen (Durst 2008). Die gängigsten Fertigungsprozesse lassen sich in Handlaminierungsverfahren und Harztransferverfahren, bei denen die Fasern automatisiert mit dem Harzmatrixwerkstoff infiltriert werden, unterscheiden. Weitere Differenzierungsmerkmale bestehen beispielsweise in den Druckverhältnissen während der Infiltration oder der Eignung zur Kombination mit unterschiedlichen Faserhalbzeugen (Frost & Sullivan 2011a). Vorteile der Prepregtechnologie, in der vorimprägnierte Fasern gekühlt angeliefert werden, liegen beispielsweise in den herausragenden mechanischen Eigenschaften der resultierenden Bauteile (Henning/Moeller 2011), wohingegen die Preformtechnologie eine fasergerechte und fertigungsoptimierte Bauweise zur optimalen Ausnutzung der Fasereigenschaften garantiert (Durst 2008). Tabelle IV.5 fasst die wichtigsten Verfahren in einer Übersicht zusammen.

MARKTSITUATION IM BEREICH CARBONFASERVERSTÄRKTER KUNSTSTOFFE

Die erhöhte Nachfrage nach Leichtbaupotenzialen von carbonfaserverstärkten Kunststoffen im Flugzeugbau, der Windenergie, der Automobilindustrie und der Freizeitartikelherstellung führt zu einer stärkeren Positionierung der Marktteilnehmer, sodass derzeit viele Verschiebungen und Neukonstellationen zu beobachten sind (Wilms et al. 2010). Derzeitige Schätzungen gehen alleine für die Automobilindustrie in den kommenden Jahren (bis 2017) von einem jährlichen Wachstum des CFK-Bedarfes von über 30 % an Umsatz und Volumen aus (Frost & Sullivan 2011a).

TAB. IV.5 ÜBERSICHT ÜBER FERTIGUNGSPROZESSE FÜR AUTOMOBILE CFK-BAUTEILE

Verfahren	Beschreibung	Merkmale	Produktionsvolumen	Werkzeugkosten	für Prepreg geeignet?	geeignet für Preform, gewobene Textilien und unterbrochene Fasern?
Faserwickeln	Karbonfaser wird entweder nass im Harz oder trocken auf eine Urform gerollt, nur geeignet für zylindrische oder sphärische Bauteile	hoch automatisiert und mit hoher Qualität hinsichtlich des Faserverlaufs reproduzierbar	> 1.000 Teile pro Jahr	gering	bedingt geeignet	sehr geeignet
Handlaminierverfahren	einfaches Herstellungsverfahren, ungetränkte Faserhalbzeuge werden in eine Kavität gelegt und Schicht für Schicht mit Harz imprägniert, drucklos bei Raumtemperatur	einfacher Prozess und Flexibilität der Form, Einsatz kaltaushärtender Harzsysteme, lange Zykluszeiten, komplexe Geometrien darstellbar, gute Eignung für kleine Stückzahlen, z.B. Prototypenbau	< 1.000 Teile pro Jahr	gering	geeignet	bedingt geeignet
Vakuumverfahren	Nutzung von Vakuum, um eingeschlossene Luft oder überschüssiges Harz zu vermeiden	nutzbar für komplexe Geometrien, limitiert bei der Produktion größerer Bauteile	< 1.500 Teile pro Jahr	gering	sehr geeignet	bedingt geeignet

Autoklav-verfahren	Variation des Vakuum-verfahrens durch Einsatz von hohen Temperaturen und Drücken in einem abgeschlossenen Druckbehälter	hohe Präzision in der Herstellung, limitiert bei der Produktion größerer Bauteile, hoher manueller Aufwand, lange Zykluszeiten	< 1.500 Teile pro Jahr	hoch	sehr geeignet	bedingt geeignet
RTM-Verfahren (Harzinjektion)	trockene Halbzeuge werden in ein Werkzeug eingelegt und geschlossen unter Überdruck mit Kunstharz gefüllt	kürzere/mittlere Zykluszeiten, auch komplexe Geometrien exakt darstellbar, hohe Faservolumenanteile nur bedingt erreichbar, beidseitig sehr gute Oberflächengüte, automatisierbare Fertigung	> 2.000 Teile pro Jahr	mittel/hoch	nicht geeignet	sehr geeignet
Formpress-verfahren	Halbzeuge werden in eine aufgeheizte Negativform eingebracht und durch den Druck eines Kolbens (Gummi- oder Metallstempel) in die vom Werkzeug vorgegebene Form gebracht, der Kunststoff ausgehärtet oder geschmolzen und im Anschluss erkaltet	exzellente Produktionsgenauigkeit und Qualität, hochwertigste Oberflächen, minimale Endbearbeitungskosten, exakte Bauteilgeometrien darstellbar, automatisierbare Fertigung	> 10.000 Teile pro Jahr	hoch	nicht geeignet	sehr geeignet

Quelle: Frost & Sullivan 2011a, S. 28, ergänzt durch Durst 2008, Henning/Moeller 2011 und Goede et al. 2005

Der heterogenen Kundenseite steht eine geringe Anzahl an Carbonfaserherstellern gegenüber, was als Hightechmarkt mit Oligopolstruktur bezeichnet werden kann (SGL 2012). In der Automobilindustrie decken bereits heute die fünf größten Carbonfaserhersteller über 93,5 % des gesamten automobilen Marktvolumens ab (Frost & Sullivan 2011a). Industrieübergreifend stellen die Triade-Märkte (NAFTA, EU und Japan) zugleich die wichtigsten Absatzmärkte als auch die Regionen mit den höchsten Produktionskapazitäten dar. Diese verteilen sich zu 35 % auf Europa, 28 % auf Japan, 25 % auf den NAFTA-Raum und zu 12 % auf den Rest der Welt (Frost & Sullivan 2011a).

In Tabelle IV.6 sind die strategischen Allianzen der größten Carbonfaserhersteller dargestellt. Hieraus wird ersichtlich, dass insbesondere Unternehmen aus der Luftfahrtindustrie ein strategisches Interesse daran haben, durch langfristige Abkommen die Belieferung ihres Bedarfes an Carbonfasern und Carbonfaserhalbzeugen abzusichern. Automobilhersteller und Automobilzulieferer bauen verstärkt strategische Entwicklungspartnerschaften und Joint Ventures zur Fertigung von CFK-Bauteilen auf, um gezielt einen Wissenstransfer herzustellen und Entwicklungs-Know-how zu generieren. Neben der Sicherung des Rohstoffzugangs und der Absicherung gegen Preisschwankungen (Frost & Sullivan 2011a) besteht ein weiteres Interesse darin, die Gefahr möglicher Wettbewerbsnachteile bei künftigen Entwicklungen zu minimieren und somit die Konkurrenzfähigkeit zu sichern. Ziel des Joint Ventures zwischen der BMW AG und der SGL AG ist beispielsweise die Herstellung von CFK-Bauteilen zur vollständigen Kompensation des Batteriemehrgewichts für den BMW i3. Hierbei soll einerseits der Einsatz von CFK in der Mittelserienfertigung ermöglicht werden und andererseits die gesamte Prozesskette vom Ausgangsprodukt von Carbonfasern, der PAN-Precursor (oder Polyacrylnitrilausgangsfäden), die aus einer weiteren horizontalen strategischen Allianz mit Mitsubishi Rayon bezogen wird, bis hin zum CFK-Bauteil abgedeckt werden. Erklärtes Ziel ist neben der Sicherung des Zugangs zu Rohstoffen auch die Beschleunigung der Innovationsprozesse, was durch einen engen Austausch entlang der Prozesskette garantiert werden soll (SGL 2012, Wilms et al. 2010). Ähnliche Joint Ventures bestehen neben der Daimler AG und Toray Industries auch seit 2011 zwischen der Audi AG und der Voith GmbH. Diese strategische Entwicklungspartnerschaft hat sich zum Ziel gesetzt, einen automatisierten großserientauglichen CFK-Fertigungsprozess zu entwickeln (Audi AG 2011).

Aus Sicht der Carbonfaserhersteller sind unterschiedliche Strategien zu erkennen. Während die SGL AG versucht, über Joint Ventures ein umfassendes, aber überwiegend auf Europa beschränktes Kooperationsnetzwerk aufzubauen, sichern sich insbesondere die drei großen japanischen Hersteller seit längerer Zeit über Tochterunternehmen den Zugang zum europäischen und amerikanischen Markt und verfolgen erst seit Kurzem andere Kooperationsformen, welche über reine Lieferabkommen hinausgehen (Wilms et al. 2010). Die strategische Kooperationen nutzen die Carbonfaserhersteller einerseits, um gezielt Tätigkeiten und Know-how im Automobilbereich aufzubauen, und andererseits, um frühzeitig potenzielle Großabnehmer an sich zu binden.

TAB. IV.6 PRODUKTIONSKAPAZITÄTEN UND STRATEGISCHE ALLIANZEN DER CARBONFASERHERSTELLER

Hersteller	Sitz	Produktionskapazität 2012 in t	Partner	Gründungsjahr	Branche	Beschreibung	Typ
Toray Industries, Inc.	Tokio, Japan	18.000	Daimler AG	2010	Automobilindustrie	strategische FuE-Kooperation	vertikal
			EADS N.V.	2010	Luftfahrtindustrie	langfristiges strategisches Lieferabkommen (bis 2025)	vertikal
			Daimler AG	2012	Automobilindustrie	Joint Venture: Herstellung von CFK mit Kurzzeit-RTM	vertikal
Toho Tenax Co., Ltd.	Tokio, Japan	13.500	Henkel AG & Co. KGaA	seit mehreren Jahren	Konsumgüter	strategische FuE-Kooperation für die Herstellung und Entwicklung von Prepregs, Henkel liefert hierfür Spezialharze	vertikal
			EADS N.V.	seit 1989, 2008 und 2010 erneuert	Luftfahrtindustrie	langfristige strategische Lieferabkommen	vertikal
			Bombardier Aerospace Inc.	2010	Luftfahrtindustrie	langfristiges strategisches Lieferabkommen	vertikal
Zoltek Companies, Inc.	St. Louis, USA	12.000	Magna International Inc.	2012	Automobilindustrie	strategische FuE-Kooperation für Low-Cost-Kohlefasern	vertikal

Mitsubishi Rayon Co., Ltd.	Tokio, Japan	9.700	Cytec Industries Inc.	2009	Carbonfaserhersteller	strategische FuE-Kooperation	horizontal
			SGL CARBON SE	2010	Carbonfaserhersteller	Joint Venture: MRC-SGL Precursor Co.Ltd. Otake, Japan (Precursorbelieferung für SGL Automotive Carbon Fibers)	horizontal
Formosa Plastics Corporation	Taipei, Taiwan	8.500	–	–	–	–	–
SGL CARBON SE	Wiesbaden, Deutschland	7.350	Benteler Automobiltechnik AG	2007	Automobilindustrie	Joint Venture: Herstellung von Composite-Komponenten für die Automobilindustrie	vertikal
			BMW AG	2009	Automobilindustrie	»a. Joint Venture: SGL Automotive Carbon Fibers b. 15,72 % Beteiligung an SGL CARBON SE«	vertikal
			Brembo S.p.A	2009	Automobilindustrie	Joint Venture: Carbon Ceramic Brakes	vertikal
			Mitsubishi Rayon Co. Ltd.	2010	Carbonfaserhersteller	Joint Venture: MRC -SGL Precursor Co.Ltd. Otake, Japan (Precursorbelieferung für SGL Automotive Carbon)	horizontal
			Volkswagen AG	2011	Automobilindustrie	8,18 % Beteiligung an SGL Carbon SE	vertikal
			Fisipe Fibras Sintéticas de Portugal S.A.	2012	Carbonfaserhersteller	Übernahme (Low-Cost-Kohlefaserhersteller)	horizontal

Hexcel Corporation	Stamford, USA	7.000	–	–	–	–	–
Cytec Industries, Inc.	Woodland Park, USA	2.000	Mitsubishi Rayon Co. Ltd.	2009	Carbonfaserhersteller	strategische FuE-Kooperation	horizontal
			Lockheed Martin Corporation	2011	Luftfahrtindustrie	langfristiges strategisches Lieferabkommen bis 2020	vertikal
			Umeco plc	2012	Carbonfaserhersteller	Übernahme	horizontal

Quelle: Wilms et al. 2010, ergänzt durch SGL Carbon 2012, diverse Geschäftsberichte

Bleibt festzuhalten, dass der Einsatz von CFK-Leichtbauteilen in der automobilen Großserie in erster Linie von der Entwicklung effizienter und hochautomatisierter Fertigungstechniken abhängt. Kann dies realisiert werden, so können derartige Werkstoffe zukünftig eine große Bedeutung im Automobilbau einnehmen. Sie besitzen entsprechendes Potenzial zur Reduktion des Fahrzeuggewichts, was zukünftig eines der entscheidenden Entwicklungsparadigmen sein könnte. Vor dem Hintergrund dieser Entwicklung gehen Automobilhersteller und Automobilzulieferer, die bislang keine Kompetenz in der Entwicklung und Produktion solcher Bauteile haben, verstärkt strategische Entwicklungspartnerschaften und Joint Ventures zur Fertigung von CFK-Bauteilen mit Spezialisten ein. Hier können seitens der Automobilhersteller ähnliche Strategien wie im Bereich der Batterie beobachtet werden.

TECHNOLOGIESTRATEGIEN DER DEUTSCHEN AUTOMOBILZULIEFERER – ERGEBNISSE EINER PRIMÄRBEFRAGUNG 1.3

In der spezifisch für diesen Bericht durchgeführten Umfrage bei deutschen Automobilzulieferern wurden die teilnehmenden Betriebe gefragt, in welchem Umfang sie sich aktuell mit der Entwicklung alternativer Antriebs- und Fahrzeugkonzepte (AAF) auseinandersetzen und welche Bedeutung diese für ihr Unternehmen haben. Wie sich durchaus überraschenderweise zeigt, beschäftigt sich über die Hälfte der teilnehmenden Unternehmen (55 %) derzeit eher wenig oder gar nicht mit der Entwicklung entsprechender Komponenten für neue Antriebs- und Fahrzeugkonzepte (Abb. IV.4). Etwa ein Drittel beschäftigt sich in mittlerem Umfang mit diesen neuen Technologien und lediglich 14 % intensiv. Vor dem Hintergrund der hohen Bedeutung, die den alternativen Antriebs- und Fahrzeugkonzepten für die Mobilität der Zukunft spätestens ab dem Jahr 2020 eingeräumt wird, stellt sich hier die Frage, ob die passiven Automobilzulieferer hier nicht zu abwartend agieren und Mittel- und Langfristchancen möglicherweise verstreichen lassen.

Ein detaillierterer Blick in die Struktur der antwortenden Unternehmen zeigt, dass erwartungsgemäß kleine und mittlere Unternehmen (KMU) mit einem Anteil von etwa 60 % wenig oder gar nicht aktiver Betriebe hier besonders zurückhaltend sind. Allgemein sind KMU im Vergleich zu größeren Unternehmen bei technischen und organisatorischen Innovationen üblicherweise zu geringeren Anteilen aktiv. Auch wenig forschungsintensive Unternehmen mit einem FuE-Anteil von weniger als 2,5 % am Umsatz beschäftigen sich mit etwa zwei Dritteln der Unternehmen überdurchschnittlich wenig oder gar nicht mit der Entwicklung dieser neuen Technologien. Bei forschungsintensiven Betrieben mit 2,5 % und mehr FuE-Aufwendungen am Umsatz ist diese Quote mit etwa 45 bis

50 % signifikant geringer. Ebenfalls unterdurchschnittlich fällt die Beschäftigung mit neuen Antriebs- und Fahrzeugkonzepten bei Herstellern einfacher Produkte aus, die hier zu fast drei Vierteln derzeit noch wenig oder gar nicht agieren.

ABB. IV.4 INTENSITÄT DER AUSEINANDERSETZUNG VON AUTOMOBILZULIEFERERN MIT AAF

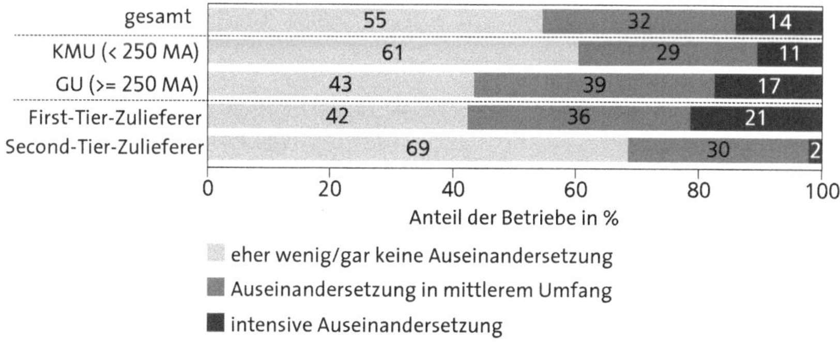

Quelle: Automobilzuliefererbefragung des Fraunhofer ISI (2011/2012)

Diese Phänomene könnten damit zusammenhängen, dass viele dieser Hersteller einfacher Produkte in der Wertschöpfungskette nicht die Automobilhersteller von der ersten Stufe der Zuliefererkette (»first tier«) aus direkt beliefern, sondern an zweiter oder noch weiter zurückreichender Stufe der Wertschöpfungskette stehen. Auch bei diesen sogenannten Second-Tier-Zulieferern[11] ist die Quote der Betriebe, die sich wenig oder gar nicht mit der Entwicklung neuer Antriebs- und Fahrzeugkonzepten beschäftigen, mit fast 70 % folgerichtig ähnlich hoch. Dies ist ein Indiz dafür, dass die Unternehmen der Automobilzulieferindustrie, je weiter sie in der Wertschöpfungskette von den Automobilherstellern an sich entfernt sind, sich umso weniger betroffen von der Entwicklung neuer Antriebs- und Fahrzeugkonzepte fühlen und demzufolge noch passiver agieren. Ob ihre Hoffnung, im Falle entsprechender neuer Entwicklungen von ihren direkten Kunden in der automobilen Wertschöpfungskette mitgenommen zu werden, berechtigt ist oder ob möglicherweise die Gefahr droht, dass sie bei entsprechenden Entwicklungen durch alternative Lieferanten aus gegebenenfalls anderen Branchensegmenten (z.B. Elektrochemie) ersetzt werden, kann fallweise durchaus unterschiedlich sein. Ganz kann dieses Gefahrenpotenzial jedoch nicht vermieden werden.

11 Im Folgenden umfasst der Begriff der Second-Tier-Zulieferer jeweils alle Automobilzulieferer der zweiten oder auch höheren Stufe der Automobilzulieferkette, die *nicht* vorrangig die Automobilhersteller (OEM) selbst beliefern (dies sind dann die First-Tier-Zulieferer).

SUBSTITUTIONSGEFAHR DURCH AAF 1.3.1

Eine Erklärung für das großteils doch passive Verhalten der befragten deutschen Automobilzulieferer könnte die Antwort auf die Frage liefern, wie sich die Entwicklung neuer Antriebs- und Fahrzeugkonzepte mittel- bis langfristig auf die Absatzmöglichkeiten der derzeitigen Produkte der befragten Unternehmen auswirken wird. Hier gibt die Mehrheit der befragten Automobilzulieferer (62 %) an, dass ihre Produkte zukünftig in unverändertem Umfang benötigt werden (Abb. IV.5).

ABB. IV.5 EINSCHÄTZUNG DER CHANCEN UND RISIKEN VON AUTOMOBILZULIEFERERN FÜR BESTEHENDE PRODUKTE DURCH AAF

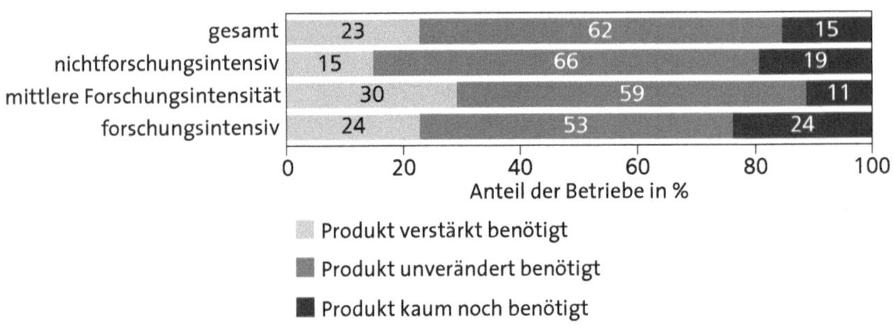

Quelle: Automobilzuliefererbefragung des Fraunhofer ISI (2011/2012)

Ein weiteres knappes Viertel gibt an, dass ihre Produkte in neuen Fahrzeuggenerationen mittel- bis langfristig sogar verstärkt benötigt werden. Lediglich 15 % der befragten Automobilzulieferer geben an, dass ihre derzeitigen Produkte für zukünftige Fahrzeuggenerationen in geringerem Umfang oder gar nicht mehr benötigt werden. Diese Einschätzung, wonach lediglich etwa jeder siebte deutsche Automobilzulieferer für seine Produkte in zukünftigen Fahrzeuggenerationen Substitutionsgefahren sieht, mag eine Erklärung für den hohen Anteil von Zulieferern sein, die sich derzeit noch nicht mit der Entwicklung neuer Antriebs- und Fahrzeugkonzepte auseinandersetzen. Die Passivität in der Auseinandersetzung mit den neuen technologischen Entwicklungen mag jedoch auch ein Grund dafür sein, die eigene Lage möglicherweise positiver einzuschätzen, als es angemessen wäre, da man die technologischen Auswirkungen der zukünftigen Antriebs- und Fahrzeugkonzepte auf die Zulieferkette nicht im Detail abschätzen kann. Vor diesem Hintergrund ist anzunehmen, dass der 15 %-Anteil der Automobilzulieferer, deren Produkte zukünftig in geringerem Umfang oder gar nicht für neue Fahrzeuggenerationen benötigt werden, eher eine untere Abschätzung des realen Anteils darstellt.

Ein detaillierter Blick in die Charakteristika der Unternehmen zeigt, dass der Anteil von Unternehmen, die durch neue Antriebs- und Fahrzeugkonzepte Substitutionsgefahren sehen, bei KMU und größeren Unternehmen in etwa gleich groß ist. Auch hinsichtlich der Produktkomplexität und der Stellung der Automobilzulieferer in der Wertschöpfungskette (»first tier« vs. »second tier«) zeigen sich keine signifikanten Unterschiede in der Einschätzung der Substitutionsgefahr der derzeitig angebotenen Produkte durch neue Antriebs- und Fahrzeugkonzepte.

Differenzierter stellt sich das Bild bei der Betrachtung der FuE-Intensität der Unternehmen dar. Hier sehen nichtforschungsintensive Unternehmen mit weniger als 2,5 % FuE-Aufwendungen am Umsatz mit 19 % eine etwas höhere Substitutionsgefahr als Betriebe mit einer mittleren FuE-Intensität zwischen 2,5 und 7 % (11 %). Überraschenderweise sehen auch Spitzentechnologieunternehmen mit einer FuE-Intensität von mehr als 7 % zu einem besonders hohen Anteil Substitutionsgefahren durch neue Antriebs- und Fahrzeugkonzepte (24 %). Dies mag darauf hindeuten, dass deutsche Automobilzulieferer im Hightechbereich bislang insbesondere bei traditionellen Antriebstechnologien innovativ tätig waren, die eine ausgeprägte Stärke des deutschen Innovationssystems darstellen. Inwiefern die eingeschätzte Bedrohung für diese Unternehmen real ist oder ob sie sich aufgrund ihrer Innovationsstärke gerade schneller als andere Unternehmen auch auf neue Antriebs- und Fahrzeugkonzepte einstellen können, ist derzeit noch schwer einzuschätzen.

INNOVATIONSANSTRENGUNGEN FÜR AAF 1.3.2

Bei der Frage, ob ihr Unternehmen derzeit Innovationsanstrengungen unternimmt, um neue Produkte zu entwickeln, die als Komponenten in neuen Antriebs- und Fahrzeugkonzepten Nachfrage finden könnten, stimmt die Hälfte der befragten Automobilzulieferer zu. Mehr als ein Viertel (27 %) der befragten Automobilzulieferer weist diesen Innovationsanstrengungen eine sehr große Bedeutung zu, 55 % eine mittlere Bedeutung und weniger als ein Fünftel (18 %) eine untergeordnete Bedeutung.

Die Quote der Unternehmen mit Innovationsanstrengungen in Richtung neue Fahrzeugkonzepte ist besonders hoch bei größeren Unternehmen (72 % im Gegensatz zu 37 % bei KMU) sowie bei forschungsintensiven Unternehmen mit 2,5 % und mehr FuE-Aufwendungen am Umsatz (ca. zwei Drittel im Gegensatz zu ca. einem Drittel bei nichtforschungsintensiven Unternehmen) (Abb. IV.6). Auch im Zusammenhang mit der Produktkomplexität lässt sich ein steigender Anteil feststellen, der von 43 % bei Herstellern einfacher Erzeugnisse über knapp 60 % bei Herstellern von Erzeugnissen mittlerer Komplexität bis hin zu über zwei Dritteln bei Herstellern komplexer Produkte reicht. Zudem sind First-Tier-Zulieferer mit knapp 60 % der Unternehmen mit entsprechenden Innovationsanstrengungen hier wiederum aktiver als Zulieferer auf den Wertschöpfungsstufen 2 und folgende (ca. 40 %). In diesen Differenzierungen spiegelt sich damit das bereits aus der ersten Frage nach der Intensität der Auseinandersetzung mit neuen Antriebs- und Fahrzeugkonzepten bekannte Bild wider.

ABB. IV.6 AUTOMOBILZULIEFERER MIT INNOVATIONSANSTRENGUNGEN IN RICHTUNG AAF

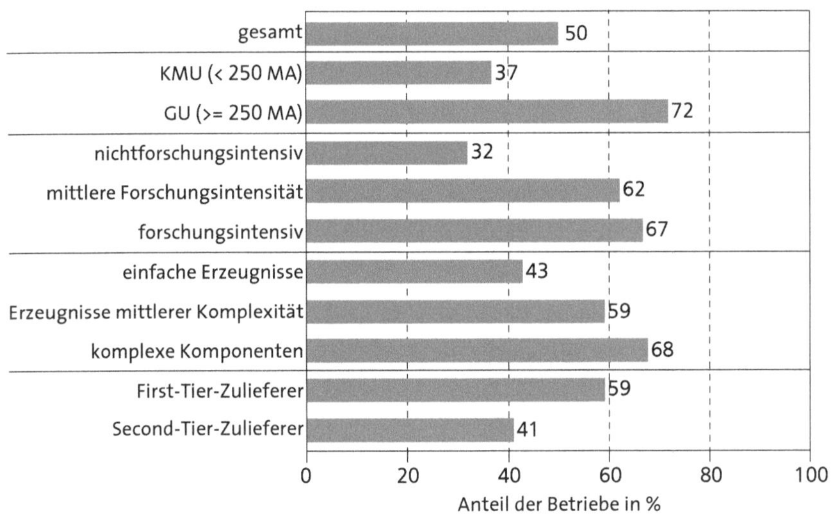

Quelle: Automobilzuliefererbefragung des Fraunhofer ISI (2011/2012)

Analysiert man die Angaben der befragten Automobilzulieferer, auf welche Komponente eines Automobils die bei ihnen in der Entwicklung befindlichen Zuliefererangebote zielen, so zeigt sich folgendes Bild (Abb. IV.7): Den ersten Rang nehmen Leichtbautechnologien, z.B. für die Karosserie oder das Fahrwerk ein, bei denen knapp die Hälfte der befragten Automobilzulieferer angibt, hier mit Innovationsanstrengungen aktiv zu sein. Dies unterstreicht die große Bedeutung von Leichtbautechnologien, die zukünftigen Fahrzeuggenerationen zukommen könnte, teilweise auch unabhängig davon, ob diese alternative oder konventionelle Antriebstechnologien aufweisen. An zweiter Stelle der Nennungen folgen mit 30 % der Angaben Entwicklungen im Antriebsstrang. Dies spiegelt die hohe Bedeutung der potenziellen Umwälzungen durch neue Antriebskonzepte für diesen Teil des Fahrzeugs wider. Entwicklungen von Batterietechnologien und Elektromotoren werden jeweils von knapp einem Fünftel der Unternehmen (19 %) gleichbedeutend an dritter Stelle der Innovationsanstrengungen genannt. Dies zeigt, dass ein beachtlicher Teil der deutschen Automobilzulieferer derzeit

Anstrengungen unternimmt, um bei diesen im Wertschöpfungsanteil für zukünftige alternative Fahrzeuggenerationen besonders relevanten Technologien mit entsprechenden Komponenten mit am Ball zu sein. Der Anteil entspricht etwa 10 % aller deutschen Automobilzulieferer (ein Fünftel der 50 % Unternehmen mit entsprechenden Innovationsanstrengungen), was ein nicht zu unterschätzendes Aktivitäts- und Innovationspotenzial in dieser Richtung darstellt.

ABB. IV.7 DERZEITIGE ENTWICKLUNGSBEREICHE DER ZULIEFERER MIT INNOVATIONSANSTRENGUNGEN FÜR NEUE AAF

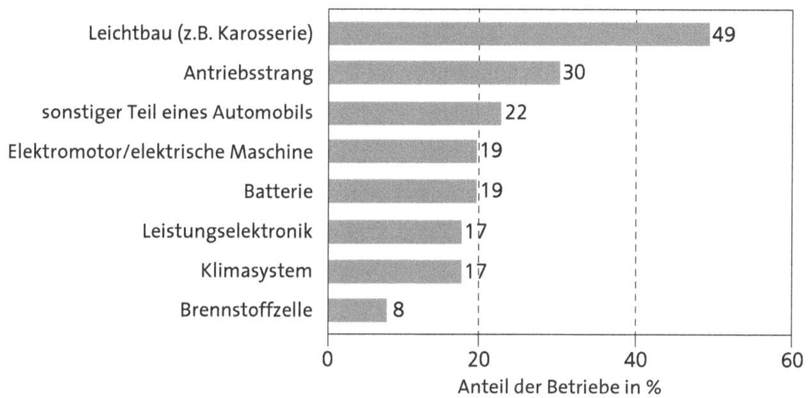

Quelle: Automobilzuliefererbefragung des Fraunhofer ISI (2011/2012)

Gleichauf und nur mit minimalem Abstand an fünfter und sechster Stelle folgen Komponenten für die Leistungselektronik und das Klimasystem, auf die jeweils auch knapp ein Fünftel (17 %) der Innovationsanstrengungen der hier aktiven Automobilzulieferer zielt. Auch hier sind also insgesamt etwa 10 % der deutschen Automobilzulieferer aktiv, was in der Breite nicht unerhebliche Innovationsanstrengungen in diese zukünftig für alternative Fahrzeuggenerationen wichtiger werdenden Bereiche signalisiert. Mit einigem Abstand an achter Stelle der Nennungen folgen mit knapp einem Zehntel der hier aktiven Betriebe (8 %) Innovationsanstrengungen für Brennstoffzellentechnologien. Doch auch hier zeigt das Niveau der insgesamt 5 % der hier aktiven deutschen Automobilzulieferer, dass diese Technologie für zukünftige Antriebs- und Fahrzeugkonzepte noch keinesfalls ad acta gelegt ist.

Bei der Frage, mit welchen Partnern das Unternehmen im Rahmen dieser Innovationsanstrengungen zusammenarbeitet, nennen die meisten der befragten Automobilzulieferer mit Innovationsanstrengungen in Richtung neue Antriebs- und Fahrzeugkonzepte die Automobilhersteller (OEM) selbst als bevorzugte Innovationspartner (65 %). An zweiter und dritter Stelle folgen nahezu gleichauf Partnerschaften mit anderen Automobilzulieferern (54 %) sowie mit Forschungseinrichtungen (51 %). Deutlich abgeschlagen und von geringerer Bedeutung sind Partnerschaften mit anderen Partnern oder Unternehmen aus anderen Branchen mit jeweils etwa 15 bis 20 % der Nennungen.

Von den Unternehmen, die derzeit Innovationsanstrengungen in Richtung neuer Antriebs- und Fahrzeugkonzepte vorantreiben, gibt ein erstaunlicher Anteil von 50 % an, bereits entsprechende Produkte auf dem Markt zu haben, die bereits in Kleinserien- oder Serienproduktion hergestellt werden. Weitere 31 % geben an, bereits entsprechende Produkte auf dem Markt zu haben, aber noch nicht in Serienproduktion herzustellen. Lediglich ein Fünftel der Unternehmen mit entsprechenden Innovationsanstrengungen (19 %) hat noch keine entsprechenden Produkte auf dem Markt (Abb. IV.8).

ABB. IV.8 DERZEITIGE PRODUKTION VON KOMPONENTEN FÜR NEUE AAF VON ZULIEFERERN MIT INNOVATIONSANSTRENGUNGEN

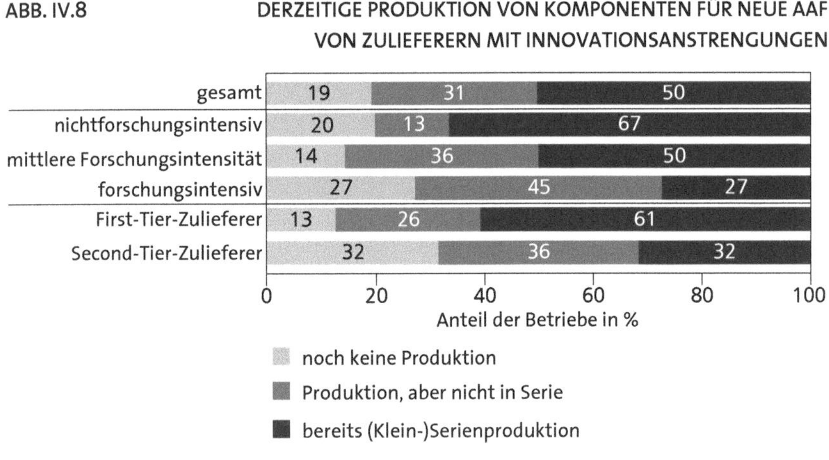

Quelle: Automobilzuliefererbefragung des Fraunhofer ISI (2011/2012)

Bei einer vertiefenden Analyse der Charakteristika der anbietenden Betriebe zeigt sich wenig überraschend, dass größere Unternehmen zu knapp zwei Dritteln hier einen signifikant höheren Anteil von Unternehmen mit bereits bestehender (Klein-)Serienproduktion ausweisen als KMU (30 %). Ebenso wenig überraschend ist der mit etwa 60 % signifikant höhere Anteil der First-Tier-Zulieferer im Vergleich zu knapp einem Drittel bei Zulieferern der zweiten Stufe und folgende. Hier spiegelt sich die größere Nähe zum direkten Endabnehmer der neuen Antriebskonzepte wider, die zunehmend bereits erste Kleinserien vorantreiben und fertigen, vor allem bei Hybridfahrzeugen. Etwas überraschend ist hier das unterdurchschnittliche Niveau von besonders forschungsintensiven Betrieben mit

7 % und mehr FuE-Quote, die lediglich zu etwa einem Viertel bereits Kleinserienproduktion bei diesen neuen Technologien aufweisen. Die entsprechende Quote bei nichtforschungsintensiven Unternehmen mit weniger als 2,5 % FuE-Aufwendungen am Umsatz liegt dagegen bei etwa zwei Drittel. Diese Unterschiede liegen explizit nicht an der hergestellten Produktkomplexität, nach der sich kaum signifikante Unterschiede im Anteil der (Klein-)Serienproduktion der neuen Technologien zeigen. Vor diesem Hintergrund ist wiederum zu vermuten, dass insbesondere Spitzentechnologieunternehmen im Bereich traditioneller Antriebs- und Fahrzeugkonzepte stark aufgestellt sind und bei neuen Antriebskonzepten gegebenenfalls noch zurückhaltend agieren. Ob ihre Innovationskraft ausreicht, gegebenenfalls schneller als andere Unternehmen Entwicklungen für die entsprechenden neuen Technologien voranzutreiben und marktreif zu machen, ist eine wichtige Frage für die Zukunftsfähigkeit der deutschen Automobilzulieferindustrie im Spitzentechnologiesegment.

Von den Unternehmen mit Innovationsanstrengungen in Richtung neue Antriebs- und Fahrzeugkonzepte planen fast 90 % die Einführung neuer bzw. weiterer Produkte für diese Fahrzeuggenerationen. Etwa 40 % planen die Einführung solcher Produkte oder Komponenten kurzfristig bis spätestens 2013, weitere gut 50 % mittelfristig bis spätestens 2017. Lediglich etwa 8 % der Betriebe haben hier einen längerfristigen Einführungshorizont nach 2017 im Visier.

ALLOKATION GEPLANTER FUE-KAPAZITÄTEN NACH INNOVATIONEN IN RICHTUNG NEUER ANTRIEBS- UND FAHRZEUGKONZEPTE 1.3.3

Weitere Konturen erhält dieses Bild, wenn man danach differenziert, in welchem Umfang Betriebe, die Innovationsanstrengungen in Richtung neuer Antriebs- und Fahrzeugkonzepte unternehmen, hier aktiv sind. Insgesamt geben knapp drei Fünftel (58 %) der befragten Automobilzulieferer an, zukünftig mit Perspektive bis zum Jahr 2020 eine Erweiterung ihrer FuE-Kapazitäten zu planen. Diese Quote ist bei Betrieben mit Innovationsanstrengungen in Richtung neuer Antriebs- und Fahrzeugkonzepte mit drei Viertel deutlich höher als bei Unternehmen ohne derartige Innovationsanstrengungen (42 %). Dies zeigt zum einen, dass gerade Unternehmen, die mit Innovationen bei neuen Antriebs- und Fahrzeugkonzepten zukünftige Absatzchancen generieren wollen, es dafür für wichtig erachten, ihre FuE-Ressourcen auszubauen. Zum anderen zeigt sich aber auch ein allgemeiner Trend zum Ausbau der FuE-Kapazitäten bei Automobilzulieferern, der für nachhaltig positive Absatz- und Wachstumserwartungen in der Branche spricht.

Zulieferunternehmen mit Innovationsanstrengungen in Richtung neue Antriebs- und Fahrzeugkonzepte planen nun zu drei Vierteln zwar deutlich seltener den Ausbau von FuE-Kapazitäten in Deutschland als hier nicht innovativ werdende

Betriebe (94 %). Doch ist dies auch für die in dieser Richtung innovativen Betriebe immer noch mit deutlichem Abstand der Hauptstandort für den Ausbau der FuE-Aktivitäten. Überdurchschnittlich aktiv sind die Unternehmen mit entsprechenden Innovationsanstrengungen gegenüber hier nichtinnovativen Betrieben aber bei der Planung von FuE-Kapazitäten in China (33 % vs. 18 %) sowie in Indien (21 % vs. 6 %), mit Abstrichen auch in Osteuropa (15 % vs. 6 %) und Russland (6 % vs. 0 %) (Abb. IV.9).

ABB. IV.9 INNOVATIONSANSTRENGUNGEN FÜR ALTERNATIVE AAF UND AUS-/AUFBAUPLANUNGEN VON FUE-KAPAZITÄTEN NACH REGIONEN

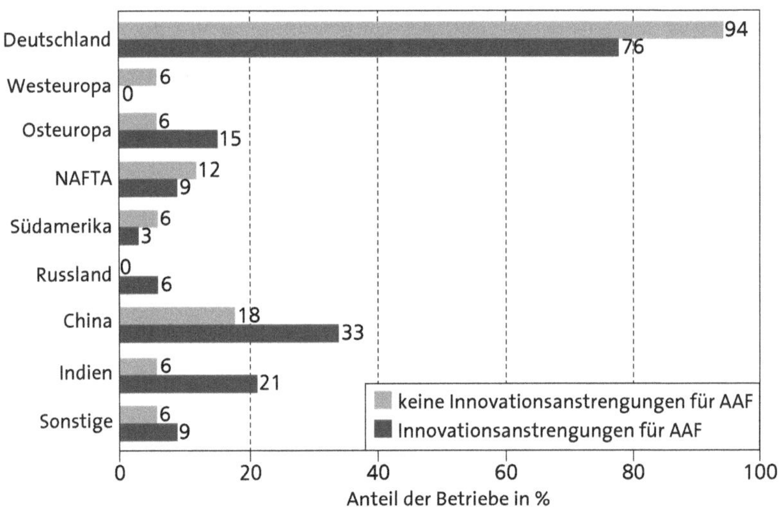

Quelle: Automobilzuliefererbefragung des Fraunhofer ISI (2011/2012)

Insgesamt zeigt sich damit ein Bild, wonach gerade die Betriebe mit Innovationsanstrengungen in Richtung neuer Antriebs- und Fahrzeugkonzepte zukünftig den Ausbau und die Erweiterung ihrer FuE-Kapazitäten nicht mehr nur im Kernland Deutschland planen, sondern insbesondere auch in den Wachstumsmärkten China und Indien. Diese Strategie der lokalen Entwicklung, wahrscheinlich seltener Forschung, wird nützlich sein, um die eigenen Produkte und Komponenten an die spezifischen Bedürfnisse der lokalen Kunden möglichst gut anpassen zu können (»knowledge exploiting«). Eine solche Strategie dient damit der Sicherung der lokalen Absatzchancen vor Ort und einer möglichen Ausweitung der lokalen Kundenbasis. Ob mit der geplanten Ansiedlung von FuE-Kapazitäten in China und Indien auch Strategien des »knowledge augmenting« versucht werden, um mit dort verfügbaren und gegebenenfalls auch günstigeren Entwicklern neue Produkte für den lokalen Markt zu entwickeln, wird aber aufgrund der differenzierten Ergebnisse zu First- und Second-Tier-Zulieferern sowie aktueller Erkenntnisse aus qualitativen Fallstudien zu China (Kinkel et al. 2012) zumindest derzeit noch nicht für sehr wahrscheinlich erachtet. Vor diesem Hintergrund stellt sich die Frage, wo Unternehmen, die bei bestimmten Komponenten neuer Antriebs- und Fahrzeugkonzepte Innovationen vorantreiben, besonders aktiv bei der Planung zukünftiger FuE-Kapazitäten sind (Tab. IV.7).

TAB. IV.7 GEPLANTE ERWEITERUNG DER FUE-KAPAZITÄTEN DEUTSCHER AUTOMOBILZULIEFERER NACH REGIONEN UND IHREN ENTWICKLUNGSANSTRENGUNGEN BEI KOMPONENTEN FÜR NEUE AAF (ANTEIL NENNUNGEN IN %)

		Deutschland	Westeuropa	Osteuropa	NAFTA	Südamerika	Russland	China	Indien	Sonstige
Elektromotor/	nein	81	–	8	8	–	4	27	15	8
elektrische Maschine	ja	57	–	43	14	14	14	57	43	14
Brennstoffzelle	nein	74	–	16	10	3	6	35	23	10
	ja	100	–	–	–	–	–	–	–	–
Batterie	nein	76	–	14	10	3	3	31	17	10
	ja	75	–	25	–	–	25	50	50	–
Leistungselektronik	nein	79	–	10	10	3	3	31	21	10
	ja	50	–	50	–	–	25	50	25	–
Leichtbau (z.B. Karosse-	nein	85	–	15	10	5	5	25	15	5
rie oder Fahrwerk)	ja	62	–	15	8	–	8	46	31	15
Klimasystem	nein	85	–	12	12	4	8	27	23	12
	ja	43	–	29	–	–	–	57	14	–
Antriebsstrang	nein	75	–	13	8	–	4	29	13	8
	ja	78	–	22	11	11	11	44	44	11
sonstige	nein	64	–	23	5	5	9	45	23	9
Komponenten	ja	100	–	–	18	–	–	9	18	9

Quelle: Automobilzuliefererbefragung des Fraunhofer ISI (2011/2012)

Hier zeigen sich interessante Zusammenhänge. So planen insbesondere die Unternehmen zukünftig den Auf- bzw. Ausbau ihrer FuE-Kapazitäten in China, die derzeit Innovationsanstrengungen für Komponenten des Elektromotors unternehmen. Der Anteil der in China FuE-Kapazitäten planenden Unternehmen ist hier 30 Prozentpunkte höher als bei in diesem Bereich nichtinnovativen Unternehmen (57 % vs. 27 %). Gleich hoch mit 30 Prozentpunkten ist der Abstand beim Anteil der Unternehmen mit Planung von FuE-Kapazitäten in China bei Innovationen für das Klimasystem (57 % vs. 27 %), gefolgt vom Leichtbau mit einem Abstand von 21 Prozentpunkten (46 % vs. 25 %), Komponenten für die Batterie mit 19 Prozentpunkten (50 % vs. 31 %), für die Leistungselektronik mit 19 Prozentpunkten (50 % vs. 31 %) sowie für den Antriebsstrang mit 15 Prozentpunkten (44 % vs. 29 %).

Mit Blick auf Indien fällt hier insbesondere der höhere Anteil von Unternehmen, die dort FuE-Kapazitäten planen, auf, die Komponenten für Batterielösungen entwickeln wollen (33 Prozentpunkte: 50 % vs. 17 %). Auf den Rängen bei geplanten FuE-Kapazitäten für Indien folgen Unternehmen mit Innovationsanstrengungen für den Antriebsstrang mit 31 Prozentpunkten (44 vs. 13 %), den Elektromotor mit 28 Prozentpunkten (43 % vs. 15 %) sowie Leichtbaulösungen mit 16 Prozentpunkten (31 % vs. 15 %).

Bei Unternehmen, die zukünftig den Auf- bzw. Ausbau von FuE-Kapazitäten in Osteuropa planen, fällt insbesondere der Fokus von Innovatoren für die Leistungselektronik ins Auge (40 Prozentpunkte: 50 % vs. 10 %). Auf den Rängen folgen Innovatoren für den Elektromotor mit 35 Prozentpunkten (43 % vs. 8 %) sowie für das Klimasystem mit 17 Prozentpunkten (29 % vs. 12 %). Verstärkt ihre FuE-Kapazitäten in Deutschland ausbauen wollen insbesondere Innovatoren für sonstige Komponenten (100 % vs. 64 %) sowie für die Brennstoffzelle (100 % vs.74 %), wobei die Aussagekraft für Letztere aufgrund der sehr geringen Fallzahl sehr eingeschränkt ist.

Insgesamt lässt sich hierin ein Muster erkennen, wonach für die Entwicklung der für die Wertschöpfung in zukünftigen Antriebs- und Fahrzeugkonzepten besonders relevanten Batterietechnologie insbesondere ein Ausbau der FuE-Kapazitäten in China und Indien attraktiv erscheint. China scheint zudem überdurchschnittlich attraktiv zu sein für Innovatoren im Bereich Elektromotor, Klimasystem, Leichtbau, sowie Leistungselektronik, während dies in Indien insbesondere für Komponenten des Antriebsstrangs gilt. Osteuropa scheint neben China eine hohe Attraktivität für Innovationen in der Leistungselektronik sowie in den reiferen Technologien für Elektromotoren zu haben.

Auf der anderen Seite liegen die Ausbauplanungen von FuE-Kapazitäten in Deutschland bei allen genannten Innovationsbereichen mit Häufigkeiten zwischen 57 und 78 % jeweils auf Platz 1 der Nennungen zum Ausbau der FuE-Kapazitäten, mit Ausnahme des Klimasystems, wo Deutschland mit 43 % der Nennungen Platz 2 hinter China belegt. Bemerkenswert ist insbesondere der erster Rang bei FuE-Ausbauplanungen in Deutschland von Innovatoren im Bereich Batteriekonzepte, der mit 75 % recht deutlich ausfällt. Von daher scheinen zwar für ausgewählte innovative Technologien bestimmte ausländische Märkte auch als Entwicklungsregionen interessant zu sein, ein drohendes und nachhaltiges Abwandern von Innovationskompetenz in einzelne Technologiefelder lässt sich aber auf Basis der dargestellten Auswertungen nicht vermuten.

ERSCHLIESSUNG NEUER KUNDENGRUPPEN AUSSERHALB DER AUTOMOBILINDUSTRIE ALS STRATEGISCHE ALTERNATIVE FÜR AUTOMOBILZULIEFERER 1.3.4

Eine durchaus sinnvolle Strategie, Substitutionsgefahren eigener Produkte durch zukünftige Antriebs- und Fahrzeugtechnologien zu umgehen, ist die Erschließung neuer Kundengruppen außerhalb der Automobil- und Automobilzulieferindustrie. Knapp 60 % der befragten Automobilzulieferer geben an, verstärkt Anstrengungen zur Erschließung neuer Kundengruppen außerhalb des Automotivebereichs zu unternehmen (Abb. IV.10).

ABB. IV.10 ANTEIL DER AUTOMOBILZULIEFERER MIT ANSTRENGUNGEN ZUR ERSCHLIESSUNG NEUER KUNDENGRUPPEN (AUSSERHALB AUTOMOTIVE)

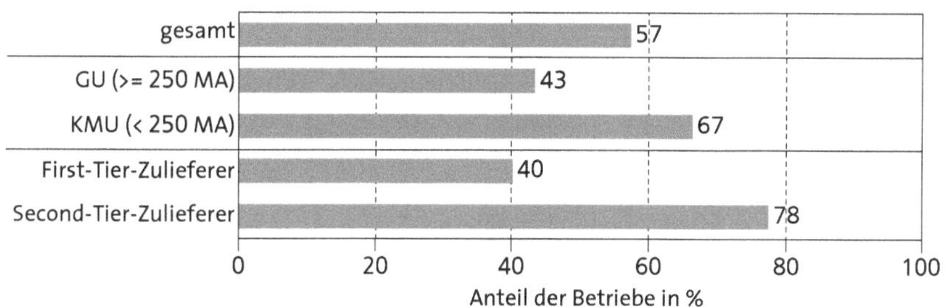

Quelle: Automobilzuliefererbefragung des Fraunhofer ISI (2011/2012)

Hier sind zu zwei Dritteln insbesondere KMU aktiv, im Gegensatz zu lediglich 43 % bei großen Unternehmen. Dies zeigt, dass diese Unternehmen, die bei Innovationsanstrengungen in Richtung neue Fahrzeugtechnologien aufgrund begrenzter Ressourcen gegebenenfalls gezwungenermaßen zurückhaltend sind, hier verstärktes Augenmerk auf kundenseitige Differenzierungsstrategien legen. Ebenfalls signifikant überdurchschnittlich aktiv sind hier Zulieferer auf den Wertschöpfungsstufen 2 und folgende mit über drei Viertel der Nennungen, während First-Tier-Zulieferer hier mit 40 % deutlich zurückhaltender sind. Dies zeigt erstens, dass sich die Zulieferer, die in der Wertschöpfungskette weiter entfernt von den OEM-Endherstellern sind, weniger eingebunden in die neuen Entwicklungen fühlen und dementsprechend stärker nach kundenseitigen Differenzierungsmöglichkeiten Ausschau halten. Zweitens könnte dies aber auch ein Indiz dafür sein, dass die First-Tier-Zulieferer in weit höherem Maße direkt von den OEM abhängig sind und entsprechende Differenzierungsstrategien für wenig realistisch erachten.

Als Branche, aus der man hofft, neue Kunden erschließen zu können und die entsprechend anvisiert werden, wird an erster Stelle mit 50 % der Maschinenbau genannt. An zweiter Stelle folgt mit 32 % der Nennungen die Elektroindustrie, dicht gefolgt von der Medizintechnik mit 31 %. Dies verdeutlicht den Fokus der Automobilzulieferer auf ihre mechatronische Kompetenz, die in diesen Branchen besonders zum Tragen kommt. Im Fall der Medizintechnik könnte dies zudem ein Ausdruck hierfür sein, dass sich insbesondere Automobilzulieferer zutrauen, die scharfen Zertifizierungsvorschriften und Auditierungsregeln dieser Branche erfolgreich zu erfüllen und dennoch wirtschaftlich produzieren zu können. An vierter Stelle mit etwas mehr als einem Viertel der Nennungen folgt der Schienenfahrzeugbau, gefolgt von der Branche der Energieerzeugungsmaschinen (z. B. Windtechnik) mit etwa einem Fünftel der Nennungen (21 %). Hier könnten insbesondere die Kompetenzen der Automobilzulieferer bei Antriebs- und Steuerungstechnik sowie Materialfestigkeit und -beständigkeit gefragt sein. Der Boots- und Schiffbau folgt mit 15 % der Nennungen, während die Branche der Chemie- und Kunststoffindustrie mit 1 % der Nennungen weit abgeschlagen ist.

Bleibt festzuhalten: Technologische Änderungen zeigen sich vor allem im Bereich des Antriebsstrangs und im Bereich Leichtbau. Das Aktivitätsniveau deutscher Automobilhersteller zur Verteidigung ihrer technologischen Spitzenposition ist ausgeprägt. Allerdings besteht hinsichtlich ihrer Fähigkeiten für die Entwicklung und Produktion noch Steigerungsbedarf. Hier sind die Unternehmen fast ausschließlich auf die Unterstützung etablierter Player aus Asien angewiesen. Die Automobilzulieferer agieren in der Breite zurückhaltend. Die Mehrheit der befragten Unternehmen sieht keine unmittelbare Gefahr für ihre Produkte und daher keinen unmittelbaren Handlungsbedarf. Diejenigen Automobilzulieferer, die verstärkt Innovationsanstrengungen unternehmen und gar schon Produkte in (Klein-)Serie herstellen, sind in erster Linie große Unternehmen auf First-Tier-Ebene und Hersteller komplexer Produkte. Der Schwerpunkt der Innovationsaktivitäten der Automobilzulieferer scheint im Leichtbau zu liegen. Erstaunlich ist, dass die Aktivitäten im Bereich der Batterieherstellung eher von nachrangiger Bedeutung sind.

AUSDIFFERENZIERUNG DER PRODUKTPORTFOLIOS 2.

Die Varianz seines T-Modells beschrieb Henry Ford 1912 mit den Worten: »You can have any color you want, as long as it is black«. Der damals vorherrschende Anbietermarkt hat sich innerhalb der vergangenen 100 Jahre zu einem Käufermarkt weiterentwickelt, der nun von einer großen Modellvielfalt geprägt ist (Maune 2002). Die Vielfalt der angebotenen Modellreihen und -varianten hat die durch Markteinführung immer weiteren Nische-in-der-Nische-Modelle potenziert. Die nachfolgenden Ausführungen gehen daher der Frage nach, welche Strategien die Automobilhersteller verfolgen und welche Auswirkungen diese Strategien auf die Automobilhersteller selbst als auch auf die Zulieferer haben.

STRATEGIEN DER AUTOMOBILHERSTELLER 2.1

AUSDIFFERENZIERUNG DER MODELLPALETTE 2.1.1

Als dominierender Grund für sukzessive Erweiterung und Ausdifferenzierung der Produktpaletten werden die zunehmende Heterogenität der Kundenbedürfnisse und das daraus resultierende Verlangen nach mehr Individualität angeführt. Die Hersteller entsprechen diesem Bedürfnis durch eine stärkere Ausdifferenzierung ihrer Modellpalette. Wie sich die Fahrzeugvarianten seit Mitte der 1960er Jahre entwickelt haben, ist in Abbildung IV.11 dargestellt.

ABB. IV.11 ENTWICKLUNG DER VERFÜGBAREN FAHRZEUGVARIANTEN

1965er	1980er	1990er	2000	2010
				Crossover
				Sub-mini-MPV
			Pick-up	Pick-up
			Off-Road	Off-Road
		Pick-up	SUV	SUV
		Off-Road	MPV	MPV
		SUV	Fließheck	Fließheck
		MPV	Kombi	Kombi
	MPV	Fließheck	Limousine	Limousine
	Fließheck	Kombi	Kompaktwagen	Kompaktwagen
	Kombi	Limousine	Sportwagen	Sportwagen
	Limousine	Kompaktwagen	Coupé	Coupé
Limousine	Kompaktwagen	Sportwagen	Cabrio	Cabrio
Kompaktwagen	Sportwagen	Coupé	Roadster	Roadster
Sportwagen	Coupé	Cabrio	Hybridfahrzeug	Hybridfahrzeug
Spyder	Cabrio	Roadster	neue Antriebstechnik	neue Antriebstechnik

Eigene Darstellung in Anlehnung an Götzinger et al. 2010

Die verfügbaren Fahrzeugvarianten haben sich in diesem Zeitraum mehr als verdreifacht. Neben den damals vorherrschenden Varianten Limousine, Kompaktwagen, Sportwagen und Spyder (ein Vorgänger der heutigen Cabrio-Sportwagen) entwickelte sich die Variantenvielfalt über die Jahrzehnte stetig fort. Die neuen Varianten stellten dabei zumeist Variationen der ursprünglichen vier dar. Lediglich die Hybridfahrzeuge und neuen Antriebstechnologien bilden, da sie nicht direkt die Fahrzeugkarosserie beeinflussen, hierbei eine Ausnahme.

Als Neuwagenkäufer hatte man in Deutschland im Jahr 2010 die Wahl zwischen 367 verschiedenen Modellreihen. 15 Jahre zuvor waren es noch 227 (Abb. IV.12).

ABB. IV.12 ENTWICKLUNG DER IN DEUTSCHLAND VERFÜGBAREN PKW-MODELLREIHEN

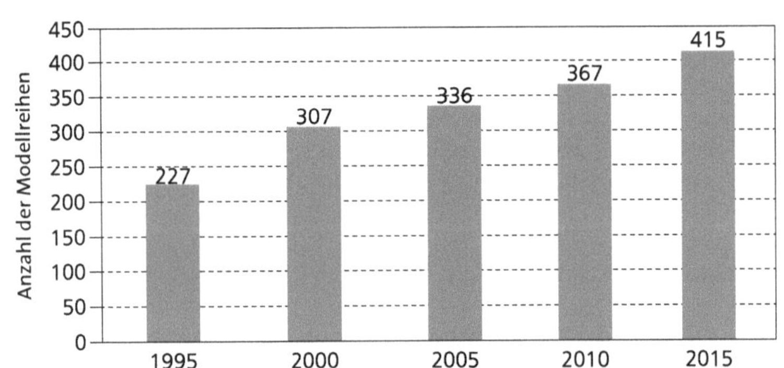

Quelle: www.handelsblatt.com/auto/nachrichten/car-studie-zur-typenvielfalt-mauerbluemchen-am-deutschen-auto-markt/4555126.html

Dies entspricht einem Zuwachs von mehr als 60 %.[12] Allein im Zeitraum zwischen 1995 und 2000 kamen 80 weitere Modellreihen auf den Markt, deren Anzahl sich bis 2010 nochmals um 60 erhöhte. Bis 2015 wird ein weiterer Zuwachs auf insgesamt 415 Modellreihen prognostiziert. Erweitert man die Betrachtung der Modellreihen um Karosserieformen (Cabrio, Coupé etc.) und Motorenarten (1,4-l-Benziner, 1,6-l-Diesel etc.), standen dem Neuwagenkäufer 2011 insgesamt 1.706 Fahrzeugvarianten zur Auswahl (www.uni-due.de/~hk 0378/publikationen/2011/20110904_Der%20 Westen.pdf). Unter einer globalen Betrachtung nimmt diese Vielfalt nochmals zu. So bietet etwa die BMW Group zusammen mit den Submarken BMW, MINI und Rolls Royce insgesamt ca. 350 Modellvarianten an. Bezieht man zusätzlich noch die Möglichkeit der Konfiguration mit bis zu 500 Sonderausstattungen mit ein, ergibt sich eine mögliche Anzahl von 1.031 Varianten (Mößmer et al. 2007).

Diese Ausdifferenzierung der Modellpalette dient zwar in erster Linie dazu, Kunden zu gewinnen und somit letztendlich den Absatz zu erhöhen, jedoch führt sie auch zu einer steigenden Komplexität innerhalb des Unternehmens und somit zu einem überproportionalen Anstieg der Kosten, was wiederum zu einer schlechteren Ertragslage führt. Gründe hierfür sind unter anderen, dass oftmals auf eine Variante des Basisprodukts zurückgegriffen wird und sich dadurch die Skaleneffekte verringern (Maune 2002) oder dass versucht wird, ein weniger erfolgreiches Modell mit kostengünstigen Zusatzangeboten attraktiver zu gestalten (www.uni-due.de/~hk0378/publikationen/2011/20110904_Der%20Westen.pdf).

12 Zum Vergleich: In Großbritannien stieg die Zahl der Modellreihen von 1994 bis 2008 um knapp 50 % und die Zahl der angebotenen Varianten um über 150 % (Wells 2010).

TAB. IV.8 NEUZULASSUNGEN IM MÄRZ 2012 NACH SEGMENTEN

Segment	Anteil an den Neuzulassungen in %	beliebtestes Modell	Anzahl Neuzulassungen dieses Modells	Anteil innerhalb der Segmentgruppe in %
Minis	6,2	VW up!	4.003	19
Kleinwagen	18,6	VW Polo	10.352	16,5
Kompaktklasse	24,5	VW Golf, Jetta	26.481	31,8
Mittelklasse	12,7	VW Passat	8.860	20,5
obere Mittelklasse	4,5	Audi A6, S6, A7	5.540	36,1
Oberklasse	0,7	Porsche Panamera	424	17,2
Geländewagen/ SUV	14,3	VW Tiguan	6.102	12,5
Sportwagen	1,8	Mercedes SLK	1.113	18,1
Minivans	6,0	Mercedes B-Klasse	5.200	25,7
Großraumvans	5,5	VW Touran	5.505	29,7

Quelle: KBA 2012

Die Kundenattraktivität der unterschiedlichen Segmente variiert dabei stark, wie in Tabelle IV.8 zu sehen ist. So repräsentieren die drei Segmente Kleinwagen, Kompaktklasse und Mittelklasse zusammen über 50 % der Neuzulassungen im März 2012. Ein weiteres dominantes Segment waren Geländewagen und SUV mit 14,3 % aller Neuzulassungen in Deutschland. Die restlichen Segmente lagen deutlich unter 10 %. Besonders auffällig ist, dass die Volkswagen AG gleich in sechs Segmenten das Modell mit den meisten Neuzulassungen produziert. Jedoch finden sich auch bei diesem Massenproduzenten weniger erfolgreiche Modelle im Portfolio wieder. Im letzten Quartal 2011 wurden insgesamt lediglich 4.595 Fahrzeuge des Typs VW Sharan, 3.481 VW up! und 2.848 VW Touareg zugelassen. Die Zulassungszahlen der Modelle Eos, Phaeton oder New Beetle waren indes so gering, dass diese nicht in die Auflistung der 100 meistzugelassenen Pkw-Modelle aufgenommen wurden (www.kfz-auskunft.de/kfz/zulassungs zahlen_2011_4.html [14.04.2012]).

Die steigende Komplexität bei der Entwicklung und Produktion und die immer kleiner werdenden Seriengrößen je Modell führen zu einem überproportionalen Anstieg der Kosten. Als Mittel, um solch eine Varianz an Varianten und Produktionsmengen beherrschbar zu machen, verwenden Automobilhersteller sogenannte Plattformen oder Baukästen. Diese werden dazu genutzt, Grundbausteine verschiedener Modelle zu standardisieren und somit die Produkt- und Modellvielfalt sowie letztendlich die Produktionskosten zu reduzierten (Wannenwetsch 2005).

PLATTFORMSTRATEGIEN ALS STELLHEBEL ZUR REALISIERUNG DER MODELLVIELFALT 2.1.2

Eine Plattformstrategie basiert auf dem Baukastenprinzip und kann als Gleichteilkonzept, das modellreihenübergreifend die Verwendung gleicher Komponenten und Module vorsieht, verstanden werden (TCW 1999). Eine allgemeingültige Definition für die Plattformstrategie existiert jedoch nicht. So wird sie etwa wie folgt definiert: »Die Plattform stellt eine Einheit dar, die keinen Einfluss auf die Außenhaut des Fahrzeugs hat, d.h. ein Chassis inklusive der inneren Radhäuser. Sie besteht aus verschiedenen Funktionsgruppen (z.B. Aggregat, Schaltung, Bremsanlagen). Möglichst viele Fahrzeuge auf einer Plattform zu bauen (Plattformstrategie) wirkt sich zeit- und kostenoptimierend aus.« (TCW 1999) Typische Bestandteile einer Plattform sind das Lenksystem, Vorder- und Hinterachse, Antrieb, Bremssystem, eine definierte Lage und Anschlussstellen für den Antriebsstrang sowie der Fahrzeugboden. Dabei bildet die der Plattform übergeordnete Fahrzeugarchitektur die Grundstruktur des Fahrzeugs, wodurch eine spätere modell- bzw. markenspezifische Unterscheidung ermöglicht wird (Frost & Sullivan 2012a; Wannenwetsch 2005). In Abbildung IV.13 sind die einzelnen Bausteine einer Plattformstrategie verdeutlicht.

ABB. IV.13 BAUSTEINE DER PLATTFORMSTRATEGIE

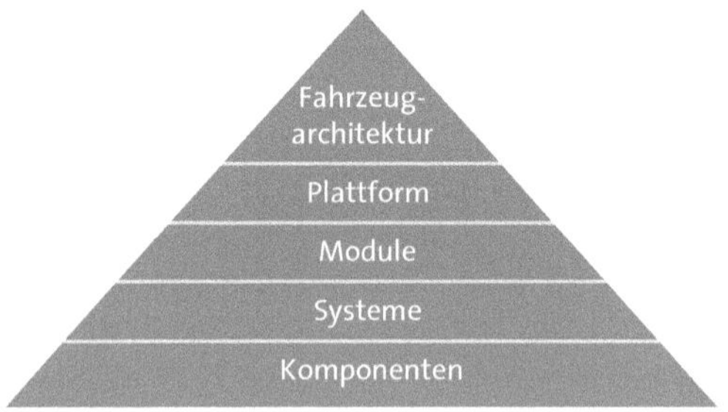

Eigene Darstellung in Anlehnung an Frost & Sullivan 2012a

Eine Plattformstrategie bietet die Möglichkeit, über den kompletten Fahrzeuglebenszyklus hinweg Vorteile durch die Verwendung von Gleichteilen zu generieren. Im Entwicklungsstadium etwa kann schnell auf die Dynamik des Marktes reagiert und somit zusätzliche Kosten für Forschung und Entwicklung eingespart werden. Bei der Materialbeschaffung ergeben sich Synergien durch eine reduzierte Komplexität aufgrund einer geringeren Anzahl von Teilen, die getestet und zugelassen werden müssen. Zudem können positive Skaleneffekte realisiert werden. Skaleneffekte beschreiben Effizienzvorteile im Sinne einer Stückkostensenkung durch größere Produktionsmengen (Schoppe 1998).[13]

Die geringe Vielfalt an Komponenten macht sich auch bei der Herstellung des Fahrzeugs bemerkbar, da die Logistik der Teile vereinfacht wird und somit der vorhandene Lagerraum besser ausgenutzt werden kann. Des Weiteren ist die Einarbeitung der Mitarbeiter durch den hohen Grad an Standardisierung weniger zeit- und kostenintensiv. Im After-Sales-Bereich letztlich wird die Verfügbarkeit von Ersatzteilen erhöht, da weniger unterschiedliche Teile auf Lager gehalten werden müssen. Neben den genannten Faktoren existieren noch weitere Vorteile, die sich aus der Plattformstrategie ergeben und in ihrer Gesamtheit, trotz steigender Variantenvielfalt und Komplexität, dennoch eine wirtschaftliche Produktion von Fahrzeugen ermöglichen (Frost & Sullivan 2012a; Wannenwetsch 2005).

Eine Weiterentwicklung der Plattformphilosophie stellt der Baukasten dar. Aufgrund der bisherigen und auch zukünftig weiterhin zunehmenden Komplexität stößt die herkömmliche Plattformstrategie nämlich an ihre Grenzen. Der Volkswagen-Konzern hat mit dem modularen Längsbaukasten und dem modularen Querbaukasten (MQB) ein Konzept eingeführt, um die konzernweite Modell- und Variantenvielfalt weiter zu standardisieren (Volkswagen AG 2012a). Das Konzept orientiert sich letztendlich an einem LEGO®-Baukasten. Für den Endkunden nichtsichtbare Module und Baugruppen (insbesondere im Vorder- und Hinterwagen) sind innerhalb einer Baureihe baureihenübergreifend und im Fall des Volkswagen-Konzerns sogar markenübergreifend standardisiert. Diese standardisierten Module werden bei der Entwicklung eines neuen Modells in neuer Form rekombiniert mit der Folge, dass die Anzahl der verwendeten Gleichteile enorm ansteigt und in größerem Umfang wirtschaftliche Effekte in der Entwicklung und Herstellung realisiert werden können. Beispielsweise rechnet der VW-Konzern durch die Einführung des modularen Querbaukastens damit, dass Stückkosten sowie Einmalaufwendungen um jeweils 20 % und die »engineered hours per vehicle« (der konstruktiv bedingte Arbeitsinhalt pro Fahrzeug) um 30 % reduziert werden können (Volkswagen AG 2011). Des Weiteren steigt die Flexibilität der Produktions-

---

13 Skaleneffekte können nach Schoppe (1998) in statische und dynamische unterschieden werden. Der statische Skaleneffekt beruht auf einer Fixkostendegression durch die Zusammenlegung von gleichartigen Herstellungsprozessen. Die Zentralisierung führt zu einer Erhöhung der Ausbringung, während die Fixkostenbelastung pro Stück sinkt, da die sich auf konstantem Niveau befindlichen nichtdisponiblen Kosten auf eine steigende Ausbringung verteilt werden. Aber auch disponible Kosten können durch steigende Ausbringung gesenkt werden, etwa indem durch höhere Stückzahl eine Automatisierung (z. B. Industrieroboter) wirtschaftlich wird oder Arbeitsprozesse in einfache Tätigkeiten mit hohen Repetierhäufigkeiten zerlegt werden. Der dynamische Degressionseffekt entsteht insbesondere dann, wenn die Arbeitsprozesse im Zeitverlauf und im Zuge einer steigenden Ausbringungsmenge aufgrund von Lernfortschritten und des Aufbaus von Erfahrungswissen effizienter abgewickelt werden können.

linien stark an, da unterschiedlichste Fahrzeuge, deren Module allerdings zum Großteil identisch sind, auf einer Linie gefertigt werden können.

Eine Plattformstrategie ist geprägt von der jeweiligen Unternehmensstrategie und unterscheidet sich entsprechend von Hersteller zu Hersteller. Gemein ist jedoch allen der Grundgedanke, die Wirtschaftlichkeit ihrer Fahrzeugproduktion durch weitere Standardisierung zu erhöhen. In Abbildung IV.14 sind die Anzahl der verwendeten Plattformen zur Produktion der herstellerspezifischen Modelle für unterschiedliche Regionen in den Jahren 2010 und 2020 dargestellt. Dabei wurden die Plattformen der in der jeweiligen Region beheimateten Hersteller aggregiert betrachtet. Des Weiteren ist die Anzahl der Plattformen vermerkt, die mehr als 1 Mio. Fahrzeuge pro Jahr fertigen können.

ABB. IV.14 VERÄNDERUNG DER PLATTFORMANZAHL REGIONALER OEM

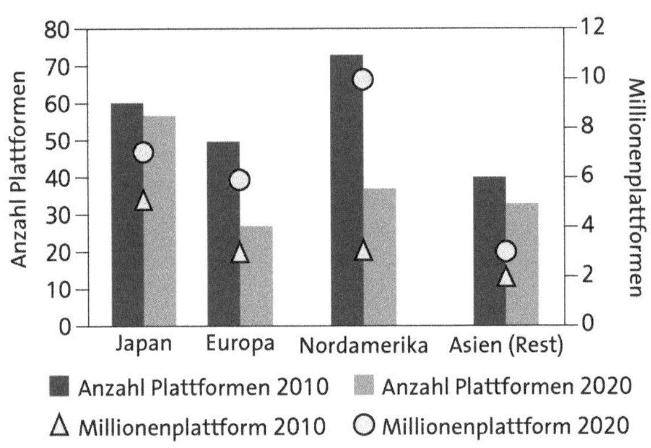

Eigene Darstellung in Anlehnung an Frost & Sullivan 2012a

Die japanischen OEM produzieren derzeit ihre Modelle auf 60 unterschiedlichen Plattformen, von denen bereits fünf mehr als 1 Mio. Fahrzeuge produzieren können. Bis zum Jahr 2020 soll diese Anzahl weiter auf sieben Plattformen anwachsen, während die Gesamtanzahl lediglich um 5 % sinkt. Ein anderes Bild zeichnet sich bei den europäischen OEM ab. Dort soll sich die Gesamtanzahl der Plattformen von aktuell 50 bis zum Jahr 2020 auf 27 nahezu halbieren. Eine solche Entwicklung ist jedoch nur möglich, wenn sich die Leistungsfähigkeit der zukünftigen Plattformen steigert. Dies ist in der entsprechenden Verdopplung der Millionenplattformen von drei auf sechs zu erkennen. Die Plattformkonsolidierung der nordamerikanischen OEM wird einen ähnlichen Verlauf nehmen, wobei die Millionenplattformen stark zunehmen, während die restlichen (nichtjapanischen) OEM ein etwas niedrigeres Standardisierungsniveau anstreben.

Europäische OEM verfolgen also eine größere Konsolidierung ihrer Modelle auf eine geringe Anzahl an Plattformen. Als Konsequenz nimmt das Differenzierungspotenzial unter den einzelnen Modellen eher ab. Japanische OEM werden auch weiterhin mehrere Plattformen nutzen, um das Differenzierungspotenzial hoch zu halten. Bei den nordamerikanischen OEM verringert sich zwar ebenfalls stark die Anzahl der Plattformen, jedoch werden im Gegenzug Plattformen mit einem hohen Produktionsvolumen stark ausgebaut, weshalb man deren Strategie zwischen der der europäischen und japanischen OEM einordnen kann.

Betrachtet man nun die Strategien der einzelnen Hersteller, bestätigt sich dies auf den ersten Blick zumindest aggregiert auf regionaler Ebene. Jedoch ergeben sich auch regionsspezifische Unterschiede nach einzelnen Herstellern. In Europa etwa findet bei BMW und PSA nur eine geringe oder keine Reduzierung der Plattformanzahl statt, während die Modelle pro Plattform auch nur mäßig zunehmen (Abb. IV.15). Die VW- und Daimler-Konzerne hingegen reduzieren die Plattformanzahl sehr stark und steigern die Anzahl der Modelle pro Plattform, im Fall von VW von 2,65 (Stand 2010) auf 7,89 (2020), bei Daimler von 2,44 (Stand 2010) auf 9 Modelle je Plattform (2020). Die japanischen Konzerne Toyota und Renault-Nissan zeigen eine weitestgehend identische Entwicklung auf. Beide besitzen eine große Anzahl an Plattformen, die sich lediglich bei Toyota zukünftig geringfügig reduziert. Die Anzahl der gefertigten Modelle pro Plattform steigt bei beiden mit ca. 0,5 ebenfalls nur gering an. Bei den nordamerikanischen Herstellern zeigt sich, ähnlich der aggregierten Auswertung, ein identisches Verhalten. Die Anzahl der Plattformen verringert sich stark; im Gegenzug steigt die Anzahl der darauf gefertigten Modelle an. Die verbleibenden asiatischen OEM weisen unterschiedliche Tendenzen auf. Während bei Hyundai eine ähnliche Entwicklung wie bei japanischen Herstellern beobachtbar ist, könnte man Tata und Geely entweder den europäischen oder den nordamerikanischen OEM zuordnen.

Die dargestellte Modellflexibilität der Produktion von VW beruht auf der Einführung von vier Schlüsselplattformen. Der MQB soll unter Federführung von VW die unteren Fahrzeugsegmente abdecken, während der modulare Längsbaukasten (MLB) bei Audi die oberen Segmente abdecken soll. Zusätzlich wird es eine Sportplattform geben sowie eine Plattform für Elektrofahrzeuge. Der Daimler-Konzern verfolgt eine ähnliche modulare Strategie mit Plattformen für Kompaktwagen, für Limousinen von der C-Klasse bis zur S-Klasse, für die Geländewagenfamilie und für Sportwagen. Bei Toyota dagegen ist die Plattformklassifikation recht simpel. Es existieren je Segment sechs bis sieben Plattformen. General Motors, als Vertreter des nordamerikanischen Marktes, wird zukünftig 75 % des Gesamtvolumens nicht mehr wie bisher auf zehn Plattformen, sondern auf vier (Delta 3, Global Gamma, Epsilon und M3) sehr leistungsfähigen Plattformen produzieren (Frost & Sullivan 2012a).

ABB. IV.15 ENTWICKLUNG DER MODELLANZAHL PRO PLATTFORM

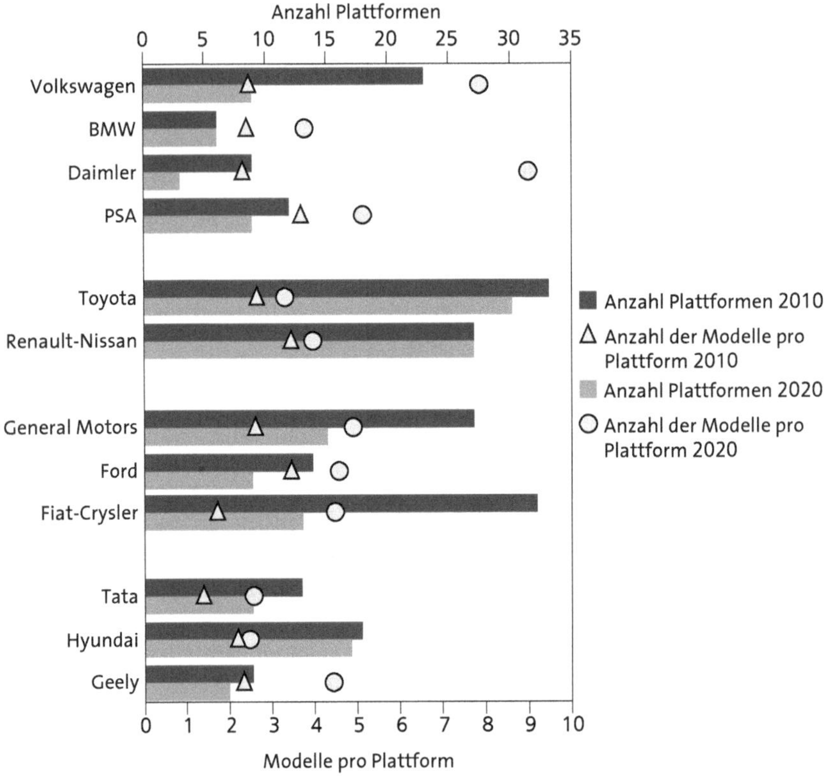

Eigene Darstellung in Anlehnung an Frost & Sullivan 2012a

Zusammenfassend lässt sich also festhalten, dass regionale Unterschiede bezüglich der Plattformstrategien existieren. Europäische OEM setzen verstärkt auf eine modulare Produktion, während sich nordamerikanische Hersteller auf produktionsstarke Plattformen konzentrieren. Japanische OEM setzen auf eine große Anzahl von Plattformen und sind dadurch in der Lage, sehr differenzierte Modelle zu produzieren. Im Bereich der Massenfertigung wird bis zum Jahr 2020 der Volkswagen-Konzern den höchsten Grad an Plattformstandardisierung sowie die höchste Anzahl der pro Plattform gefertigten Fahrzeuge erreichen. Im Luxussegment wird diese Position von der Daimler AG übernommen werden.

PRODUKTSTRATEGIEN DER DEUTSCHEN AUTOMOBIL-ZULIEFERER – ERGEBNISSE EINER PRIMÄRERHEBUNG 2.2

Die deutschen Automobilhersteller, aber auch Hersteller aus anderen Nationen, haben in den letzten Jahren eine immer weiter gehende Ausdifferenzierung ihrer Produktpalette vollzogen. Verschiedene Motorisierungsvarianten werden mit verschiedenen Modellreihen kombiniert, Ausstattungsvariationen bis zur nahezu individuellen Ausgestaltung angeboten, und für viele Modellreihen existieren Sonderbauweisen wie Kombi, Cabrio, Coupé oder Allrad. Im Resultat hat heute jeder globale Automobilhersteller ein deutlich breiteres Modellspektrum im Angebot als noch vor einigen Jahren.

Allerdings ist es nicht selbstverständlich, wie diese zunehmende Modell- und Variantenvielfalt der Automobilhersteller auf ihre Zulieferer durchschlägt. Aus Gründen der wirtschaftlichen Herstellbarkeit und Erschließung von Skaleneffekten waren die OEM in der Vergangenheit gezwungen, sich intensiv mit der Einführung von Plattform- und Baukastensystemen auseinanderzusetzen und diese möglichst umfangreich zu implementieren. Hier sind einige Hersteller wie beispielsweise VW fortgeschritten, andere versuchen hier noch weitere Plattformeffekte zu erzielen. Demnach ist davon auszugehen, dass die Ausdifferenzierung der Produktpalette der OEM nicht eins zu eins auf die Zulieferer, schon gar nicht auf unterschiedlichen Wertschöpfungsstufen, durchschlägt. Denn auch die Automobilzulieferer ihrerseits werden versuchen, Plattform- und Baukastenprinzipien zu verwirklichen, um so ihre Variantenvielfalt einzuschränken. Vor diesem Hintergrund ist es interessant zu analysieren, in welchem Umfang sich die Variantenzahl, die Seriengröße der Produktion und der Produktlebenszyklus der angebotenen Komponenten der Automobilzulieferer in den letzten Jahren verändert hat und welche Zulieferunternehmen hiervon besonders betroffen waren.

VERÄNDERUNG DER VARIANTENANZAHL 2.2.1

Wie sich zeigt, hat die Anzahl der gefertigten Varianten aufgrund der Ausdifferenzierung der OEM-Produktprogramme in den letzten fünf Jahren bei fast 70 % der befragten Automobilzulieferern zugenommen oder stark zugenommen (18 bzw. 51 %). Etwa ein Viertel der befragten Automobilzulieferer berichtet von gleich gebliebenen Variantenzahlen, abgenommene Variantenzahlen geben nur knapp 6 % der Unternehmen an (Abb. IV.16).

Eine differenzierte Analyse der Unternehmenscharakteristika zeigt, dass KMU im Vergleich zu größeren Unternehmen seltener von stark zugenommenen Variantenzahlen berichten (14 % vs. 25 %), dafür öfter eine gleich gebliebene Variantenzahl ausweisen (28 % vs. 21 %). Besonders häufig stark zugenommen hat die Variantenzahl in den letzten Jahren bei Herstellern komplexer Produkte und

Komponenten mit 27 %. Im Ausgleich dazu hat bei diesen aber auch die Seriengröße bei 43 % der Betriebe zugenommen (Kap. IV.2.2.2). First-Tier-Lieferanten berichten zu 23 % signifikant häufiger von stark zugenommenen Variantenzahlen als Zulieferer auf der Wertschöpfungsstufe 2 und folgende (14 %). Insgesamt scheint damit die Ausdifferenzierung der OEM-Produktprogramme insbesondere die Variantenvielfalt auf der ersten Stufe der Zulieferer komplexer Systemlösungen zu betreffen, während in der Wertschöpfungskette weiter aufwärts angesiedelte Lieferanten (Stufe 2 folgende) hier die Möglichkeit zu haben scheinen, über Modellreihen und Produktprogramme hinweg die Variantenvielfalt über Gleichteilestrategien einzuschränken.

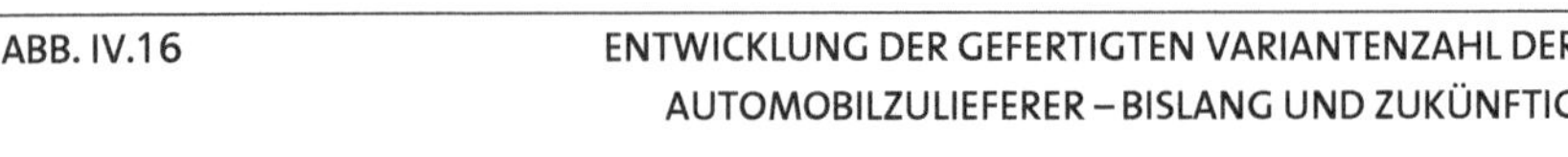

ABB. IV.16 ENTWICKLUNG DER GEFERTIGTEN VARIANTENZAHL DER AUTOMOBILZULIEFERER – BISLANG UND ZUKÜNFTIG

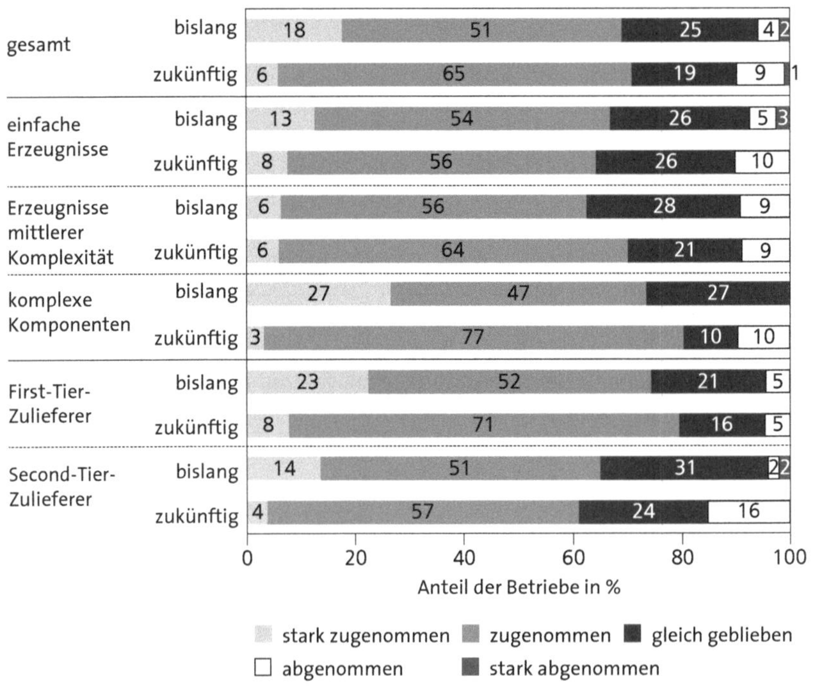

Quelle: Automobilzuliefererbefragung des Fraunhofer ISI (2011/2012)

Bei der Frage, mit welchen Entwicklungen die Automobilzulieferunternehmen bis ins Jahr 2020 rechnen, gehen wiederum etwa 70 % von einer stark zunehmenden oder weiter zunehmenden Variantenzahl aus. Dabei ist der Anteil der Angaben zu stark zunehmender Variantenzahl mit 6 % zukünftiger Erwartung aber signifikant geringer als der Anteil von 18 % in der Vergangenheit beobachteter, starker Variantenzunahme. Die Zulieferer scheinen hier also eine leichte Abmilderung des vergangenen Trends zu erwarten. Möglicherweise sehen sie sich auch aufgrund besserer Plattform- und Gleichteilestrategien besser als zuvor in der Lage, die zunehmende Modell- und Produktvielfalt der Automobilhersteller abzufedern.

Tendenziell zeigen sich bei den zukünftig erwarteten Veränderungen der Variantenzahl ähnliche Strukturunterschiede der Unternehmen wie in der Vergangenheit. KMU erwarten seltener starke Variantenzunahmen als größere Unternehmen (3 % vs. 11 %), Hersteller komplexer Produkte und Komponenten mit zusammen 80 % häufiger eine zunehmende Variantenzahl, ebenso First-Tier-Zulieferer mit ebenfalls knapp 80 % (im Vergleich zu Second-Tier-Zulieferern mit etwa 60 %). Doch auch hier ist das Muster durchgängig, dass die zukünftig erwarteten Steigerungen der Variantenzahl mit geringerer Intensität angenommen werden, als sie in der Vergangenheit hingenommen werden mussten.

VERÄNDERUNG DER SERIENGRÖSSEN IN DER PRODUKTION 2.2.2

Eine verstärkte Ausdifferenzierung der OEM-Produktprogramme könnte auch veränderte Seriengrößen nach sich ziehen, die von den OEM-Kunden abgenommen und von den Automobilzulieferern produziert werden können. Hierzu berichtet etwa ein Drittel der befragten Zulieferer von unveränderten Seriengrößen und jeweils etwa ein Viertel von einer Zunahme oder Abnahme der produzierten Seriengrößen. Von starker Zunahme oder Abnahme der Seriengrößen berichten jeweils nur etwa 4 bis 7 % der Unternehmen (Abb. IV.17). Damit kann zumindest festgehalten werden, dass sich die Ausdifferenzierung der OEM-Produktpaletten nicht durchgängig in einer Abnahme der Seriengröße der hergestellten Produkte niedergeschlagen hat. Im Gegenteil, durch brancheninterne Wachstumseffekte ist die Angabe der Betriebe mit in den letzten fünf Jahren zugenommener Seriengröße tendenziell sogar etwas höher als die mit abgenommener Seriengröße der Produktion.

Auch hier stellt sich das Bild der Entwicklungen in der Vergangenheit bei KMU tendenziell etwas freundlicher dar als bei größeren Unternehmen (GU). Über 40 % der KMU berichten von stark zugenommenen oder zumindest zugenommenen Seriengrößen der Produktion, während dieser Wert bei größeren Unternehmen lediglich etwa 27 % ausmacht. Im Umkehrschluss weisen mit etwa 40 % der größeren Unternehmen signifikant mehr abgenommene Seriengrößen aus als bei KMU mit etwa 23 %. Hinsichtlich Produktkomplexität und Stellung in der Wertschöpfungskette lassen sich jedoch keine signifikanten Unterschiede feststellen. Gerade bei KMU scheinen also die brancheninternen Wachstumseffekte die strukturellen Modelldifferenzierungseffekte auf die Seriengröße überkompensiert zu haben. Bei der Erwartung, mit welcher Seriengrößenentwicklung die Zulieferer bis ins Jahr 2020 rechnen, zeigen sich sehr ähnliche Bilder wie bereits im Rückblick. Jeweils etwa ein Drittel der Unternehmen geht von zunehmenden, gleichbleibenden oder abnehmenden zukünftigen Seriengrößen aus, mit einem leichten Überhang von etwa 5 Prozentpunkten bei abnehmenden Erwartungen. Auch hier zeigen sich strukturelle Unterschiede insbesondere bei der Differenzierung zwischen KMU und größeren Unternehmen, wonach KMU häufiger gleichbleibende Seriengrößen erwarten (39 % vs. 21 %), während größere Unternehmen zukünftig häufiger von abnehmenden Seriengrößen ausgehen (47 % vs. 28 %). Insgesamt kann jedoch auch in der Zukunft nicht von einem eindeutig seriengrößenmindernden Effekt der Ausdifferenzierung der OEM-Produktpaletten ausgegangen werden, da anscheinend viele Zulieferer, insbesondere die KMU, auch zukünftig allgemeines Absatzwachstum zu erwarten scheinen.

ABB. IV.17 ENTWICKLUNG DER GEFERTIGTEN SERIENGRÖSSEN DER AUTOMOBILZULIEFERER – BISLANG UND ZUKÜNFTIG

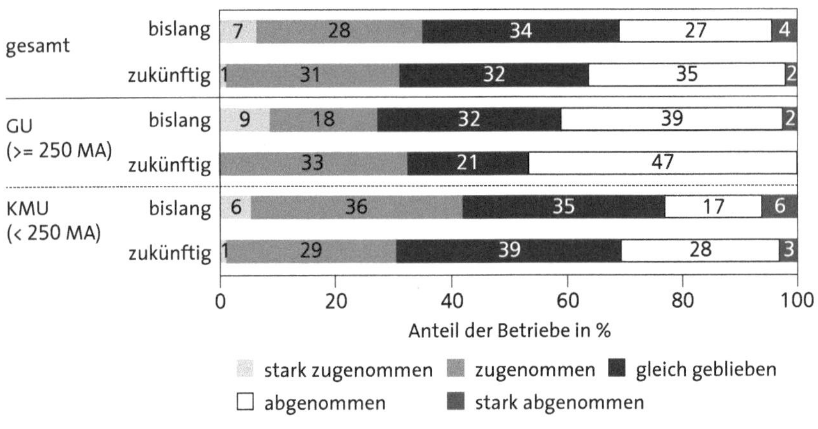

Quelle: Automobilzuliefererbefragung des Fraunhofer ISI (2011/2012)

VERÄNDERUNG DER PRODUKTLEBENSZYKLEN 2.2.3

Schließlich wurden die Automobilzulieferer befragt, ob sich die Ausdifferenzierung und immer schnellere Erneuerung der OEM-Produktpalette bei ihnen in Form von kürzeren Produktlebenszyklen bemerkbar gemacht hat oder dies in Zukunft erwartet wird. Hierzu gaben etwa 60 % der Automobilzulieferer an, dass sich die Produktlebenszyklen der von ihnen gefertigten Produkte für die Automobilindustrie in den letzten fünf Jahren nicht wesentlich verändert haben (Abb. IV.18).

ABB. IV.18 ENTWICKLUNG DER PRODUKTLEBENSZYKLEN DER AUTOMOBILZULIEFERER – BISLANG UND ZUKÜNFTIG

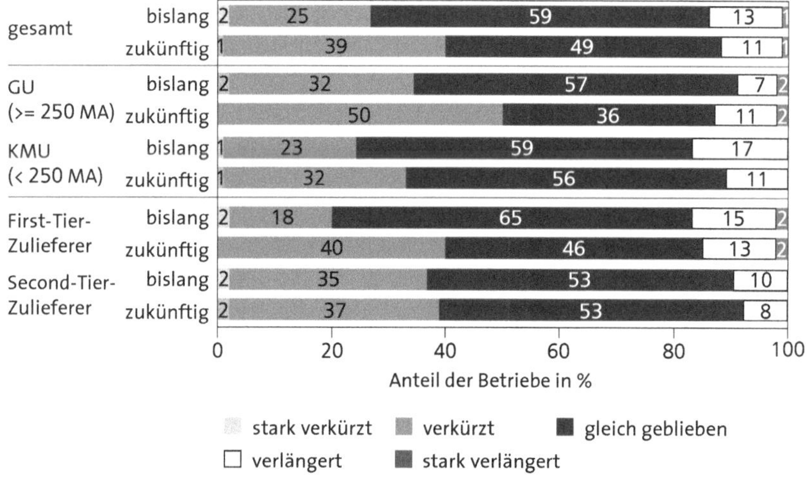

Quelle: Automobilzuliefererbefragung des Fraunhofer ISI (2011/2012)

Ein Viertel der Unternehmen berichtet von verkürzten Produktlebenszyklen, etwa ein Siebtel von verlängerten Produktlebenszyklen. Eine eindeutige Tendenz zur Verkürzung der Produktlebenszyklen bei Automobilzulieferern, wie sie in Ausarbeitungen zu relevanten Trends in der Produktion häufig vermutet werden, kann im Rahmen dieser Umfrage also nicht festgestellt werden. Bei der Differenzierung nach Unternehmenscharakteristika zeigen wiederum KMU das Bild einer geringeren Betroffenheit. Hier berichten etwa 24 % der Unternehmen von verkürzten Produktlebenszyklen, während dieser Anteil bei größeren Unternehmen etwa ein Drittel beträgt. Interessant ist darüber hinaus insbesondere, dass Zulieferer der zweiten Stufe und folgende mit einem Anteil von 35 % signifikant häufiger über verkürzte Produktlebenszyklen berichten als Zulieferer auf der ersten Stufe (18 %). Dies könnte ein Hinweis darauf sein, dass die Erneuerung zwischen ähnlichen Modellpaletten und bei Programmen innerhalb einer Modellpalette weniger bei den gesamten Systemen an sich stattfindet als bei den einzelnen Komponenten, die in den weiter aufwärts gelagerten Stufen der Wertschöpfungskette entwickelt und hergestellt werden.

Auch hinsichtlich ihrer zukünftigen Erwartung zur Entwicklung der Produktlebenszyklen bis ins Jahr 2020 berichten die meisten der befragten Zulieferer von gleichbleibenden Erwartungen (46 %). Allerdings ist der Anteil der Zulieferer, die zukünftig eine Verkürzung erwarten, mit 40 % signifikant höher als in der

Vergangenheit beobachtet (etwa 27 %). Auch hier sind die Erwartungen hinsichtlich einer zukünftigen Verkürzung der Produktlebenszyklen bei KMU wiederum geringer ausgeprägt als bei größeren Unternehmen (33 % vs. 50 %); hinsichtlich der Stellung in der Wertschöpfungskette zeigt sich der für die Vergangenheit beobachtbare Unterschied bei den zukünftigen Erwartungen allerdings nicht mehr.

Insgesamt lässt sich hinsichtlich der vermuteten Verkürzung der Produktlebenszyklen festhalten, dass diese im Unterschied zur Erhöhung der Variantenzahl für die Zukunft stärker erwartet wird als in der Vergangenheit erlebt. Die deutschen Automobilzulieferer scheinen davon auszugehen, dass sich die weiter gehenden Ausdifferenzierungen der Modellpaletten, insbesondere auch um Modelle mit alternativen Antriebstechnologien und neuen Fahrzeugkonzepten, weiter verkürzend auf die Lebenszyklen ihrer Produkte und Komponenten auswirken werden. Im Zusammenhang mit den gestiegenen Innovationsanstrengungen, die sie in Zukunft gegebenenfalls über eine kürzere Produktlebenszeit im Markt finanzieren müssen, könnte dies Zulieferer mit bereits geringen Margen in ein existenzielles Dilemma bringen. Hier gilt es zukünftig genau zu beobachten, wie sich diese Schere auf die Wettbewerbsfähigkeit der deutschen Zulieferer, insbesondere der bei neuen Antriebs- und Fahrzeugkonzepten innovativ tätigen, auswirkt.

ERGÄNZUNG DES PRODUKTPORTFOLIOS DURCH NEUE MOBILITÄTSKONZEPTE 3.

Bisher genannte Strategien beziehen sich auf Veränderung und Optimierung an Größe, Design und Antrieb des Automobils mit dem Ziel ein Produktportfolio anzubieten, das möglichst vielen individuellen Kundenwünschen genügt und den wachsenden Anforderungen an Energieeffizienz und Klimaschutz gerecht und so die Automobilindustrie als reiner Produzent und Verkäufer von Fahrzeugen erhalten wird. Sowohl Wissenschaft als auch Unternehmensberatungen und Verbände weisen aber auf die Möglichkeit einer ganz anderen Entwicklung hin: dem Wandel der Automobilindustrie vom reinen Verkäufer eines Fahrzeugs zum Anbieter von Dienstleistungen im Bereich der Mobilität (Adler 2011, Arthur D. Little 2011; Canzler/Knie 2009; Frost & Sullivan 2012b; Huber et al. 2011; Schade et al. 2011; Urry 2007).

»Nutzen statt besitzen« sind hier die Schlagworte. Der Wunsch nach Besitz eines Automobils könnte zunehmend abgelöst werden durch das Bedürfnis, mobil zu sein – optimal auf den Fahrtzweck angepasst, aber egal mit welchem Verkehrsmittel und damit flexibel in der Verkehrsmittelwahl, von Auto über Fahrrad und Mitfahrgelegenheit bis hin zu Bus und Bahn. Mobilitätsdienstleistungen rund um diese flexible (Auto-)Mobilität könnten attraktive Antworten auf diese neuen Bedürfnisse geben.

Die neuen Mobilitätsdienstleistungen können vielschichtig sein und vom Angebot eines Carsharingsystems in einigen ausgewählten Städten, über die Ermittlung von optimalen multimodalen Wegeketten bis hin zur Buchung, Reservierung und Bezahlung aller Verkehrsmittel einer multimodalen Wegekette reichen. Zwei wichtige Voraussetzungen müssen in jedem Fall geschaffen werden: Erstens ist eine Vernetzung sowohl von IT-Systemen als auch von verschiedenen Verkehrsmitteln erforderlich, deswegen wird auch von der vernetzten Mobilität gesprochen, und zweitens müssen diese vernetzten Mobilitätsdienstleistungen durch rentable Geschäftsmodelle hinterlegt sein.

MOBILITÄTSKONZEPTE ALS ANTWORT AUF VERÄNDERTES MOBILITÄTSVERHALTEN 3.1

Das Mobilitätsverhalten junger Erwachsener unterliegt heute einem Veränderungsprozess, insbesondere im urbanen Raum. Eine gleichbleibend hohe Nachfrage nach Mobilität geht einher mit der wachsenden Bereitschaft unterschiedliche Verkehrsmittel häufiger zu kombinieren, als das in der Vergangenheit zu beobachten war. In den letzten Jahren fand in der jungen Generation eine Veränderung der Prioritätensetzung statt. Stand in den 1980er und 1990er Jahren der Besitz eines Automobils ganz oben in der Prioritätenskala, so wird in der Generation der 14- bis 29-Jährigen die größte Bedeutung heute den IK-Technologien zugeschrieben. Abbildung IV.19 zeigt, dass es jungen Erwachsenen deutlich schwerer fällt, auf Handy oder Internet zu verzichten als dem Rest der Bevölkerung. Im Gegenzug kann sich diese Bevölkerungsgruppe eher vorstellen, ohne einen Pkw auszukommen.

Durch den erweiterten Funktionsumfang und das wachsende Angebot an Smartphones, Tablet-PC etc. und der starken Vernetzung im Internet (»social networks«) ist von einer Festigung und Verstärkung dieser Priorisierung auszugehen. Gerätepreise von 500 bis 800 Euro sowie weitere kostenpflichtige Dienstleistungen führen dazu, dass diese Generation einen erheblichen Teil des verfügbaren Einkommens für IK-Technologien verwendet. Die Statussymbolik, die mit den mobilen Geräten verbunden wird, ist durchaus mit der eines Automobils in der Vergangenheit zu vergleichen.

Die sinkende Bedeutung des Pkw-Besitzes lässt zunächst vermuten, dass auch das allgemeine Mobilitätsbedürfnis dieser Generation zurückgeht. Großen deutschen Mobilitätsstudien zur Folge ist dies jedoch nicht der Fall. Sowohl das deutsche Mobilitätspanel als auch die Studie »Mobilität in Deutschland« verzeichnen zwar eine Stagnation aber keinen Rückgang der Verkehrsleistung (Zumkeller et al. 2011; Infas/DLR 2010). Dies deutet darauf hin, dass zwar die Wichtigkeit des Pkw-Besitzes zurückgeht, aber deshalb keineswegs auf Mobilität verzichtet werden soll.

ABB. IV.19 PRIORITÄTEN JUNGER ALTERSKLASSEN IM VERGLEICH ZUR GESAMTBEVÖLKERUNG (IN %)

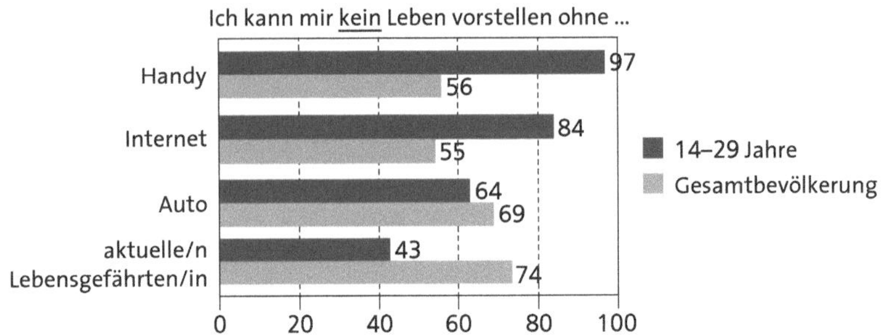

Quelle: Scheer 2009

Ein weiterer Trend, der die Flexibilität dieser Generation aufnimmt, ist die Bereitschaft, sich multimodal fortzubewegen. Als multimodal werden Menschen bezeichnet, die während eines festen Zeitraumes mehr als ein Verkehrsmittel benutzen. Wie in Abbildung IV.20 zu sehen ist, stieg der Anteil der jungen Erwachsenen, die sich multimodal fortbewegen, in den vergangenen Jahren deutlich an. Sowohl für die Bereitschaft zur Nutzung des öffentlichen Verkehrs (ÖV) als auch für die Fortbewegungsformen in Kombination mit dem Fahrrad konnte eine wachsende Nutzung festgestellt werden. Der Anteil der Personen, die nur den Pkw (MIV) benutzen, ist hingegen deutlich rückläufig. Neben der Bereitschaft, mehrere unterschiedliche Verkehrsmittel für verschiedene Zwecke zu nutzen, steigt auch die Anzahl derer, die sich intermodal fortbewegen, d.h. innerhalb eines Weges mehrere Verkehrsmittel benutzen.

ABB. IV.20 VERKEHRSMITTELNUTZUNG JUNGER ERWACHSENER

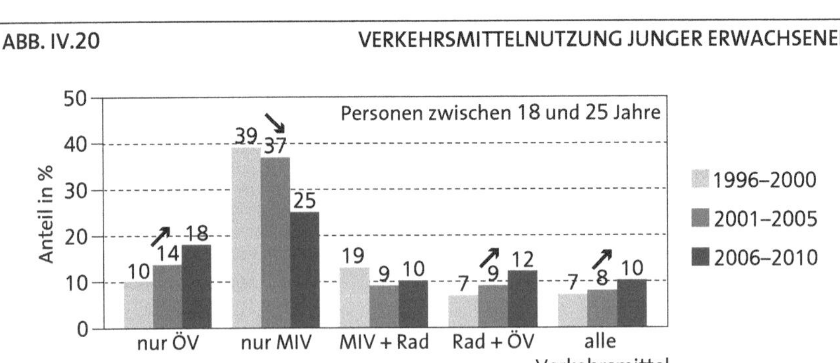

Restliche Prozentpunkte zu 100%: Fuß und sonstige Verkehrsmittel

Quelle: Zumkeller et al. 2011

Der Trend von Mono- zur Multimodalität sowie die Verknüpfung der Verkehrsmittel zu intermodalen Wegeketten sind klar erkennbar. Carsharing stellt ein wichtiges Angebot in den multimodalen Mobilitätskonzepten dar und bietet auch die Möglichkeit, private Pkw in größerem Umfang komplett abzuschaffen. Damit würde sich der Absatzmarkt für Pkw verkleinern. Andererseits entstehen neue Dienstleistungen, von denen als ein Beispiel die Organisation und Abwicklung von Carsharing genannt werden soll. Es entstehen ganz neue Märkte für Dienstleistungen zur Sicherung der Mobilität, die nach ersten Schätzungen bis 2020 wertmäßig bereits über 20 % des gesamten Mobilitätsmarktes der Triade-Länder umfassen könnten (Arthur D. Little 2011).

Im Mittelpunkt solcher Mobilitätsdienstleistungen steht die intelligente Verknüpfung von unterschiedlichen Bausteinen der vernetzten Mobilität, wie sie in Abbildung IV.21 dargestellt ist. Das Smartphone im Zentrum koordiniert und organisiert dabei die intramodalen Mobilitätsketten.

ABB. IV.21 VERNETZUNG DER MOBILITÄTSBAUSTEINE VIA SMARTPHONE

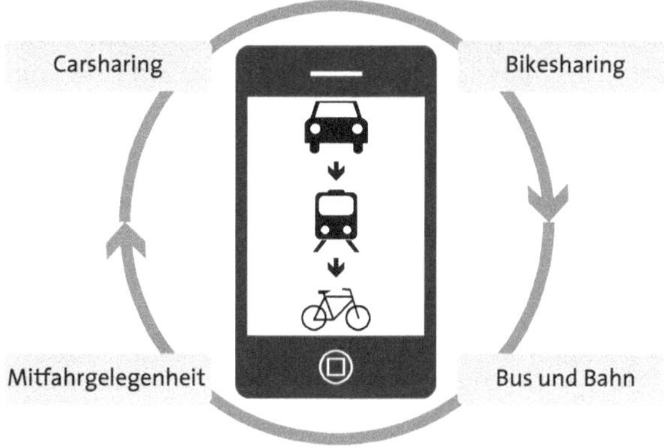

Eigene Darstellung

Im Netzwerk der vernetzten Mobilität spielen neben modernem öffentlichem Verkehr mit Bus und Bahn auf den stark nachgefragten Korridoren ergänzende, individuelle Angebote durch Car- und Bikesharing eine wichtige Rolle:

› *Carsharing*: beinhaltet das Mieten eines Pkw für eine bestimmte Dauer. Im Unterschied zu Mietwagen wird hierbei eine Registrierung erforderlich und eine monatliche Grundgebühr ist zu entrichten. Dafür ist Entleihe und Rückgabe des Pkw deutlich vereinfacht gegenüber einem Mietwagensystem. Bei klassischen Carsharingsystemen wird der Pkw vorab für einen gewissen Zeitraum gebucht, an einer festen Station abgeholt und auch dorthin zurückgebracht. Die flexiblen Systeme erlauben die Spontannutzung ohne vorheriges Buchen und ohne Angabe des Rückgabezeitpunktes. Das Fahrzeug kann nach beliebig langer Zeit und meist auch an einem beliebigen Ort innerhalb einer vorgegebenen Region wieder zurückgegeben werden (Open-End-Nutzung).

› *Bikesharing*: Diese Systeme weisen eine Analogie zu Carsharingkonzepten auf: Auch hier kann unterschieden werden zwischen klassischen und flexiblen Konzepten. Das klassische Leihsystem arbeitet mit festen Stationen, wohingegen bei flexiblen Konzepten sowohl das Ausleihen als auch das Zurückgeben an beliebigen Orten möglich ist. Anders als bei den Carsharingkonzepten sind bei Bikesharingkonzepten die flexiblen Ansätze – zumindest in Deutschland – weit verbreitet.
› *Moderner öffentlicher Verkehr*: Busse und Bahnen werden momentan stark modernisiert. Neben ansprechenden, komfortablen und sauberen Fahrzeuge gehören zum modernen öffentlichen Verkehr auch die Bereitstellung von Fahrplan-, Wegeketten und Verspätungsinformationen für IKT-Medien (insbesondere Smartphones) sowie E-Ticketing.
› *Mitfahrgelegenheiten*: Sie bieten Privatpersonen die Möglichkeit, bei Fahrten freie Plätze im Pkw zur Verfügung zu stellen bzw. zu nutzen. Meist wird dies über Internetplattformen organisiert. Mittlerweile nutzen auch Firmen diese Möglichkeiten, um interne Fahrten besser auszulasten. Zukünftig könnten durch IKT organisierte Echtzeitmitfahrgelegenheiten ergänzende Bausteine in neuen Mobilitätskonzepten darstellen.

Die vernetzte Mobilität ist heute erst in Ansätzen realisiert. In einigen Städten kooperieren Carsharing- und ÖV-Anbieter, in Feldversuchen wurde auch bereits der ÖV mit Bike- und Carsharing vernetzt angeboten, aber die volle Ausbaustufe aller Mobilitätsoptionen zusammen mit vereinfachter Buchungs- und Nutzungsmöglichkeit sowie mit flächendeckendem Angebot existiert noch nicht. Der sich anbahnende Erfolg von vernetzten Mobilitätsdienstleistungen kann daher nur anhand der einzelnen Bausteine verdeutlicht werden.

CARSHARING 3.1.1

Den dynamischsten Baustein stellt das Carsharing dar. Nach dem anfänglich nur mäßigen Erfolg der Start-up-Unternehmen beim Carsharing in den 1990er Jahren und einer Stagnation zu Beginn der 2000er Jahre nimmt die Anzahl der Anbieter seit 2006 kontinuierlich zu. Abbildung IV.22 illustriert die Entwicklung anhand der Anbieter- und Nutzeranzahl in Deutschland. Der zusätzliche Markteintritt flexibler Anbieter ab 2009, die vom Engagement der großen Automobilhersteller geprägt sind, beschleunigte diesen Trend. Mittlerweile gibt es deutschlandweit über 60 verschiedene Anbieter, die teilweise an mehreren Standorten (Städten) vertreten sind.

ABB. IV.22 ENTWICKLUNG DER ANZAHL VON CARSHARINGANBIETERN UND -NUTZERN

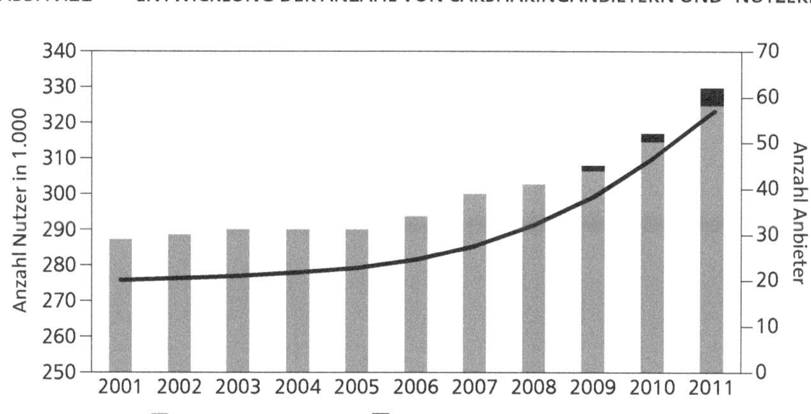

Quelle: Fraunhofer ISI 2012

Die starke Nachfrage nach Carsharing ist jedoch nicht nur ein deutsches Phänomen: In sämtlichen Ländern der Triade wurde in den vergangenen Jahren eine Reihe großer Carsharinganbieter gegründet (Tab. IV.9). Während in Nordamerika die als »zipster« bezeichneten Nutzer des mit 75 % Marktanteil (Frost & Sullivan 2010) dominierenden Anbieters »Zipcar« längst die Marke von 500.000 überschritten haben, erreichen deutsche und japanische Anbieter typische Größen zwischen 30.000 und 40.000 Mitgliedern.

TAB. IV.9 GROSSE KLASSISCHE CARSHARINGANBIETER WELTWEIT

	Zipcar	Flinkster	Stadtmobil	Cambio	Orix CarShare
	USA	Deutschland/ Österreich	Deutschland	Deutschland/ Belgien	Japan
Anzahl Mitglieder	690.000	ca. 180.000	ca. 40.000	45.000	27.000
Anzahl Fahrzeuge	9.011	4.500	1.500	3.000	1.060
Abdeckung	66 Städte	140 Städte	74 Städte	100 Städte	7 Städte

Quelle: www.zipcar.com/sdsu/learn-more?plan_key=odp, http://karlsruhe.stadtmobil.de, www.cambio-carsharing.de, Frost & Sullivan 2011b, www.flinkster.de/index.php?id=323&f=3&tx_ttnews[tt_news]=127&tx_ttnews[backPid]=322&cHash=8dd138b798

Im Gegensatz zu den deutschen Anbietern, »Stadtmobil« und »Flinkster«, die sich in der Vergangenheit im Privatkundenbereich an Nutzergruppen mit einem höheren Bildungsniveau und überdurchschnittlich gutem Einkommen richteten (Wuppertal-Institut 2007), versucht der amerikanische Anbieter »Zipcar«, die Nutzergruppen kontinuierlich zu erweitern. In diesem Bemühen wurde zuletzt auf offensive Werbung an Universitäten und Colleges sowie in verschiedenen Unternehmen gesetzt.

Die grundsätzlichen Unterschiede zwischen den klassischen und flexiblen Systemen liegen darin, dass die flexiblen Anbieter nicht stationsbasiert organisiert sind und stattdessen die Fahrzeuge überall innerhalb eines festgelegten (Stadt-)Gebiets abgestellt werden können. Dem Vorteil der klassischen Systeme, eine große Bandbreite an Fahrzeugtypen bereitzustellen, steht der Nachteil des Mangels an Flexibilität bei der Buchung gegenüber. Station, Abhol- und Rückgabezeit müssen bei der Buchung festgelegt werden. Diese Nachteile versuchen die flexiblen Systeme auszugleichen. Spontannutzung ohne zeitliche Begrenzung (»open end«) und freie Wahl des Abstellortes (»one way«) sind die Kernelemente des Geschäftsmodells »car2go« von Daimler und »DriveNow« von BMW/Sixt. Der Erfolg von »car2go« als Pionier in diesem Feld erstreckt sich sowohl auf Deutschland als auch auf Nordamerika und das europäische Ausland. Dabei haben sich typische Flottengrößen von 300 bis teilweise 1.200 Fahrzeugen pro Stadt als ein attraktives Angebot erwiesen.

Insgesamt erreichen die flexiblen Anbieter mittlerweile die Flottengrößen der erfolgreichen klassischen Anbieter, so unterhält »car2go« eigenen Angaben zufolge weltweit etwa 5.000 Fahrzeuge (www.car2go.com/?selection=new [6.2.2013]). Auch »DriveNow« treibt die Internationalisierung voran und eröffnete kürzlich in San Francisco den ersten Standort außerhalb Deutschlands. Es wird erwartet, dass das Wachstum der vergangenen Jahre anhält und die flexiblen Anbieter zukünftig eine deutlich gewichtigere Rolle spielen werden. Es ist aber nicht damit zu rechnen, dass sie die klassischen Systeme komplett verdrängen werden.

Beide Systeme (klassisch und flexibel) sprechen unterschiedliche Mobilitätsbedürfnisse an. Die kleinen Stadtfahrzeuge und das Systemkonzept der flexiblen Anbieter eignen sich nur bedingt für längere Überland- oder Urlaubsfahrten. Die klassischen Systeme weisen dagegen Nachteile bei der Spontannutzung auf. Mit der Kombination aus »Quicar« und »Quicar Plus« bietet deshalb Volkswagen in Hannover die Kombination beider Systeme an: Spontannutzung für den Alltagsgebrauch mit Kleinwagen und das volle VW-Produktsortiment für längere Freizeitfahrten. Ein solches System schafft eine variantenreiche Alternative zum eigenen, festdefinierten Pkw, mit der Einschränkung Fahrten buchen zu müssen, aber der Freiheit von Versicherung, Reparaturen, Öl- und Reifenwechsel. Letzteres stellt einen Komfortvorsprung von Carsharing gegenüber dem privaten Pkw dar.

Eine Variante der klassischen Carsharinganbieter stellt »Flinkster« dar. Die durch DB Rent betriebene Flotte beschränkte sich zunächst auf Stationen in unmittelbarer Umgebung der Bahnhöfe als Ergänzung zum Bahnverkehr (letzte

Meile). Die einzelne Stadt wurde nicht flächig abgedeckt, aber es existierte ein Angebot an Bahnhöfen in zahlreichen Städten. In den letzten Jahren wurde das stationsbasierte System jedoch zunehmend flächig in den einzelnen Städten ausgebaut, sodass »Flinkster« mittlerweile in einigen Städten ein relativ dichtes Netz von Stationen unterhält und somit sich konzeptionell anderen klassischen Anbietern annähert. Die heute schon gegebene enge Verknüpfung mit dem Bahnverkehr (z.B. durch die Möglichkeit der gemeinsamen Buchung) unterscheidet »Flinkster« dabei von anderen klassischen Anbietern.

Zusammenfassend kann von einem deutlichen Attraktivitätsgewinn des Bausteins Carsharing gesprochen werden. Aus den Nischenlösungen der 1990er Jahre werden mittlerweile komfortable und attraktive Angebote für Kunden und Unternehmen. Hohe Flexibilität bei Nutzungsdauer, Fahrzeugwahl und Abstellort sind zentrale Kriterien, damit auch anspruchsvollen Nutzern die Möglichkeit gegeben wird, dauerhaft auf ihren privaten Pkw verzichten zu können. Die hohe Dynamik bei der Verbreitung von Carsharingangeboten und damit verbundenen Mobilitätsdienstleistungen bewirkt, dass auch die für diese Studie in den Jahren 2011 und bis Mitte 2012 sorgfältig erhobenen Zahlen schnell veralten und von der Realität überholt werden.

BIKESHARING 3.1.2

Seit Anfang der 2000er Jahre nimmt die Beliebtheit von Fahrrädern im urbanen Bereich stetig zu. Neben aufwendig designten Citybikes im Retrolook steigert gerade bei Personen mit alters- oder krankheitsbedingten Einschränkungen die Unterstützung durch Elektromotoren die Attraktivität des Fahrrads deutlich. Die sogenannten Pedelecs werden zunehmend auch in Bikesharingflotten eingesetzt, wodurch sich die Akzeptanz für diesen Baustein der Mobilitätskonzepte auch in bergigen Städten deutlich erhöht. Der zunehmende Ausbau städtischer Radverkehrsnetze macht das Fortbewegen per Fahrrad deutlich sicherer und komfortabler. Ähnliche Entwicklungen sind sowohl im europäischen Ausland als auch in ausgewählten Städten in Nordamerika (Pucher et al. 2011) und Asien zu beobachten. Tabelle IV.10 listet große europäische Bikesharinganbieter auf. Besonders in Frankreich und Südeuropa haben sich mittlerweile umfangreiche System etabliert, obwohl diese Länder zuvor nicht als fahrradaffin in der täglichen Nutzung galten. Das in Europa derzeit größte System mit 20.000 Fahrrädern wurde in Paris implementiert.

Die kostenlose Nutzung der ersten halben Stunde, die nahezu alle Systeme gemein haben, stimuliert zwar die Nachfrage, führt aber auch dazu, dass die Systeme entweder auf Zuschüsse der öffentlichen Hand angewiesen sind oder auf Quersubventionen aus Zweitnutzungen wie z. B. dem Verkauf von Werbefläche. Bei allen großen europäischen Systemen außerhalb Deutschlands ist die Ausleihe und Rückgabe der Räder nur an festen Stationen möglich. Mittlerweile werden auch zunehmend die Call-a-Bike-Systeme in Deutschland stationsbasiert betrieben (Stand 2012).

TAB. IV.10 GROSSE EUROPÄISCHE BIKESHARINGUNTERNEHMEN AUSSERHALB DEUSCHLANDS

Anbieter	Ausleihart	Anzahl Fahrräder
Vélib' (Paris)	stationsgebunden (1.800 Stationen)	20.000
Vélo'v (Lyon)	stationsgebunden (340 Stationen)	4.000
Bicing (Barcelona)	stationsgebunden (420 Stationen)	6.000
Sevici (Sevilla)	stationsgebunden (250 Stationen)	2.500
Citybike (Wien)	stationsgebunden (92 Stationen)	1.200
Barclays cycle hire (London)	stationsgebunden	ca. 6.000

Quelle: Webseiten der einzelnen Anbieter

Betriebswirtschaftlich ist das Bikesharing alleine nicht erfolgreich. Als Baustein innerhalb der Mobilitätskonzepte kommt ihm dennoch eine Bedeutung zu, da es den Erfolg von Carsharing und ÖPNV verstärken kann. Besonders kurze, innerstädtische Strecken oder solche mit Zubringerfunktion zu anderen Verkehrsmitteln bieten hohe Potenziale für Bikesharing. Umso wichtiger wird zukünftig die Vernetzung der Verkehrsmittel durch IKT, um möglichst kurzfristig auf andere Verkehrsmittel ausweichen zu können. Dabei werden Bikesharingnutzer häufig auch (potenzielle) ÖV- oder Carsharingnutzer sein.

VERKNÜPFUNG DER BAUSTEINE ZU MOBILITÄTSKONZEPTEN 3.1.3

Die Vernetzung zwischen den unterschiedlichen Bausteinen hat bereits heute begonnen. Dies reicht von einfacher Rabattierung bei Nutzung mehrerer Bausteine bis hin zur vollständigen Integration, allerdings noch regional eingeschränkt. Ein erster Ansatz liegt in der Kooperation zwischen Carsharing- und ÖPNV-Unternehmen. In der Regel werden Abo-Kunden (Inhaber von Jahres- oder Monatskarten) des ÖPNV Rabatte auf Anmelde- und/oder Grundgebühr der Carsharinganbieter gewährt. Die höchste durchschnittliche Reduktion ist dabei bei der Anmeldegebühr (38 %) möglich. Die Ersparnis bei Grundgebühr und Nutzungskosten sind deutlich niedriger (TAB 2013). Vorteile für die Anbieter ergeben sich aus Synergien durch gemeinsame Verkaufsstellen und einer Erhöhung der Feinerschließung der ÖPNV-Nutzer durch die Kombination mit Carsharing.

Die zweite Verknüpfung zwischen Bausteinen stellt die Kooperation zwischen Carsharing und Mitfahrgelegenheiten dar. »DriveNow« integriert seit Kurzem Anfragen aus der Mitfahrplattform »flinc« in ihren Carsharingangeboten. Die Multimediadisplays in den DriveNow-Fahrzeugen zeigen dabei Mitfahrwunsch mit Abholort und benötigtem Umweg an und senden bei Bestätigung automatisch eine Nachricht an den Mitfahrer. Zum einen liegen diese in der Verfügbarkeit und Aufbereitung der Daten und zum anderen in den Möglichkeiten der ansprechenden Visualisierung.

Als nächster Schritt in Richtung Vernetzung der Mobilitätsbausteine kann das durch die Daimler AG im vierten Quartal 2012 unter der Bezeichnung »Moovel« geschaffene Mobilitätsportal gesehen werden (www.moovel.com). Dieses webbasierte Auskunftssystem integriert »car2go«, den ÖPNV und Mitfahrgelegenheiten in den Städten Berlin und Stuttgart.

Einfache und intuitive Bedienung wird zum Erfolg von Mobilitätskonzepten in erheblichem Umfang beitragen. Dazu gehören neben Buchungssystemen, die alle Bausteine einschließen, auch transparente Abrechnungen aus einer Hand. Als erstes Komplettkonzept eines Anbieters testete 2011 die Deutsche Bahn AG neue Abrechnungssysteme im Rahmen des Forschungsprojekts »BeMobility« (www.bemobility.de/bemobility-de/start [13.9.2012]) in Berlin. Mit einer Mobilitätskarte konnten in der dreimonatigen Testphase sowohl der ÖPNV, Elektrofahrzeuge von Flinkster (Carsharing) sowie Mietfahrräder von »Call a Bike« genutzt werden. Die Funktionsweise der Mobilitätskarte ist ähnlich der eines Kombitickets. Sie dient sowohl als Fahrkarte für den ÖPNV wie auch als Schlüssel für Mietfahrräder sowie Carsharingfahrzeuge. Dabei konnte der Kunde ein auf die Karte geladenes Budget zur Nutzung von Mietfahrrädern bzw. Carsharingfahrzeugen nutzen. Die Erkenntnisse aus dem Projekt dienen auch der Verbesserung der Auskunftssysteme der Deutschen Bahn AG wie dem DB-Navigator als Smartphone-App.

Multicity (von Citroën) komplettiert diese Entwicklung unter Rückgriff auf verschiedene Auskunftssysteme (z.B. das der Deutschen Bahn AG) und bietet eine Onlineplattform zur Planung der jeweils verkehrsgünstigsten, preiswertesten, schnellsten oder auch umweltverträglichsten Route für jede individuelle Reise von Haus zu Haus an. Dabei besteht die Möglichkeit, die einzelnen Verkehrsmittel direkt über das Portal zu buchen.

Die Verknüpfung der Bausteine wird sukzessive zu kompletten Mobilitätskonzepten eines Mobilitätsdienstleisters, welche eine Gesamtreiseplanung von Tür zu Tür ermöglichen, ausgebaut. Unter dem Begriff »fifth mode« etabliert sich ein solcher Ansatz gerade im europäischen Raum (Schade/Rothengatter 2011). Eine zentrale Rolle werden dabei transparente Abrechnungssysteme sowie benutzerfreundliche und flexible Buchungssysteme spielen. Entscheidend für die Umsetzung wird aber auch die standardisierte Bereitstellung und freie Zugänglichkeit von Fahrplandaten (»open data«) sein.

MÖGLICHE STRATEGIEN DER AUTOMOBILHERSTELLER 3.2

Der Einstieg in die neuen Mobilitätskonzepte sollte aus mehreren Gründen für die Automobilhersteller interessant sein: Mobilitätskonzepte und im Besonderen der Baustein Carsharing bieten zum einen die Generierung von Wertschöpfung und zum anderen die Möglichkeit, die Markenpräsenz der Automobilhersteller in den Städten gezielt zu erhöhen. Gleichzeitig können technologische Neuerungen direkt im Alltagsbetrieb getestet werden.

Mit steigender Nutzung der Mobilitätskonzepte und einem umfassenderen Ausbau wird der Trend sich verstärken, auf den privaten Pkw zu verzichten. Dies kann zu deutlichen Umsatzrückgängen beim Absatz von Neufahrzeugen führen. Nimmt man an, dass bis 2030 etwa 37 % der deutschen Bevölkerung (entspricht allen Einwohnern in Städten ab 50.000 Einwohner) grundsätzlich Zugang zu Mobilitätskonzepten hat, so wären bei heutigem Nutzerverhalten der Carsharingmitglieder Umsätze für Carsharing in einer Bandbreite von 1 bis etwa 5,5 Mrd. Euro generierbar (Berechnungen basierend auf Fraunhofer ISI 2012). Steigt die Nutzung von Carsharing bei besser ausgebauten Systemen, würden sich die Umsätze entsprechend erhöhen. Gleichzeitig werden einige Nutzer auf ihren privaten Pkw verzichten. Tritt dies ungefähr in heutigem Umfang ein, entsteht jährlich ein Umsatzrückgang von 1,3 bis 3,6 Mrd. beim Verkauf von Pkw. Mit der Erweiterung der Angebote zu Mobilitätskonzepten steigt das Umsatzpotenzial weiter und kompensiert den Verlust beim Absatz von Pkw.

Neben direkten Effekten auf Umsatz und Gewinn erreicht Carsharing eine erhöhte Markenpräsenz in den Städten. Bei den bereits betriebenen flexiblen Systemen von »car2go« und »DriveNow« hat dies zur Folge, dass im städtischen Bereich etwa 300 bis 1.200 Fahrzeuge eines bestimmten Typs unterwegs sind. Die markanten Fahrzeuge der Flotten sind deutlich im Stadtbild sichtbar und tragen zum Bekanntheitsgrad der Marken bei. Carsharing bietet die Möglichkeit der frühzeitigen Markenbindung junger Nutzer und schafft so auch ein Potenzial, wenn diese sich später zur Anschaffung eines privaten Pkw entscheiden sollten.

Ein weiterer Vorteil für die Automobilindustrie ist die Möglichkeit, technologische Neuerungen schnell und mit geringem Aufwand im Alltagsbetrieb testen zu können. Dies betrifft Kommunikationstechnologien im Fahrzeug, aber auch elektrisch betriebene Fahrzeuge, wie es momentan bei »car2go« in Amsterdam und San Diego der Fall ist. Informationen zu Fahrzyklen, Fahrverhalten sowie Kundenanforderungen können so einfach gesammelt werden.

Nach anfänglichem Zögern ist seit 2009 auch die deutsche Automobilindustrie aktiv geworden und entwickelt ihre eigenen Mobilitätsansätze. Welche Kooperationen zwischen etablierten Marken der Mobilität und Neu-/Quereinsteigern letztendlich zielführend sein werden und sich am Markt etablieren können, ist heute noch sehr schwer abzuschätzen. Die Stärken der Automobilindustrie sind aus heutiger Sicht im Bereich Carsharing zu sehen. Besonders die flexiblen Ansätze scheinen erfolgversprechend zu sein. Die Erweiterung auf ein Fahrzeugsortiment, welches alle Fahrzeugklassen umfasst, empfiehlt sich, um den Nutzern attraktive Alternativen zum privaten Pkw zu bieten.

Das Anbieten von vernetzten Mobilitätskonzepten umfasst ein ausgereiftes Informations-, Buchungs- und Abrechnungssystem sowie ein Flottenmanagement. Ein solches integratives Mobilitätsangebot könnte neue Anbieter in der Personenmobilität zum Zuge kommen lassen. Zum einen sind dies Technologiekonzerne, die entsprechende Elektronikgroßsysteme anbieten können (wie Siemens oder IBM). Zum anderen verfügen auch die globalen Internetkonzerne, wie Google oder Facebook, über erste Konzepte (Google Transit) und die entsprechenden Zugangskanäle zu den Nachfragern sowie über das Know-how zur Entwicklung solcher Systeme.

GLOBALE ENTWICKLUNG DER AUTOMOBILMÄRKTE V.

Die globalen Automobilmärkte befinden sich seit einigen Jahren im Umbruch. Parallel zur Stagnation der Absatzzahlen auf den Triade-Märkten in USA, Japan und der EU entfaltet sich ein rasantes Wachstum der BRICS-Märkte. Die Kundenanforderungen dieser dynamischen Märkte unterscheiden sich teilweise deutlich von den traditionellen Absatzmärkten. Gerade in den dicht besiedelten Staaten wie China und Indien spielen die Klein- und Minisegmente eine sehr große Rolle. Gleichzeitig ist in manchen Schwellenländern aber auch ein Wachstum des Luxusklassesegments zu beobachten.

Für die deutschen Automobilhersteller waren in den letzten Jahrzehnten hauptsächlich die Triade-Märkte von Interesse. Mittelfristig erscheint eine Verschiebung dieser Interessenslage hin zu den BRICS-Märkten aufgrund der dort hohen Wachstumsraten sehr wahrscheinlich (Abb. V.1).

ABB. V.1 ENTWICKLUNG DER ABSATZZAHLEN IN BRICS- UND TRIADE-STAATEN

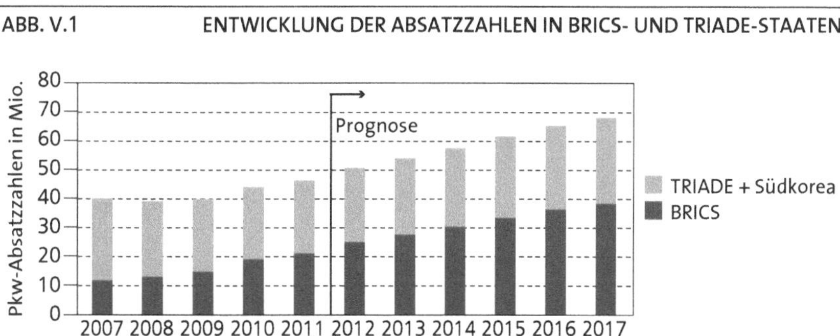

Quelle: Frost & Sullivan 2012c

Die ausgeprägten Exportverflechtungen der deutschen Automobilindustrie (Kap. III) erfordern zwingend eine Berücksichtigung weltweiter Marktentwicklungen. Triade- und BRICS-Länder müssen dabei zukünftig beide als wichtige Absatzmärkte wahrgenommen werden. Besonders die starke Dynamik der Länder China, Indien und Brasilien fordern in Ergänzung zu Status-quo-Betrachtungen modellbasierte und validierte Prognosen.

MODELLBASIERTE NACHFRAGEPROGNOSE FÜR DEN WELTWEITEN AUTOMOBILMARKT 1.

Zur Prognose des weltweiten Pkw-Absatzes wurde für diesen Innovationsreport ein systemdynamisches Modell entworfen. Als Treiber der Marktentwicklung sind im Modell demografische und sozioökonomische Entwicklungen der einzelnen Weltregionen berücksichtigt. Die Modellstruktur entstand in Anlehnung an das europäische Verkehrsmodell (www.astra-model.eu; Schade 2005).

Aus Gründen der Übersichtlichkeit wurde das Modell modularisiert und dementsprechend ein Bevölkerungs-, Wirtschafts- und Flottenmodul implementiert. Während die ersten beiden Module hauptsächlich auf externen Prognosen beruhen (United Nations 2004; PwC 2011b), bildet das Flottenmodul den stufenweisen Prozess eines Pkw-Neukaufs ab. Diese Stufen beinhalten die Entscheidung zum Neukauf, die Segmentwahl sowie die Wahl der Antriebstechnologie (Abb. V.2).

ABB. V.2 DREI STUFEN DER PKW-NEUZULASSUNG

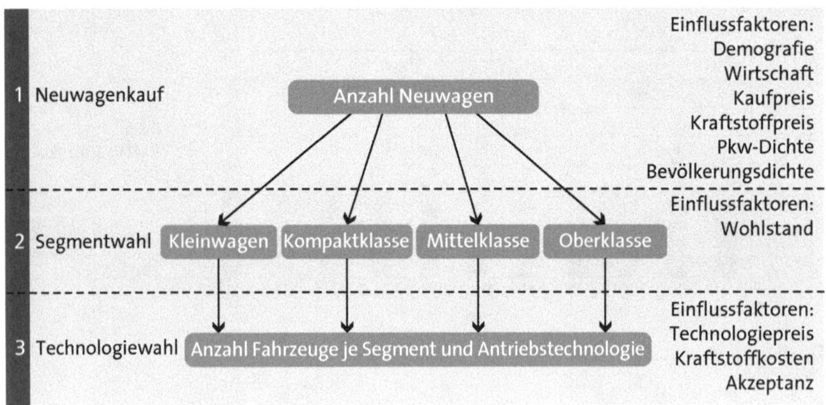

Eigene Darstellung

STUFE 1 – NEUZULASSUNGEN

Die Anzahl der Neuzulassungen wird positiv durch eine ansteigende demografische und wirtschaftliche Entwicklung beeinflusst. Neben den negativen und damit dämpfenden Auswirkungen steigender Anschaffungs- und Treibstoffkosten führt eine hohe Pkw-Besitzrate auch zu einer Dämpfung des Absatzwachstums und letztendlich zu einer Marktsättigung. Ein sinkender Nutzen des Automobils bei steigender Siedlungsdichte erklärt den negativen Einfluss der Bevölkerungsdichte im Modell (Tab. V.1).

TAB. V.1 EINFLUSSFAKTOREN AUF DIE ANZAHL DER PKW-NEUKÄUFE

	Richtung des Einflusses
Bevölkerungsentwicklung	positiv
verfügbares Einkommen	positiv
Kaufpreis	negativ
Treibstoffkosten	negativ
Bevölkerungsdichte	negativ
Pkw-Besitzrate	negativ

Eigene Zusammenstellung

STUFE 2 – SEGMENTWAHL

Nach der generellen Entscheidung zum Kauf eines Neuwagens wählt der Käufer ein passendes Fahrzeugsegment aus. Die Entscheidung für Kleinwagen, Kompakt-, Mittel- oder Oberklasse wird beeinflusst durch den Platzbedarf aufgrund des Familienstands sowie das erreichte Wohlstandsniveau. Da in vielen Ländern das Auto weiterhin als Statussymbol gilt, ist zu erwarten, dass sich die Käufer mit steigendem Wohlstand für höherwertige Segmente entscheiden werden.

STUFE 3 – TECHNOLOGIEWAHL

Abhängig von der Wahl des Segments fällt anschließend die Entscheidung des Käufers bezüglich der Antriebstechnologie. Die Einschränkungen in der Kombination von Segmenten und Antriebstechnologien werden in Tabelle V.2 dargestellt. Kapazitätsbeschränkung bei Batterien führen zu einer Begrenzung der Nutzung als reine Batteriefahrzeuge auf Klein- und Kompaktwagen. Die höheren Kosten sowie der erhöhte Platzbedarf der Brennstoffzelle hingegen sorgen dafür, dass diese zunächst (bis 2030) nur in Mittel- und Oberklassefahrzeuge verbaut wird. Ähnliches gilt für das Plug-in-Hybridfahrzeug.

TAB. V.2 TECHNOLOGIEVERFÜGBARKEIT JE SEGMENT

Fahrzeugsegment	konventionelles Fahrzeug (ICE)	Hybridfahrzeug (inkl. Voll- und Mildhybrid)	Plug-in-Hybridfahrzeug (PHEV)	batteriebetriebenes Elektrofahrzeug (BEV)	Brennstoffzellenfahrzeug (FCV)
Kleinwagen	x	x	–	x	–
Kompaktklasse	x	x	x	x	–
Mittelklasse	x	x	x	–	x
Oberklasse	x	x	x	–	x

Eigene Zusammenstellung

Die Technologiewahl findet im Wesentlichen auf Basis von drei Einflussgrößen statt: Treibstoffpreise (je nach Treibstoffart), Anschaffungskosten für die Technologie sowie Akzeptanz für die jeweilige Technologie (Tab. V.3). Wartungs- und Versicherungskosten spielen nur eine untergeordnete Rolle.

TAB. V.3 EINFLUSSFAKTOREN AUF DIE WAHL DER ANTRIEBSTECHNOLOGIE

	Relevanz
Anschaffungskosten	hoch
Treibstoffkosten	hoch
Akzeptanz	hoch
Steuer/Versicherung	mittel
Wartung	gering

Eigene Zusammenstellung

- *Treibstoffpreise*: Die Treibstoffpreise tragen erheblich zu den variablen Kosten einer Antriebstechnologie bei. Neben Benzin und Diesel wurden auch Biotreibstoffe, komprimiertes Erdgas, Autogas, Strom sowie Wasserstoff berücksichtigt. Die Energiepreisentwicklung stammt aus dem europäischen Energiemodell »POLES« (Fiorello et al. 2009). Die Preisentwicklung fossiler Kraftstoffe ist als eher moderat einzuordnen.
- *Anschaffungskosten*: Die Höhe des Kaufpreises beeinflusst die Kaufentscheidung maßgeblich. Die deutlichen Mehrkosten der alternativen Antriebe, verglichen mit den herkömmlichen Fahrzeugen, sorgen derzeit für Kaufzurückhaltung. Zukünftig werden jedoch Effizienzsteigerungen und Massenproduktion die Kosten für die Herstellung alternativer Antriebe deutlich reduzieren. Zudem gibt es in Frankreich, USA und China Tendenzen zur Subvention in Form von Abschlagszahlungen auf den Kaufpreis.
- *Akzeptanz*: Neben der Reichweite der Fahrzeuge und der Verfügbarkeit einer Tankstelleninfrastruktur beeinflussen auch Sicherheitsfragen die Akzeptanz für alternative Antriebe. In den Triade-Ländern werden diesbezüglich häufig ähnliche Erwartungen wie an die konventionellen Antriebe gestellt (Dütschke et al. 2011). Die niedrige Pkw-Verfügbarkeit in den BRICS-Ländern senkt die Erwartungen infolge fehlender Erfahrungen mit konventionellen Fahrzeugen. In Folge ist zu erwarten, dass die Akzeptanz hinsichtlich neuer Antriebstechnologien grundsätzlich etwas höher ist.

Bei einer Entscheidung für eine Antriebstechnologie vergleicht der Käufer zunächst die Kosten. Zusammen mit der Akzeptanz ergibt sich dann ein technologiespezifischer Nutzen. Der Logit[14]-Ansatz, auch bekannt aus der Verkehrsmit-

14 Der Logit-Ansatz ist ein Modell der Entscheidungstheorie zur nutzenbasierten Wahl unterschiedlicher, diskreter Alternativen (McFadden 2000).

telwahl, bietet die Möglichkeit, den darauf folgenden nutzenbasierten Entscheidungsprozess realistisch nachzubilden. Durch Vergleich der Nutzen aller Alternativen wird eine Wahrscheinlichkeit für die Wahl jeder Antriebstechnologie berechnet. Als Ergebnis dieser stufenweisen Modellberechnung ergeben sich die jährlichen Neuzulassungen für die BRICS- und Triade-Länder getrennt nach Segmenten und Antriebstechnologien. Durch Kombination des globalen Prognosemodells mit den EU-Prognosen des ASTRA-Modells wird das in diesem Projekt verwendete Prognosemodell des Fraunhofer ISI gebildet, welches den weltweiten Pkw-Markt zu 88 % abdeckt (Stand 2011). Eine Hochrechnung auf den gesamten Weltmarkt kann mit hinnehmbar kleiner Abweichung extrapoliert werden.

RAHMENBEDINGUNGEN DER INTERNATIONALEN MÄRKTE 2.

Sozioökonomische Rahmenbedingungen bilden die Basis für das beschriebene Prognosemodell. Ergänzend zu leicht zu quantifizierenden Daten bezüglich Ökonomie und Bevölkerung wird an dieser Stelle die Betrachtung der länderspezifischen Kundenanforderungen und des Akzeptanzverhaltens dargestellt.

Die positiven wirtschaftlichen Entwicklungen und der einhergehende Wohlstandszuwachs führten in den vergangenen Jahrzehnten in den Triade-Staaten zu einem starken Absatzwachstum. In den letzten Jahren deutet jedoch viel auf eine Abschwächung des Wachstums hin. In einigen Märkten ist bereits eine sättigungsbedingte Stagnation zu erkennen. Abbildung V.3 zeigt die Pkw-Verfügbarkeit als Indikator für den Sättigungsgrad der Märkte. Spitzenreiter sind die USA; dort kommen auf 1.000 Einwohner knapp 780 Pkw. Die Entwicklung in der Vergangenheit lässt neben den USA auch in Japan und Deutschland eine eintretende Sättigung erkennen (VDA 2011f).

ABB. V.3 PKW-VERFÜGBARKEIT IM VERGLEICH (STAND 2010)

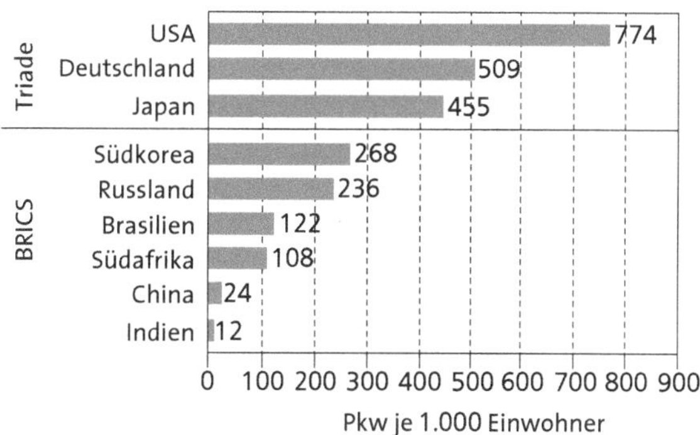

Quelle: VDA 2011f

In den BRICS-Märkten zeichnet sich ein anderes Bild ab. Bemerkenswert sind zunächst die Unterschiede innerhalb der BRICS-Gruppe. In Ländern wie Russland und Brasilien verfügt bereits heute jeder vierte bis achte über einen Pkw, wohingegen in China und Indien nicht einmal jeder 40. Einwohner ein Automobil besitzt. Unter der Annahme, dass auch in diesen Ländern die Sättigung erst bei etwa 500 Pkw pro 1.000 Einwohnern eintritt, wird klar, wie groß das Potenzial in diesen Märkten sein könnte. Wann oder wie schnell die BRICS-Märkte die Dimensionen der Triade erreichen, ist allerdings schwer vorherzusagen.

ABSATZMÄRKTE IN DEN TRIADE-STAATEN 2.1

Die Märkte der Triade bildeten lange Zeit das Rückgrat der weltweiten Pkw-Nachfrage. Auch wenn die Wachstumsraten gering sind, so wird durch das kontinuierliche Ersetzen von Altfahrzeugen auch zukünftig eine substanzielle Grundnachfrage generiert.

Wirtschaftlich gesehen sind die Unterschiede zwischen den Staaten marginal. Langfristig gesehen wird mit einer Steigerung von etwa 40 bis 50 % des BIP pro Kopf bis 2030 im Vergleich zu heute gerechnet (Abb. V.4). Aussagen zur kurz- und mittelfristigen Entwicklung sind deutlich schwerer zu treffen, da momentan unklar ist, wie lange die Kombination aus Wirtschafts-, Finanz- und Schuldenkrise das Wachstum negativ beeinflussen wird. Die japanische Wirtschaft und Gesellschaft muss zusätzlich noch die Auswirkungen der Erdbeben- und Tsunamikatastrophe verarbeiten.

ABB. V.4 PROGNOSTIZIERTE WIRTSCHAFTLICHE UND DEMOGRAFISCHE ENTWICKLUNG IN USA, JAPAN, DER EU SOWIE SÜDKOREA BIS 2030

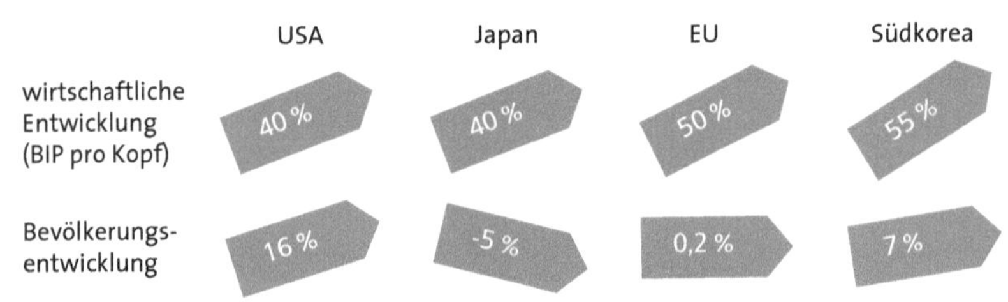

Quelle: PwC 2011b; United Nations 2004

Bei der demografischen Entwicklung zeichnet sich ein disperseres Bild ab. Während in den USA und Südkorea die Bevölkerung in den kommenden Jahren weiter ansteigen wird, stagniert sie in Europa. In Japan wird bis 2030 sogar ein Rückgang prognostiziert. In Deutschland war zuletzt bei der älteren Generation eine demografisch bedingte zunehmende Führerscheinverfügbarkeit zu beobachten (Zumkeller et al. 2011). Hält dieser Trend an, so werden zumindest noch in den nächsten Jahren die Absatzausfälle bei der jungen Generation durch verstärkte Nachfrage der Älteren kompensiert.

Neben den wirtschaftlichen und demografischen Rahmenbedingungen spielt das Kaufverhalten der Konsumenten eine fundamentale Rolle. Der US-amerikanische Markt zeichnet sich durch eine Affinität zu großen Autos aus. Abbildung V.5 zeigt den deutlich größeren Anteil an Modellen der Mittel- und Oberklasse im Vergleich zu Deutschland und Japan. Günstige Treibstoffkosten und autofreundliche Städte führen dazu, dass das amerikanische Straßenbild bis heute durch Pick-up, SUV und Fahrzeuge der oberen Segmente geprägt wird.

ABB. V.5 SEGMENTANTEILE BEIM NEUWAGENKAUF IN DER TRIADE IN % (2008)

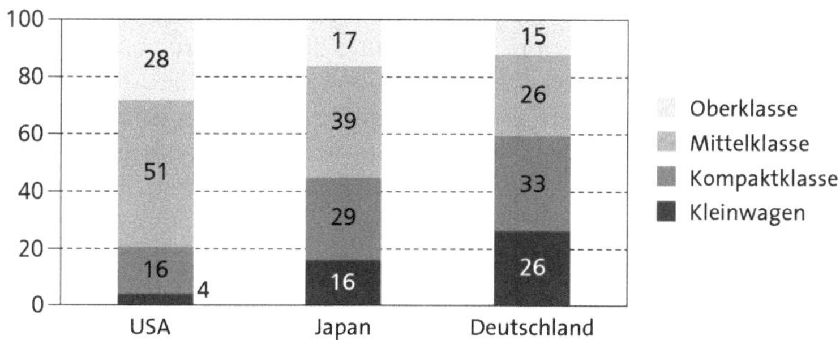

Quelle: Frost & Sullivan 2009c, Krail et al. 2012

Der japanische und der deutsche Markt weisen gewisse Ähnlichkeiten auf. In beiden Ländern herrscht ein recht ausgewogenes Verhältnis zwischen Mittel-, Kompaktklasse und dem Kleinwagensegment. Ursächlich für den höheren Anteil an kleinen Fahrzeugen sind die im internationalen Vergleich hohen Treibstoffpreise sowie Siedlungsstrukturen, die gerade im urbanen Bereich kleinere Fahrzeuge bevorteilen.

Abgesehen von der Segmentwahl existieren auch bei der Wahl der Antriebstechnologie marktspezifische Besonderheiten. Während in Deutschland ungefähr gleich viele Fahrzeuge mit Diesel- und mit Benzinmotor verkauft werden (VDA 2011b), reagieren japanische und amerikanische Käufer trotz teilweise ökonomischer Vorteile immer noch mit Ablehnung auf den Dieselantrieb. Im Gegenzug erzielt der Hybridantrieb in den USA und auch in Japan einen größeren Marktanteil.

Allen Triade-Märkten gemein ist die Tatsache, dass die Automobilindustrie in Zukunft demografisch bedingt einer deutlichen Alterung der Käufer gegenüberstehen wird. Neben verändertem Verhalten bei der Segment- und Antriebswahl könnten so auch in anderen Bereichen neue Anforderungen auf die Automobilhersteller zukommen, um die Fahrzeuge an die Bedürfnisse der alternden Gesellschaften anzupassen. Dazu gehören sicher Fahrerassistenzsysteme und eine angepasste Ergonomie für den Ein- und Ausstieg in die Fahrzeuge.

ABSATZMÄRKTE IN DEN BRICS-STAATEN 2.2

Die sukzessive Ablösung der Triade als Rückgrat der weltweiten Pkw-Nachfrage durch die BRICS-Märkte gilt als sicher. Die meisten Rahmenbedingungen sprechen für einen deutlichen Absatzzuwachs in den kommenden Jahren, der sich im Gegensatz zu den Triade-Märkten zum großen Teil aus Erstkäufern generiert.

Verglichen mit den USA und Europa wird für die BRICS-Staaten ein deutlich höheres Wirtschaftswachstum erwartet. Besonders Indien und China weisen eine sehr hohe Dynamik auf. Auch in Russland und Brasilien wird von einem durchschnittlich knapp doppelt so hohen Wachstum wie bei den Euro-Ländern ausgegangen. Einschränkend sollte erwähnt werden, dass die russische Wirtschaft durch eine hohe Abhängigkeit von (Energie-)Rohstoffexporten gekennzeichnet ist. Diese unterliegen Preisschwankungen, deren Auswirkungen auf die Wirtschaftsleistung schwer abzuschätzen sind.

Aus demografischer Sicht entsteht ein differenzierteres Bild. Hohes Bevölkerungswachstum in Indien und Brasilien stehen einem Bevölkerungsrückgang in Russland gegenüber. Die zurückhaltende Prognose für China lässt sich durch die bereits erkennbaren Auswirkungen der Ein-Kind-Politik erklären. In Indien hingegen wächst die Bevölkerung weiter sehr dynamisch und wird sich bis 2030 noch um ein Viertel vergrößern.

ABB. V.6 PROGNOSTIZIERTE WIRTSCHAFTLICHE UND DEMOGRAFISCHE ENTWICKLUNG IN DEN BRICS-STAATEN BIS 2030

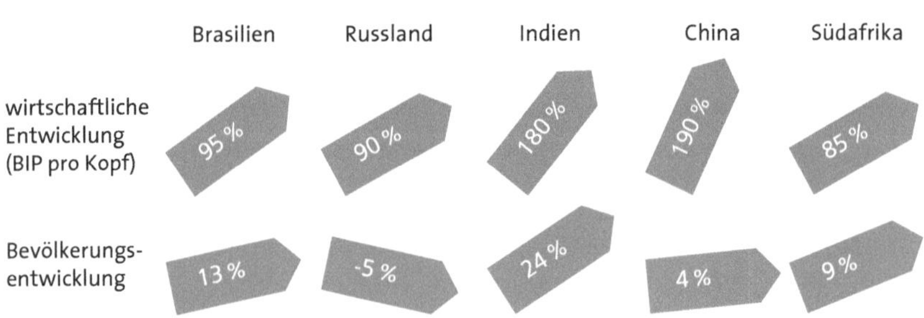

Quelle: PwC 2011b; United Nations 2004

Bereits heute exportieren deutsche Automobilhersteller vermehrt nach Brasilien und China. Abbildung V.7 zufolge weisen diese beiden Länder bezüglich der Segmentwahl ein ähnliches Konsumentenverhalten auf wie deutsche Käufer. Die hohe Anzahl an Luxusklassefahrzeugen, die auf diesen Märkten abgesetzt werden, erhöht die Bedeutung für die deutsche Automobilindustrie zunehmend. Gerade in China steigt momentan die Nachfrage nach individuellen Lösungen in den oberen Segmenten.

ABB. V.7 SEGMENTANTEILE BEIM NEUWAGENKAUF IN DEN BRICS-STAATEN IN % (2008)

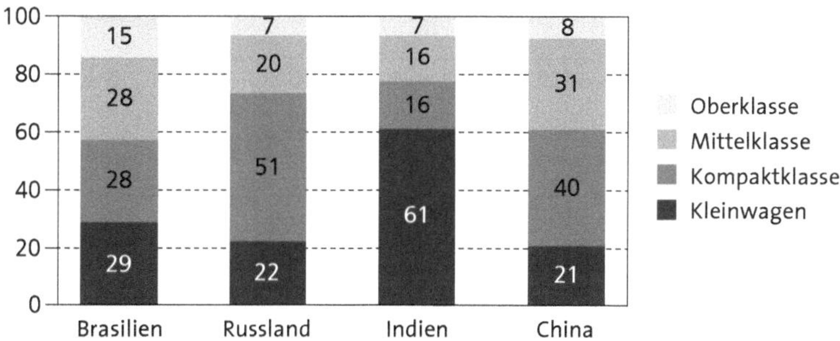

Quelle: Frost & Sullivan 2009a, b, c und 2010a

Der sehr preissensible indische Markt hingegen zeichnet sich durch einen sehr hohen Anteil an Kleinwagen aus. Die regionalen Hersteller wie Tata und Maruti Suzuki spezialisierten sich deshalb in den vergangenen Jahren vermehrt auf dieses Segment. Am Beispiel der niedrigen Verkaufszahlen des Tata »Nano« zeigt sich aber auch, dass die hohe Preissensibilität der Kunden nicht zwangsweise zu hohen Absatzzahlen absoluter Low-Cost-Angebote führt.

Obwohl sich die russischen Käufer ebenfalls in Teilen ähnlich wie die Deutschen entscheiden, ist dieser Markt für die deutschen Hersteller bis heute von geringer Bedeutung. Die Ursache hierfür liegt zum einen in der geringen Importrate von neuen Pkw und zum anderen auch in der Preissensibilität der Käufer in den unteren Segmenten. Ähnlich stellt sich die Situation in dem durch Gebrauchtwagenkäufe dominierten Südafrika dar.

Neben Besonderheiten bei der Segmentwahl ist bei den Antrieben das brasilianische Alleinstellungsmerkmal des Flex-Fuel-Motors zu nennen. Diese Motoren eignen sich zur Betankung von Benzin und Biokraftstoffen in unterschiedlichen Zusammensetzungen. Des Weiteren sind in China staatliche Subventionen im Bereich Elektromobilität zu erwarten. In den übrigen Ländern sind bisher kaum Aktivitäten bezüglich alternativer Antriebe zu verzeichnen. In allen Ländern handelt es sich wegen der niedrigen Pkw-Verfügbarkeit in der Regel um Erstkäufer, die grundsätzlich weniger Vorbehalte gegenüber alternativen Antrieben haben dürften.

Tabelle V.4 zeigt die Rahmenbedingungen der Länder in einem vergleichenden Überblick. Auffallend ist, dass gerade für die Länder, in denen heute eine sehr niedrige Pkw-Besitzrate vorliegt, ein sehr dynamisches Wachstum prognostiziert wird. Bei den heute weltweit größten Absatzmärkten in Europa und den USA wird dagegen mit einem deutlich geringeren Wirtschaftswachstum gerechnet. Bereits hohe Pkw-Besitzraten in diesen Ländern deuten auf eine Sättigung der Märkte hin.

TAB. V.4 ÜBERSICHT DER RAHMENBEDINGUNGEN IN DEN EINZELNEN LÄNDERN

	Bevölkerung bis 2030 in %	Wirtschaft bis 2030 in %	Absatzzahlen 2010 in Mio. Pkw	Pkw-Dichte 2010 in Pkw pro 1.000 Einwohner	Besonderheiten des Marktes
Triade					
EU	0,2	50	14,0	473	ähnliche Anteile von Kleinwagen, Kompakt- und Mittelklasse
USA	16	40	11,6	774	kaum Kleinwagen
Japan	–5	40	4,2	455	ähnliche Segmentaufteilung wie in Deutschland, jedoch weniger Kleinwagen
Südkorea	7	60	1,3	268	ähnliche Struktur wie in Japan
BRICS					
Brasilien	13	100	2,7	122	80% Flex-Fuel-Fahrzeuge
Russland	–5	90	1,7	236	hohes durchschnittliches Fahrzeugalter
Indien	24	190	2,2	12	sehr hoher Anteil an Kleinwagen
China	4	190	11,9	24	ähnliche Segmentaufteilung wie in der EU
Südafrika	9	90	0,3	108	sehr starker Gebrauchtwagenmarkt

Eigene Darstellung auf Basis von PwC 2011b; United Nations 2004; VDA 2011d u. 2011f

Im Hinblick auf Marktbesonderheiten ist auffallend, dass gerade die nachfragestarken Märkte in den USA, der EU und China sich durch einen erheblichen Anteil der Neufahrzeuge in den höherwertigen Segmenten auszeichnen. Diese Kunden werden derzeit schon in großem Umfang von den Angeboten der deutschen Premiumhersteller angesprochen. Die geringe Größe der Märkte in Südafrika und Russland kombiniert mit pessimistischen Zukunftsaussichten und starken Gebrauchtwagenanteilen begrenzen die dortigen Wachstumsaussichten deutscher Hersteller deutlich.

PKW-NACHFRAGESZENARIEN UND ERGEBNISSE 3.

Die modellbasierte Prognose der Absatzzahlen wurde auf Basis von drei Szenarien durchgeführt. Bei der Entwicklung der folgenden Szenarien wurde auf eine Variation der demografischen und wirtschaftlichen Rahmenbedingungen verzichtet. Die Unterschiede der Szenarien beschränken sich auf Veränderungen bei der Akzeptanz für neue Technologien sowie einen Wandel des Mobilitätsverhaltens, wie er in Ansätzen bereits heute beobachtet werden kann.

SZENARIO 1: KONSERVATIV

Das erste Szenario geht von einer weiterhin niedrigen Akzeptanz für alternative Antriebe aus. Das Problem der Reichweite bei Batteriefahrzeugen wird nicht gelöst und der Infrastrukturausbau von Wasserstofftankstellen kommt nur schleppend voran. Bedingt durch niedrige Akzeptanz auch im politischen Raum wird es keine staatlichen Förderinstrumente zum verbilligten Kauf von batterieelektrischen bzw. Wasserstofffahrzeugen geben. Die Folge sind auch zukünftig hohe Preise für alternative Antriebe. Damit bleiben die Verkaufszahlen alternativer Antriebe inklusive der bereits eingeführten batterieelektrischen Fahrzeuge weit hinter den Erwartungen zurück.

SZENARIO 2: TECHNOLOGIEBRUCH

Es wird in diesem Szenario erwartet, dass sich die Akzeptanz für alternative Antriebe in Zukunft deutlich erhöht. Vorurteile gegenüber den neuen Technologien werden durch umfassende Informationen in Form von staatlichen Leuchtturm- und Schaufensterprojekten abgebaut. Gleichzeitig werden Fortschritte bei der Reichweite von Batterien erzielt. Zusammen mit dem Aufbau einer guten Lade- und Betankungsinfrastruktur (Wasserstoff) wird somit eine deutliche Attraktivitätssteigerung der alternativen Antriebe erreicht. Durch staatliche Förderinstrumente in Form von Steuervorteilen und Prämien beim Kauf von alternativ angetriebenen Fahrzeugen wird ihr Absatz angekurbelt und durch Lernkurveneffekte sinken die Preis für diese neuen Technologien deutlich, sodass die Nachfrage nach Auslaufen der Förderung ohne zusätzliche Anreize ansteigt.

SZENARIO 3: MOBILITÄTSKONZEPTE

Aufbauend auf den Annahmen aus Szenario 2 wird in Szenario 3 erwartet, dass sich zukünftig vermehrt vernetzte, flexible Mobilitätskonzepte durchsetzen werden. Diese beinhalten die Verknüpfung von modernem ÖPNV mit Car- und Bikesharingangeboten mittels IK-Technologien, besonders in Form von Smartphones. Die Verfügbarkeit der Smartphones wird sich deutlich erhöhen und durch passende Angebote auch ältere Bevölkerungsschichten erreichen. Mit steigender Attraktivität dieser Mobilitätsangebote sinkt die Notwendigkeit, ein eigenes Auto zu besitzen, und eine multimodale Verkehrsmittelwahl gewinnt an Bedeutung.

Die folgende vergleichende Gegenüberstellung der Szenarien soll nochmals die Unterschiede bezüglich Antriebstechnologien und Mobilitätskonzepte darstellen.

TAB. V.5 VERGLEICH DER PKW-NACHFRAGESZENARIEN

	konventionelle Antriebe	alternative Antriebe	Mobilitätskonzepte
Konservativ	++	–	–
Technologiebruch	+	+	–
Mobilitätskonzepte	+	+	++

++ weit verbreitet, + verbreitet, – selten

Eigene Zusammenstellung

Zur vereinfachten und verständlicheren Darstellung wurden die Ergebnisse der Modellprognose im Folgenden aggregiert und auf Ebene der BRICS- und Triade-Staaten ausgewiesen.

ERGEBNISSE SZENARIO 1: KONSERVATIV 3.1

Die Ergebnisse von Szenario 1 zeichnen bezüglich der Durchsetzung neuer Technologien ein konservatives Bild. Selbst 2030 werden nur etwa 13 % aller verkauften Automobile Hybridfahrzeuge sein. Andere Antriebstechnologien setzen sich nicht durch und werden nur in kleinerer Stückzahl am Markt vertreten sein. Insgesamt ist ein weltweiter Anstieg der Pkw-Verkäufe von heute knapp 70 Mio. Pkw auf rund 125 Mio. Fahrzeuge bis 2030 zu verzeichnen. Die Hälfte dieser Fahrzeuge wird dann auf den BRICS-Märkten verkauft. 2012 hingegen wird der Anteil der Neufahrzeuge, die in den BRICS-Staaten verkauft werden, nur etwa 35 % betragen.

TRIADE-STAATEN 3.1.1

Die Zahl der verkauften Neuwagen stagniert in den Triade-Ländern auf einem hohen Niveau. Während 2012 voraussichtlich etwa 35 Mio. Neufahrzeuge verkauft werden, steigt diese Zahl bis 2030 nur leicht auf etwa 40,5 Mio. Fahrzeuge. Gründe dafür sind neben dem moderaten Wirtschaftswachstum auch die demografische Entwicklung, die nur ein geringes oder kein Bevölkerungswachstum erwarten lässt. Die Sättigung der Märkte sorgt dafür, dass es sich bei den Neuwagenkäufern nur in sehr geringem Umfang um Erstkäufer handelt, sondern dass in erster Linie bestehende Fahrzeuge ersetzt werden. Die in Japan und den USA bereits heute herrschende hohe Akzeptanz der Hybridantriebe führt zu einem kontinuierlichen Anstieg der Verkaufszahlen. Da in den kommenden Jahren vermutlich nahezu jeder Hersteller Hybridfahrzeuge anbieten wird und steigende Spritpreise sowie sinkende Herstellungskosten zu erwarten sind, wird sich der Anteil der Hybridfahrzeuge in Zukunft erhöhen. Dennoch werden im Jahre 2030 vermutlich nur etwa 10 % aller verkauften Neuwagen mit einem Hybridantrieb ausgestattet sein.

ABB. V.8 PKW-MARKTSZENARIO 1 (TRIADE, IN MIO.)

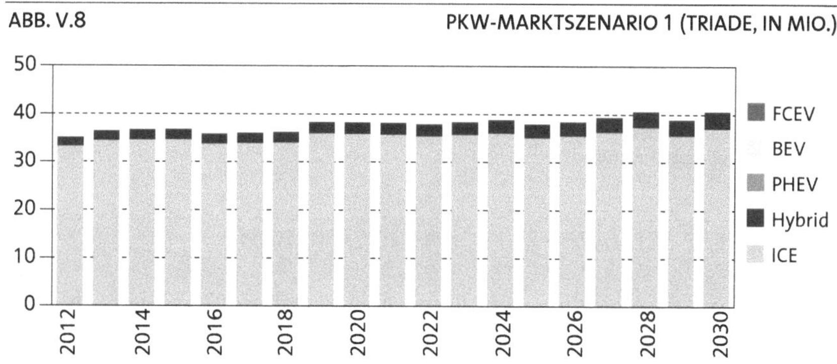

Eigene Modellberechnungen

BRICS-STAATEN 3.1.2

Im Gegensatz zu den Triade-Märkten verzeichnen die BRICS-Märkte bereits heute hohe Wachstumsraten. Wurden 2012 noch etwa 26 Mio. Fahrzeuge verkauft, so steigt die Zahl der Neuwagenverkäufe bis 2030 erheblich auf über 63 Mio. Fahrzeuge an.

Zudem verschiebt sich das Gewicht deutlich von den Triade- hin zu den BRICS-Staaten. Ursächlich für das starke Wachstum sind die Einkommenszuwächse als Folge des Wirtschaftswachstums. Besonders dynamische Entwicklungen sind in China und Brasilien zu verzeichnen. Nach 2023 ist ein erneuter Anstieg der Neuverkäufe zu erkennen. Ab diesem Zeitpunkt werden vermehrt die Fahrzeuge ersetzt, die vor 2013 zugelassen worden sind und somit ein Betriebsalter von zehn Jahren überschritten haben. Auch in den BRICS-Staaten steigt die Anzahl der Hybridfahrzeuge deutlich an. 2030 sind anteilsmäßig sogar mehr Neufahrzeuge (etwa 15 %) mit Hybridtechnik ausgestattet als in den Triade-Staaten. Die Gründe dafür liegen in der stärkeren Offenheit der Neuwagenkäufer gegenüber alternativen Technologien im Vergleich mit den Ersatzkäufern in den Triade-Ländern.

ABB. V.9 PKW-MARKTSZENARIO 1 (BRICS, IN MIO.)

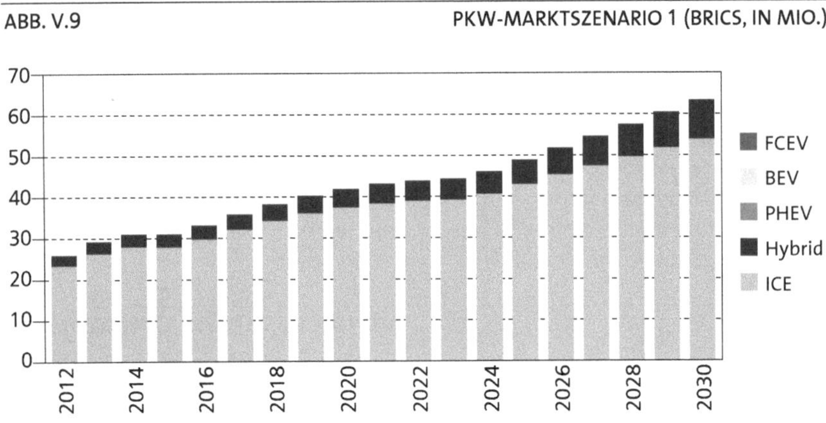

Eigene Modellberechnungen

ERGEBNISSE SZENARIO 2: TECHNOLOGIEBRUCH 3.2

Auch für Szenario 2 wird abgeschätzt, dass global bis 2030 jährlich etwa 125 Mio. Neuwagen verkauft werden. Alternative Antriebe setzen sich in größerem Maße durch. Neben dem klassischen Hybridantrieb werden auch Plug-in-Hybride (PHEV), batterieelektrische Fahrzeuge (BEV) sowie Brennstoffzellenfahrzeuge (FCEV) in größeren Anteilen im Markt vertreten sein.

TRIADE-STAATEN 3.2.1

Der Marktanteil und die absoluten Verkaufszahlen der Pkw mit Verbrennungsmotor gehen ab 2013 kontinuierlich zurück. Für eine Übergangszeit bis etwa 2022 setzen sich die Hybrid-Pkw als erfolgreichste Alternative durch mit bis zu 16 % Marktanteil. Ab etwa 2017 entfallen nennenswerte Marktanteile auf BEV (3 %), welche dann etwa 2023 die Hybride als erfolgreichste Alternative ablösen. Mit einer Verzögerung von knapp zwei Jahren folgt der Marktanteil der PHEV der Entwicklung der BEV, kann aber bis 2030 nicht zu diesen aufschließen, da mit dem nennenswerten Eintreten der FCEV mit einem Marktanteil von etwa 1 % im Jahr 2025 das Wachstum des Marktanteils der PHEV gedämpft wird. Zusammen weisen BEV, PHEV und FCEV ein kontinuierliches Wachstum des Marktanteils bis 2030 auf und reduzieren so die Hybrid- und ICE-Pkw, die im Jahr 2030 nur noch auf einen Marktanteil von 57 % kommen. Insgesamt werden im Jahr 2030 etwas mehr als 50 % aller Neufahrzeuge mit alternativen Antrieben ausgerüstet sein. Der Marktanteil von Pkw mit klassischem Verbrennungsmotor (»internal combustion engine« – ICE) wird aber auch 2030 noch größer sein als jede einzelne der Alternativen.

ABB. V.10 PKW-MARKTSZENARIO 2 (TRIADE)

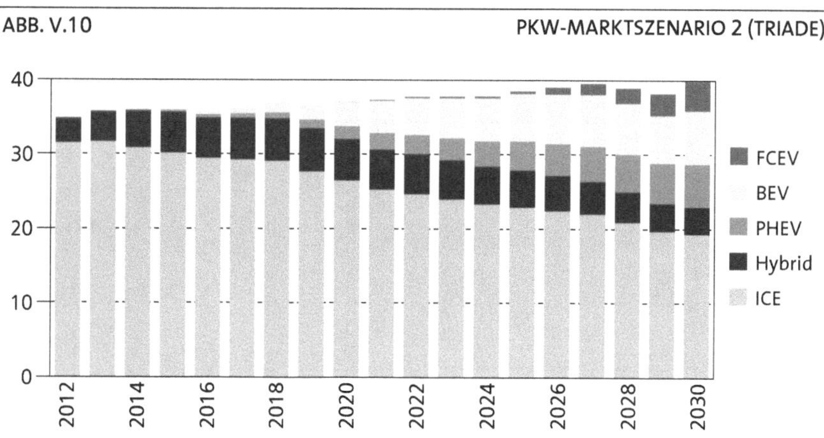

Eigene Modellberechnungen

BRICS-STAATEN 3.2.2

Verglichen mit den Triade-Märkten ist in den BRICS-Ländern in diesem Szenario grundsätzlich eine geringere Anzahl an Pkw mit alternativen Antrieben abzusetzen. Hybride und PHEV bleiben auf diesen Märkten bis 2030 die dominierenden alternativen Antriebe im Pkw-Bereich. 2020 kommen diese auf einen Marktanteil von über 13 %, 2030 auf fast 34 %. BEV lassen sich vor allem in China absetzen, da dort Förderpolitiken und Akzeptanz dieser Alternative am besten ausgeprägt sind, während in Brasilien beides rückständig bleibt und damit BEV den Markteintritt dort nicht schaffen. Durch den hohen Anteil von Kleinwagen wäre Indien ein idealer Markt für BEV, aber die höheren Preise der BEV und die begrenzte Kaufkraft der meisten Käufer von Kleinwagen verhindern dort eine starke Marktdurchdringung mit BEV. Trotzdem erzielen BEV bis 2030 einen Marktanteil von 10 % in den BRICS-Staaten, während der erforderliche Infrastrukturaufbau für FCEV und die Verfügbarkeit nur in der Mittel- und Oberklasse deren Marktanteil erst nach 2025 über 1 % gelangen lässt.

Mit 37 % Marktanteil erreichen die alternativen Antriebe zusammen im Szenario 2 einen deutlich geringeren Marktanteil als in der Triade, da auch in einem Trendbruchszenario die Förderung und Anreizsetzung in der Triade deutlich ambitionierter ausfallen wird und kann als in den BRICS-Staaten. Hinzu kommt, dass in Brasilien und Russland durch die bessere Rohstoffverfügbarkeit (Rohöl bzw. Bioethanol) der Druck zum Wechsel zu alternativen Antrieben stark gemildert wird.

ABB. V.11 PKW-MARKTSZENARIO 2 (BRICS)

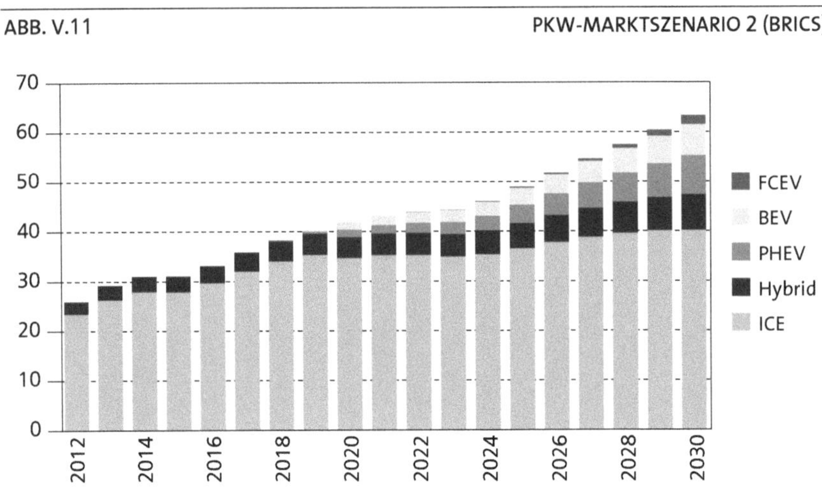

Eigene Modellberechnungen

ERGEBNISSE SZENARIO 3: MOBILITÄTSKONZEPTE 3.3

Szenario 3 basiert auf den Entwicklungen von Szenario 2 und zeichnet sich darüber hinaus durch eine regional differenzierte, verstärkte Diffusion von neuen Mobilitätskonzepten aus. Durch die Verbreitung neuer Mobilitätskonzepte wird sich die Anzahl der privaten Neuwagenkäufe reduzieren. Die Annahmen zur Reduktion der Verkaufszahlen basieren auf einer Befragung von Firnkorn/Müller (2011) unter Car2go-Nutzern in Ulm. Diese ergab, dass der Pkw-Bestand der neu angemeldeten Carsharingnutzer verglichen mit der Carsharingflotte um 11,4 % reduziert wurde. Eine Sensitivitätsanalyse der Ergebnisse ergibt, dass abhängig von Nutzungsdauer der Fahrzeuge und Anzahl Nutzer pro Carsharingfahrzeug eine Reduktion zwischen 8 % und 12 % des vergleichbaren Flottenbestands als realistisch betrachtet werden kann. Andere Studien finden deutlich höhere Werte, z. B. Martin et al. (2010) ermittelten für jedes Carsharingfahrzeug einen Wegfall von neun bis 13 Fahrzeugen, was einer Reduktion der Flotte um

90 % entspräche und als sehr hoch angesehen werden muss. Außerdem unterscheiden sich die von Martin et al. untersuchten stationsgebundenen Carsharingsysteme vom flexiblen Car2go-System.

Betrachtet man Carsharing als nur einen Baustein der Mobilitätskonzepte, so können durch die Kombination unterschiedlicher Mobilitätskonzepte sicher höhere Einsparungen erzielt werden als durch Carsharing alleine: Im Rahmen des Momo-Projekts wurde unter den Nutzern des Carsharingprogramms Cambio in Brüssel eine Umfrage zur Nutzung des öffentlichen Verkehrs durchgeführt. Glotz-Richter (2011) und Dumont (2010) konnten dabei eine deutliche Verschiebung vom MIV zu anderen Verkehrsmitteln nachweisen. Durch die Teilnahme am Carsharing benutzten 25 % der Kunden Busse und Straßenbahnen häufiger und 10 % sogar deutlich häufiger. Unterstützt wird diese Aussage auch durch frühere Ausführungen von Krietemeyer (2003). Alle Untersuchungen kommen zum Schluss, dass durch die Nutzung von Mobilitätskonzepten in Kombination etwa 30 % der privaten Pkw eingespart werden können.

Diese deutliche Reduktion der Pkw-Flotte wird nach heutigen Erkenntnissen nur in den Triade-Staaten realisiert werden. Schlechter ausgebaute IT- und ÖV-Infrastrukturen in den BRICS-Staaten lassen eine geringere Reduktion der Pkw-Flotten erwarten. In Russland und Südafrika kann sogar davon ausgegangen werden, dass Mobilitätskonzepte auch bis 2030 keine Rolle spielen werden.

Aufbauend auf diesen Überlegungen sinken die Verkaufszahlen in Szenario 3 weltweit im Jahr 2030 um etwa 20 Mio. Fahrzeuge gegenüber den Szenarien 1 und 2. Dies entspricht einem Rückgang von 16 % (Abb. V.12). Die Kombination aus reduzierten Verkaufszahlen bei privaten Pkw und Wachstum der Carsharingflotten sorgt für eine Verschiebung zwischen den Segmenten: Es werden mehr Kleinwagen und Fahrzeuge der Kompaktklasse verkauft.

ABB. V.12 ENTWICKLUNG DES GESAMTABSATZES IN DEN SZENARIEN

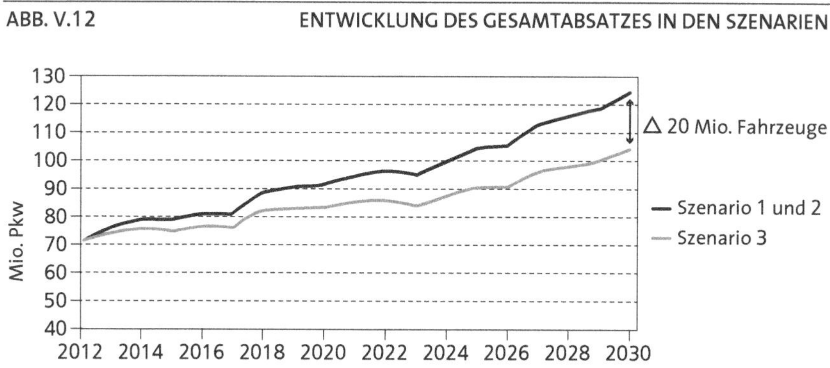

Eigene Modellberechnungen

Die Ergebnisse zeigen die Unterschiede bezüglich Antriebstechnologien und Mobilitätskonzepten zwischen den BRICS- und Triade-Staaten. Allen drei Szenarien gemein ist der starke Anstieg der Absatzzahlen, getrieben durch die Marktentwicklung in den BRICS-Ländern. Tabelle V.6 zeigt die wichtigsten Ergebnisse im Überblick.

TAB. V.6 WESENTLICHE ERGEBNISSE DER SZENARIEN IM VERGLEICH

	Absatzzahlen 2010 in Mio. Pkw	Absatzzahlen 2030 in Mio. Pkw		alternative Antriebe 2030 in %	
		Szenarien 1 u. 2	Szenario 3	Szenario 1	Szenarien 2 u. 3
Triade					
EU	14,0	18,5	12,5	15	62
USA	11,6	15,4	11,0	15	42
Japan	4,2	5,1	4,2	16	43
Südkorea	1,3	1,5	1,4	15	43
BRICS					
Brasilien	2,7	11,4	9,4	16	35
Russland	1,7	2,7	2,7	15	24
Indien	2,2	10,3	9,5	15	34
China	11,9	38,0	35,2	16	39
Südafrika	0,3	0,8	0,8	14	24

Eigene Modellberechnungen

PROGNOSEERGEBNISSE IM KONTEXT GLOBALER ERWARTUNGEN 3.4

Zur besseren Einschätzung werden unsere Prognoseergebnisse im Vergleich zu globalen Prognosen aus anderen Studien betrachtet. Anzumerken ist, dass die meisten globalen Prognosen einen kürzeren Prognosehorizont aufweisen.

Abbildung V.13 zeigt übereinstimmend die Wachstumserwartungen aller Prognosen; dabei liegen die Ergebnisse des Modells vom Fraunhofer ISI meist im durchschnittlichen Bereich. Die Abweichung zur Prognose des Mobility Models (Momo) der Internationalen Energie Agentur (IEA), welche ebenfalls bis 2030 reicht, kann als marginal bezeichnet werden.

Für die Anteile der unterschiedlichen Technologien auf globaler Ebene liegen nur wenige Referenzen vor. Das Szenario »Blue Map« des Mobility Models (IEA 2008a) kommt zu ähnlichen Ergebnissen wie das Fraunhofer ISI. Dieses Szenario geht ebenfalls von ambitionierten Fördermaßnahmen aus und prognostiziert für

2030 den batterieelektrischen Fahrzeugen einen Anteil von etwa 9 % an den Neuzulassungen. Das Modell des Fraunhofer ISI kommt in Szenario 2 zu Anteilen von etwa 13 %. Auch bei den Brennstoffzellenfahrzeugen gibt es nur eine leichte Abweichung von knapp 2 Prozentpunkten (Wert des Fraunhofer ISI 6 %).

ABB. V.13 WELTWEITE PROGNOSEN DER PKW-MÄRKTE IM VERGLEICH

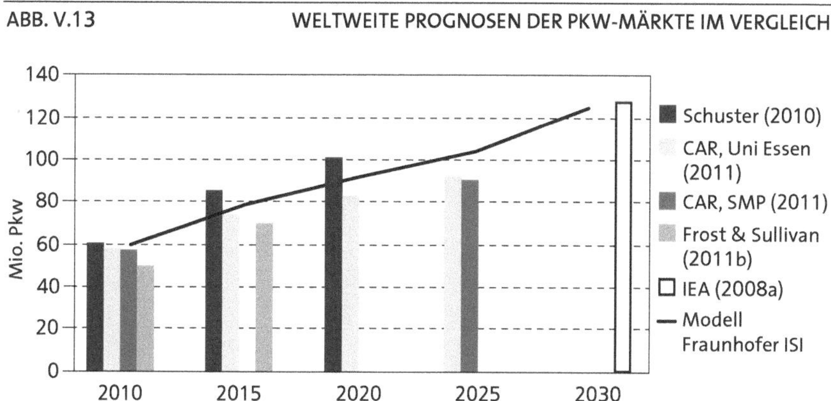

Eigene Darstellung

A.T. Kearney (2012) geht davon aus, dass bis 2025 etwa 60 % aller in Europa verkauften Fahrzeuge elektrisch angetrieben werden. Dies ist eine ähnliche Größenordnung, wie vom Fraunhofer ISI für 2030 prognostiziert. Sowohl die Modellberechnungen des Fraunhofer ISI als auch von A.T. Kearney (2012) erwarten, dass in Nordamerika im Vergleich zu Europa eher PHEV als BEV verkauft werden. Die Einschätzungen bezüglich der Diffusion alternativer Antriebe in China scheinen bei A.T. Kearney (2012) optimistischer zu sein. Dies lässt sich auf die große Unsicherheit bezüglich Dauer und Höhe der staatlichen Kaufanreize zurückführen. Vergleichbar sind die Einschätzungen bezüglich des indischen Marktes; hier erwarten beide Studien bis 2030 einen Anteil alternativer Antriebe von etwa 30 %.

Bei vergleichbaren Annahmen zu den Rahmenbedingungen sind die Modellergebnisse vom Fraunhofer ISI konsistent mit anderen Prognosen. Deutliche Unterschiede entstehen dann, wenn Unsicherheiten bei den politischen Rahmenbedingungen (z. B. Setzung von Kaufanreizen) zu verzeichnen sind. Prognosen zum Vergleich der Entwicklung der Anteile einzelner Segmente existieren im weltweiten Kontext bislang nicht.

WERTSCHÖPFUNGS- UND ARBEITSPLATZSZENARIEN VI.

In diesem Kapitel werden die vielschichtigen Ergebnisse der vorangegangenen Analysen zusammengeführt mit dem Ziel, verschiedene Bilder zur Zukunft der automobilen Bruttowertschöpfung in Deutschland und der damit einhergehenden Entwicklung der Arbeitsplätze bis ins Jahr 2030 zu zeichnen. Zu diesem Zweck werden die vorstehend beschriebenen drei globalen Szenarien genutzt, um die Veränderungen der Wertschöpfung in Deutschland abzuschätzen. Zunächst wird das methodische Vorgehen erläutert. Die Ausführungen des Kapitels enden mit einem Fazit der sektoralen ökonomischen Effekte der drei Szenarien.

METHODISCHES VORGEHEN 1.

Die zu entwickelnden Zukunftsbilder beinhalten zwei Schwerpunkte: erstens die zukünftige Entwicklung der automobilen Wertschöpfung mit dem Fokus auf die deutschen Hersteller, und zweitens die Abschätzung des zukünftigen Arbeitsplatzangebots in der deutschen Automobilindustrie. Zu diesem Zweck wurde im Rahmen der Studie ein zweistufiges Modell entwickelt, das auf der ersten Stufe die zukünftige Bruttowertschöpfung und auf der zweiten Stufe die daraus resultierenden Arbeitsplatzeffekte prognostiziert (Abb. VI.1). In Abhängigkeit der Ausprägung zentraler Bestimmungsparameter können verschiedene, in sich konsistente Zukunftsbilder abgeleitet werden. Nachfolgend werden sowohl die Berechnungslogiken als auch die zentralen Modellierungsannahmen kurz erläutert.

BERECHNUNG DER WERTSCHÖPFUNGSEFFEKTE 1.1

Zur Abschätzung der zu erwartenden Veränderungen der direkten Bruttowertschöpfung in der Automobilindustrie wurden zum einen die Wertschöpfungsumfänge zukünftiger Fahrzeuggenerationen und zum anderen die zukünftig zu erwartende Nachfrage nach Fahrzeugen, differenziert nach Regionen, nach unterschiedlichen Antriebstechnologien und nach Segmenten miteinander verknüpft. Die zentralen Eingangsgrößen stellen dabei die in Kapitel V dargestellten drei Szenarien zu weltweiten Nachfragen nach Personenkraftfahrzeugen bis ins Jahr 2030. Die drei mithilfe des Pkw-Marktprognosemodells entwickelten Szenarien differenzieren dabei nach folgenden Merkmalen:

> Antriebstechnologie: klassischer Verbrennungsmotor (ICE), Hybridantrieb, Plug-in-Hybridantrieb (PHEV), ausschließlicher Elektroantrieb (BEV) und Brennstoffzellenantrieb (FCEV).

› Fahrzeugsegmente: Kleinst- und Kleinwagensegment (A-Segment), Kompaktfahrzeugsegment (B-Segment), das Mittelklassesegment (C-Segment) bis hin zum Oberklassesegment (D-/E-Segment).
› Absatzregionen: Europäische Union (EU), USA, Japan, Südkorea, Brasilien, Russland, Indien, China und Südafrika.

ABB. VI.1 METHODIK ZU BERECHNUNG DER WERTSCHÖPFUNGS- UND ARBEITSPLATZEFFEKTE

Eigene Darstellung

Außerdem werden für aktuelle und zukünftige Fahrzeuggenerationen die Bruttoproduktionskosten abgeschätzt. Die in Kapitel IV beschriebenen technologischen Entwicklungspfade im Automobilbau werden hier zum Ausgangspunkt genommen und die daraus resultierenden monetären Veränderungen im Fahrzeugbau bewertet. Dazu wurden zunächst 15 generische Fahrzeugtypen bestimmt, die das zukünftige Marktangebot repräsentativ beschreiben. Sie ergeben sich aus der Kombination von zukünftigen Antriebstechnologien und Fahrzeugklassen. Da nicht jede Technologie in jedem Fahrzeugsegment eingesetzt wird, sondern hier aufgrund technischer und auch ökonomischer Restriktionen nur bestimmte Kombinationen möglich oder sinnvoll sind, konzentriert sich das Modell auf die 15 potenziellen und gleichzeitig auch plausiblen Kombinationen (Tab. VI.1).

TAB. VI.1 GENERISCHE FAHRZEUGTYPEN IM MODELL

Segment	Antriebstechnologie				
	ICE	Hybrid	PHEV	BEV	FCEV
A-Segment	x	x	–	x	–
B-Segment	x	x	x	x	–
C-Segment	x	x	x	–	x
D-/E-Segment	x	x	x	–	x

x: Kombination, –: keine Kombination

Eigene Zusammenstellung

TAB. VI.2 ÜBERBLICK ÜBER DIE IM BEWERTUNGSMODELL EINBEZOGENEN FAHRZEUGKOMPONENTEN

Hauptmodul	Komponenten	ICE	Hybrid	PHEV	BEV	FCEV
konventioneller Motor	Verbrennungsmotor	Modifikation	Modifikation	Modifikation	Wegfall	Wegfall
	Starter und Lichtmaschine	Modifikation	Modifikation	Modifikation	Wegfall	Wegfall
	Abgasanlage	Modifikation	Modifikation	Modifikation	Wegfall	Wegfall
	Kraftstoffversorgung	Modifikation	Modifikation	Modifikation	Wegfall	Wegfall
Elektroantrieb	Elektromaschine	–	neu	neu	neu	neu
Antriebsstrang	Getriebe	Modifikation	Modifikation	Modifikation	Wegfall	Wegfall
Elektronik	Traktionsbatterie	–	neu	neu	neu	neu
	Ladegerät	–	neu	neu	neu	neu
	Leistungselektronik	–	neu	neu	neu	neu
Karosserie		Modifikation	Modifikation	Modifikation	Modifikation	neu

Eigene Zusammenstellung

Für diese 15 Fahrzeugtypen wurden jeweils die erforderlichen Komponenten systematisch entlang den Hauptmodulen eines Automobils zusammengesetzt, technisch analysiert und darauf aufbauend auf Basis eines Prognosemodells für die Jahre 2010, 2020 und 2030 mit entsprechenden Produktionswerten hinterlegt (Tab. VI.2). Bei der Abschätzung der Produktionswerte auf System- und Komponentenebene wurden in das Modell im Zeitverlauf eintretende Kostendegressionseffekte in dezidierter Form integriert. Solche Kosteneffekte ergeben sich aufgrund des technologischen Fortschritts und aufgrund von Skalen-/Produktivitätseffekten, die mit geänderten Absatzzahlen einhergehen. Die Kosteneffekte sind insbesondere für die neuen Technologien wie Traktionsbatterie, Leistungselektronik oder Elektromaschine von hoher Relevanz. Des Weiteren werden für die Kosten der einzelnen Komponenten keine deterministischen Annahmen, sondern unterschiedliche Erwartungswerte in Form von Bandbreiten mit Minimal- und Maximalwerten angenommen. Dies ist insofern von Bedeutung, als beispielsweise nach heutigem Wissensstand die Erwartungswerte für die Batteriekosten eine große Bandbreite aufweisen und gleichzeitig die jeweiligen Kosten wiederum einen maßgeblichen Einfluss auf die Diffusion der alternativen Antriebskonzepte haben und vice versa.

Aus der Integration der weltweiten Absatzprognosen und der zukünftigen, dynamischen Kostenstrukturen ergibt sich mit der zukünftig erwartbaren globalen Wertschöpfung im Automobilbau das erste zentrale Teilergebnis. Aufbauend auf diesem Teilergebnis wird im Weiteren die für Deutschland erwartbare Bruttowertschöpfung im Automobilbau errechnet. Hierbei stellen die in Kapitel III ausführlich dargestellten heutigen globalen Wertschöpfungsaktivitäten der deutschen Automobilindustrie ebenso wie die möglichen strukturellen Veränderungen in der Automobilindustrie die zentrale Eingangsgröße dar. In Abhängigkeit der für die Zukunft prognostizierten regionalen Absatzmengen und der Entwicklung der Modellpaletten werden potenzielle Produktionsstrategien für die deutschen Hersteller abgeleitet. Diese Produktionsstrategien geben Auskunft darüber, in welchen Regionen welche Modelle in welcher Menge zukünftig hergestellt werden. Diese globalen Ergebnisse werden dann auf einzelne Regionen, vor allem den Automobilstandort Deutschland, herunter gebrochen.

Im weiteren Verlauf der Analysen werden zudem die Verteilung der Wertschöpfungsanteile zwischen Automobilhersteller und -zulieferer genauer analysiert. Die Prognosen knüpfen an die in Kapitel IV dargestellten Strukturen und vielfältigen gegenwärtigen Aktivitäten bestimmter Zulieferer und Hersteller insbesondere im Bereich alternativer Antriebskonzepte an und projizieren diese in die Zukunft.

BERECHNUNG DER BESCHÄFTIGUNGSPOTENZIALE 1.2

Zur Umrechnung der Wertschöpfungspotenziale in Beschäftigungspotenziale oder -risiken bedarf es einer geeigneten Kenngröße der Arbeitsproduktivität, hier der Wertschöpfung pro Beschäftigtem. Diese belief sich nach Angaben der Kostenstrukturerhebung des Statistischen Bundesamtes im Jahr 2010 auf ca. 92.000 Euro je Beschäftigten in der Wirtschaftsgruppe der Kraftwagenhersteller und -zulieferer (Statistisches Bundesamt 2012a). Dabei differiert die Arbeitsproduktivität zwischen Automobilherstellern und Zulieferern nicht unerheblich. Bei den Herstellern beträgt sie durchschnittlich etwa 107.000 Euro pro Beschäftigtem, bei den Zulieferern etwa 68.000 Euro. In den Wertschöpfungsmodellen wurde nun überall dort, wo die Wertschöpfung zwischen Automobilherstellern und

-zulieferern getrennt ausgewiesen ist, die jeweils spezifische Arbeitsproduktivität eingesetzt. Bei den Werten, wo eine Auftrennung zwischen OEM und Zulieferern nicht möglich ist, beispielsweise bei der Wertschöpfung der deutschen Automobil- und Automobilzulieferindustrie im Ausland, wird der zuvor ausgewiesene Durchschnittswert angenommen.

Mit den getroffenen Arbeitsproduktivitätsannahmen, gemessen in der Wertschöpfung je Beschäftigten, addieren sich die aus den Wertschöpfungsszenarien errechneten derzeitigen Beschäftigtenzahlen in der Automobil- und Automobilzulieferindustrie auf im Mittel der Szenarien etwa 1,65 Mio. Beschäftigte. Diese Zahlen sind durchaus nachvollziehbar. So sind bei den Herstellern von Kraftwagen derzeit etwa 460.000 Mitarbeiter beschäftigt (Statistisches Bundesamt 2012a). Hinzu kommen etwa 320.000 Beschäftigte bei Zulieferunternehmen, die in der offiziellen Statistik als »Hersteller von Teilen und Zubehör für Kraftwagen« aufgeführt sind. Analysen auf Basis von Input-Output-Rechnungen haben aber auch gezeigt, dass auch aus anderen Branchen des verarbeitenden Gewerbes der Automobilindustrie in signifikantem Ausmaß zugeliefert wird und hier entsprechend Beschäftigte tätig sind (Kinkel/Zanker 2007). Dies betrifft z. B. Hersteller von Metallerzeugnissen, die Gummi- und Kunststoff-, die chemische oder die Elektroindustrie. Schätzungen zufolge belaufen sich die Beschäftigten in diesen nicht statistisch als Zulieferbetrieben klassifizierten Unternehmen auf nochmals etwa gut das Doppelte als die 320.000, die offiziell in der Automobilzuliefererstatistik geführt werden. Entsprechend addiert sich die Gesamtzahl der in Deutschland in der Automobilzulieferindustrie Beschäftigten auf etwa 1 bis 1,2 Mio. Beschäftigte. Zusammengenommen mit den etwa 460.000 Beschäftigten bei den Automobilherstellern selbst ist damit ein aus den Wertschöpfungsszenarien abgeleiteter Gesamtwert von 1,65 Mio. durchaus realistisch.

Zur Berechnung der Beschäftigungspotenziale für die Jahre 2020 und 2030 bedarf es darüber hinaus Schätzungen zur jährlichen Steigerung der Arbeitsproduktivität in der Automobilindustrie. Um hierzu fundierte Annahmen treffen zu können, wurde die Entwicklung der Arbeitsproduktivität in der deutschen Automobilindustrie zwischen 2005 und 2011 analysiert (Statistisches Bundesamt 2012b). Demnach entwickelte sich die Arbeitsproduktivität in der Wirtschaftsgruppe »Hersteller von Kraftwagen und Kraftwagenteilen« von 2005 bis 2011 mit einer durchschnittlichen jährlichen Wachstumsrate (»compounded annual growth rate« [CAGR]) von etwa 3 %. Dabei waren aufgrund der Finanz- und Wirtschaftskrise der Jahre 2008/2009 kräftige Ausschläge nach oben und unten zu verzeichnen, die von über –8 % bis hin zu 16 % reichten. Die durchschnittliche CAGR ab 2005 zeigt in den Jahren direkt vor und nach der Krise 2008 und 2010 jeweils Werte zwischen 2 und 2,5 %. Vor diesem Hintergrund wurden für die Beschäftigungsszenarien jeweils zwei Annahmen mit durchschnittlichen jährlichen Arbeitsproduktivitätssteigerungen von 2 % und 3 % per anno gerechnet.

Aus den zuvor dargestellten Wertschöpfungsszenarien wird nicht unmittelbar ersichtlich, welcher Anteil der Vorleistungen der deutschen Automobilhersteller von ausländischen Zulieferern kommt, demnach importiert wird und damit keine inländische Wertschöpfung darstellt. Hierzu gibt es insbesondere für die neuen, elektromobilitätsrelevanten Komponenten auch keine verlässlichen Daten und Schätzungen. Hier sind dementsprechend weitere Annahmen zu treffen. Aus den Input-Output-Tabellen der volkswirtschaftlichen Gesamtrechnung des Statistischen Bundesamtes für das Jahr 2007 (Statistisches Bundesamt 2010; neuere Input-Output-Tabellen sind nicht verfügbar) wird ersichtlich, dass in der Wirtschaftsgruppe »Hersteller von Kraftwagen und Kraftwagenteilen« etwa 20 % des Produktionswerts, entsprechend etwa 25 % der Vorleistungen von ausländischen Zulieferern importiert werden. Dieser Wert wird in den Beschäftigungsszenarien für die konventionellen Antriebs- und restlichen Fahrzeugkomponenten als gegeben angenommen. Für den Importanteil bei elektromobilitätsrelevanten Komponenten gibt es wiederum keine fundierten Schätzungen. Auch hier müssen wiederum Annahmen getroffen werden, die für die folgenden Analysen wie folgt ausgestaltet sind.

Im optimistischen Szenario wird davon ausgegangen, dass die deutschen Automobilhersteller und -zulieferer bei diesen Technologien schneller Fuß fassen als ihre Konkurrenten aus anderen Ländern. Zudem wird aufgrund des Neuigkeitsgrads der Komponenten versucht, den eigenen Wertschöpfungsanteil möglichst umfangreich zu gestalten und noch keine Auslagerung der Produktion in Standorte mit geringeren Lohnkosten, beispielsweise in Mittel- und Osteuropa, wie dies bei konventionellen Komponenten in den letzten 10 Jahren sehr umfangreich geschehen ist, vorzunehmen. Entsprechend wird der Importanteil der elektromobilitätsrelevanten Vorleistungskomponenten mit 10 % in diesem optimistischen Szenario signifikant niedriger angesetzt als bei den konventionellen Komponenten.

Im negativen Szenario wird dagegen davon ausgegangen, dass Hersteller und Zulieferer in anderen Ländern bei der technologischen Entwicklung besser positioniert und daher schneller mit entsprechend leistungsfähigen und kostengünstigen Lösungen am Markt sind. Denkbar ist hier insbesondere, dass asiatische Wettbewerber wie Korea, China oder Japan eine solche Rolle spielen könnten. In diesem negativen Szenario wird daher von einem signifikant höheren Importanteil von elektromobilitätsrelevanten Vorleistungskomponenten von 50 % ausgegangen. In den folgenden Beschäftigungsszenarien werden jeweils beide Importannahmen durchgespielt.

Schließlich gibt es aus den Wertschöpfungsszenarien auch keine verlässlichen Angaben dazu, welcher Anteil inländischer Wertschöpfung für die Auslandsproduktion deutscher Automobilhersteller gebraucht wird und damit im Inland anfällt. Auch hier sind Schätzungen für die elektromobilitätsrelevanten Komponenten besonders schwierig. Analog der Schätzungen zu den Importanteilen bei den Vorleistungen werden hier wiederum zwei Szenarien hinterlegt:

Im optimistischen Szenario wird davon ausgegangen, dass für jeden Produktionswert im Ausland ein Wertschöpfungsanteil in Deutschland von 25 % davon anfällt. Diese Annahme entspricht der oft von Experten und Automobilmanagern genannten Einschätzung, dass auf jeden vierten Euro im Ausland ein Euro inländischer Wertschöpfung für unterstützende und koordinierende Tätigkeiten wie Forschung und Entwicklung, Produktionsanlauf, Produktionsmittelentwicklung, strategische Lieferantenauswahl sowie Koordinations- und Managementaufgaben anfalle. Darüber hinaus sind in dieser Annahme auch vereinzelte Exporte zukünftiger Automobile ins Ausland enthalten, wobei grundsätzlich in allen Szenarien von einer sehr hohen Lokalisierungsquote der Herstellung im Markt für den Markt ausgegangen wird.

Im pessimistischen Szenario beträgt dieser inländische Wertschöpfungsanteil für ausländische Produktionsaktivitäten der Automobilindustrie lediglich 10 %. Vor dem Hintergrund der Innovationsintensität von fast 9 % im Fahrzeugbau (Rammer et al. 2012a), von denen angenommen werden kann, dass sie zum Großteil an den deutschen Stammwerken stattfinden, sowie dem bekannten Phänomen, dass für die Koordination und Betreuung ausländischer Produktionsstandorte etwa 3 bis 4 % des jeweiligen Umsatzanteils anfallen (Kinkel/Maloca 2009), ist dieser Wert sicherlich nicht zu hoch angenommen. Diese beiden Annahmen für den inländischen Wertschöpfungsanteil ausländischer Aktivitäten der Automobilindustrie werden in den jeweiligen Beschäftigungsszenarien immer getrennt betrachtet.

SZENARIO 1: KONSERVATIV 2.

ZENTRALE BESTIMMUNGSPARAMETER 2.1

Das Wertschöpfungsszenario 1 greift das Arbeitsplatzszenario »Konservativ« auf, das in Kapitel V dargestellt wurde. Das Szenario beschreibt ein Zukunftsbild, in dem Fahrzeuge mit konventionellem Antrieb nach wie vor den Markt dominieren. Gleichzeitig ist davon auszugehen, dass sich der weltweite Absatz von Personenkraftwagen auf rund 112 Mio. Einheiten mehr als verdoppeln wird. In allen Regionen werden die Märkte wachsen. Die stärksten Wachstumsraten werden in Brasilien, Indien und China realisiert. Im Jahr 2030 wird China mit 38 Mio. Einheiten jährlich den größten Absatzmarkt darstellen, gefolgt von Europa mit 23 Mio. Einheiten und dem nordamerikanischen Markt mit 19,2 Mio. Fahrzeugen.

Im Hinblick auf die Wertschöpfungspotenziale deutscher Hersteller und die automobile Wertschöpfung in Deutschland lässt sich das Zukunftsbild »Konservativ« anhand folgender Merkmale charakterisieren:

- Die weltweiten Marktanteile deutscher OEM bleiben auf konstantem Niveau. Damit steigt die weltweite Ausbringungsmenge deutscher OEM in etwa proportional zum Gesamtmarktwachstum. Auch in den zunehmend an Bedeutung gewinnenden Schwellenländern kann die deutsche Automobilindustrie ihre Marktstellungen behaupten.
- Die Produktionskapazitäten in Deutschland bleiben allerdings weitgehend konstant und pendeln sich bei einem Maximalwert von rund 6,5 Mio. Einheiten ein. Der Fokus liegt auf der vollständigen Auslastung bestehender Kapazitäten und weniger darauf, neue Fertigungskapazitäten aufzubauen, die ggf. dann auch Gefahr laufen könnten, zumindest temporär unterausgelastet zu sein.
- Die in Deutschland angesiedelten Produktionskapazitäten werden vorrangig dazu herangezogen, Fahrzeuge des Oberklassesegments zu fertigen. Damit entspricht dies im Wesentlichen einer Fortschreibung des Trends hin zur Produktion von hochpreisigen Premiumprodukten, wie er auch schon in den Jahren bis 2010 zu beobachten war. Damit geht einher, dass der Produktionsstandort Deutschland für Hersteller von Nichtpremiumprodukten an Attraktivität verliert.
- Neue Fahrzeuggenerationen werden zumindest mittelfristig bevorzugt in den deutschen Produktionsstätten gefertigt und von dort aus in die entsprechenden Absatzmärkte exportiert. Zu dieser Gruppe zählen insbesondere Fahrzeuggenerationen, die mit neuen Technologien, wie neuen elektrifizierten Antriebssträngen oder Leichtbauwerkstoffe im Karosseriebereich, ausgerüstet sind. Betroffen hiervon sind neue Fahrzeuge aller Segmente. Bis ins Jahr 2030 werden allerdings auch die ausländischen Standorte mit der Produktion von technologisch neuartigen Fahrzeuggenerationen betraut.
- Mit der lokalen Fokussierung der Produktion von Hightechmodellen geht einher, dass die Forschungs- und Entwicklungsaktivitäten nach wie vor schwerpunktmäßig in Deutschland angesiedelt bleiben. Allerdings wird es auch so sein, dass insbesondere in China zur Entwicklung von Produkten für den lokalen Absatzmarkt entsprechende Forschungs- und Entwicklungskapazitäten angesiedelt sind.
- Die Herstellung von Fahrzeugen im Klein-, Kompakt- und Mittelklassesegment wird zunehmend lokalisiert. Um entsprechend die steigende Nachfrage in diesen Segmenten zu bedienen, werden die deutschen Automobilhersteller zunehmend Fertigungskapazitäten in den lokalen Märkten aufbauen.
- Die Modellpalette der deutschen OEM wird sukzessive um weitere Nischenmodelle erweitert. Der Fokus der deutschen Hersteller liegt dabei tendenziell auf Modellen, die in den jeweiligen Segmenten preislich wie technologisch zumeist hoch angesiedelt sind. Die Ausdehnung des Produktportfolios bewältigen die Hersteller nur, wenn sie in großem Umfang auf Baukastensysteme setzen und damit die Gleichteile zwischen den Modellen drastisch erhöhen. Im Jahr 2030 verfügen dementsprechend nahezu alle Hersteller über entsprechende Systeme.

- Technologisch sind im Vergleich zu heute keine radikalen Neuerungen abzusehen. Vielmehr werden bekannte Technologien kontinuierlich weiterentwickelt. Alternativ betriebene Fahrzeuge werden auch bei deutschen Herstellern zukünftig eher einen Exotenstatus einnehmen. Von dieser Entwicklung betroffen sind neben Komponenten für alternative Antriebe auch neue Werkstoffe, die beispielsweise im Karosseriebau eingesetzt werden.
- Die Herstellungskosten für alternativ betriebene Fahrzeuge verharren aufgrund der geringen Marktnachfrage bis 2030 auf verhältnismäßig hohem Niveau. So wird im Jahr 2030 von Batteriekosten in Höhe von 450 Euro/kWh für Hochleistungsbatterien bzw. 292 Euro/kWh für Hochenergiebatterien ausgegangen.

Ausgehend von diesen zentralen Bestimmungsmerkmalen zeichnet sich für den Zeitraum bis ins Jahr 2020 bzw. ins Jahr 2030 folgendes Zukunftsbild.

WERTSCHÖPFUNGSPOTENZIALE 2.2

In der weltweiten Betrachtung spiegelt sich die Zunahme des weltweiten Pkw-Absatzes entsprechend in der potenziell realisierbaren Wertschöpfung wider. Wie aus Abbildung VI.2 ersichtlich, wird sich die globale Wertschöpfung im Automobilbau bis ins Jahr 2030 quasi verdoppeln. Dies entspricht einem jährlichen Wachstum von rund 3,6 %. Die zögerliche Marktdurchdringung von Fahrzeugen mit alternativen Antrieben hat zur Konsequenz, dass bis ins Jahr 2020 mit keinem nennenswerten Wachstum im Bereich elektromobilitätsrelevanter Komponenten zu rechnen ist. Stattdessen ist davon auszugehen, dass in diesem Zeitraum vor allem konventionelle Antriebskomponenten wie auch die restlichen Komponenten jährlich um rund 4 % an Wertschöpfung gewinnen werden. Ab dem Jahr 2020 verschiebt sich das Verhältnis zugunsten der Komponenten, die für alternativ betriebene Fahrzeuge benötigt werden. Während der Markt für konventionelle Komponenten in diesem Zeitraum durchschnittlich nur um 3,2 % pro Jahr wachsen wird, wird der Markt für elektromobilitätsrelevante Komponenten überproportional um fast 7,5 % pro Jahr ansteigen.

Betrachtet man einzelne Antriebskomponenten, so fällt auf, dass im Zeitraum bis ins Jahr 2020 vor allem Komponenten ein überproportionales Wachstum versprechen, mit denen in konventioneller Weise die Effizienz und Umweltfreundlichkeit von Fahrzeugen gesteigert werden kann (Tab. VI.3). Insbesondere zählen hierzu der Verbrennungsmotor, Komponenten, die zu dessen Optimierung dienen, die Abgasanlage sowie das Getriebe. Der Blick weiter ins Jahr 2030 zeigt, dass im Bereich der elektromobilitätsrelevanten Komponenten vor allem die Traktionsbatterie und die Leistungselektronik größere Wertschöpfungspotenziale bieten werden. Da in diesem Szenario wasserstoffbetriebene Fahrzeuge quasi keine Rolle im globalen Automobilmarkt spielen, kommt den für diese Antriebsart benötigten Komponenten (Brennstoffzelle, Wasserstofftank und Traktionsbatterie) mittel- wie auch langfristig keine wirtschaftliche Bedeutung zu.

TAB. VI.3 WERTSCHÖPFUNGSPOTENZIALE NACH KOMPONENTEN

	Jahr	Wertschöpfung Mio. Euro	CAGR 10 Jahre in %	CAGR 20 Jahre in %
Verbrennungsmotor	2010	133.630	–	–
	2020	198.061	4,0	–
	2030	265.879	3,0	3,5
Optimierung des Verbrennungsmotors	2010	51.306	–	–
	2020	77.443	4,2	–
	2030	106.360	3,2	3,7
Starter und Lichtmaschine	2010	16.826	–	–
	2020	24.888	4,0	–
	2030	32.805	2,8	3,4
Elektromaschine	2010	4.834	–	–
	2020	2.828	–5,2	–
	2030	5.938	7,7	1,0
Abgasanlage	2010	23.409	–	–
	2020	34.974	4,1	–
	2030	47.551	3,1	3,6
Kraftstofftank	2010	7.545	–	–
	2020	11.389	4,2	–
	2030	15.641	3,2	3,7
Getriebe	2010	61.990	–	–
	2020	93.349	4,2	–
	2030	130.799	3,4	3,8
Traktionsbatterie	2010	5.966	–	–
	2020	8.501	3,6	–
	2030	18.729	8,2	5,9
Ladegerät	2010	0	–	–
	2020	0	–	–
	2030	1	3,8	–
Leistungselektronik	2010	9.909	–	–
	2020	9.492	–0,4	–
	2030	18.775	7,1	3,2

Eigene Zusammenstellung

Welche Implikationen haben die globalen Entwicklungen nun auf die deutsche Automobilindustrie bzw. den Automobilstandort Deutschland? Die in Abbildung VI.3 dargestellten Werte zeigen zunächst, dass sich die Wertschöpfung der deutschen Automobilindustrie bei einem durchschnittlichen jährlichen Wachstum von etwa 3,4 % bis ins Jahr 2030 fast verdoppeln wird. Unterscheidet man allerdings die Wertschöpfung nach ihrer lokalen Entstehung, so zeigt sich, dass von dem Wachstum vorrangig die ausländischen Standorte deutscher Hersteller profitieren werden. Bis ins Jahr 2020 sind die jährlichen Wachstumsraten noch nahezu auf vergleichbarem Niveau.

ABB. VI.2 GLOBALE WERTSCHÖPFUNGSPOTENZIALE IM SZENARIO 1

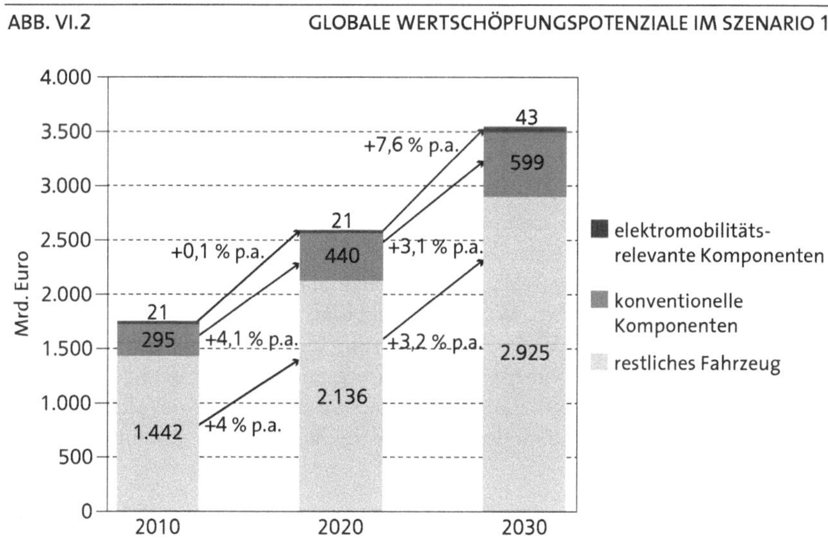

Eigene Darstellung

ABB. VI.3 WERTSCHÖPFUNGSPOTENZIALE DEUTSCHER HERSTELLER

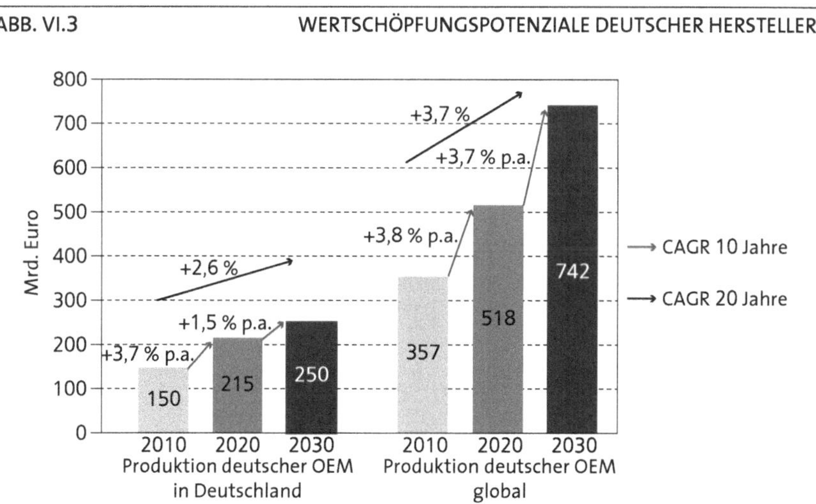

Eigene Darstellung

Die Produktionskapazitäten am Standort Deutschland werden bis zu einer Höhe von 6,5 Mio. Einheiten nahezu vollständig ausgeschöpft werden. Damit steigt im Vergleich zum Jahr 2010 die Anzahl an gefertigten Fahrzeugen nur um im Durchschnitt 1,7 % jährlich, während die wertmäßige Ausbringung um durchschnittlich 3,6 % zunehmen wird. Der Grund hierfür ist darin zu sehen, dass deutsche Hersteller am Standort Deutschland in zunehmendem Maße sehr werthaltige Fahrzeuge der Oberklasse fertigen und die Klein-, Kompakt- und Mittelklassesegmente von ausländischen Standorten bedient werden.

Ungefähr ab dem Jahr 2020 schlagen die in Deutschland angesiedelten Standorte und die globalen Produktionsstandorte unterschiedliche Wachstumspfade ein. Während die im Ausland angesiedelten Produktionskapazitäten kontinuierlich ausgebaut und dementsprechend vom global wachsenden Automobilmarkt eins zu eins profitieren werden, ist an den deutschen Standorten nur noch von einem durchschnittlichen jährlichen Wachstum in Höhe von 1,5 % auszugehen. Der Wertzuwachs durch eine Verlagerung hin zum Oberklassesegment wiegt dann die konstante Ausbringungsmenge nur noch begrenzt auf. Vor dem Hintergrund jährlich realisierter Produktivitätsfortschritte ist dieses Wachstum eher als Stagnation zu werten, wobei zumindest mittelfristig die Produktionsstandorte ausgelastet bleiben.

Insgesamt zeichnet sich das Szenario 1 dadurch aus, dass die deutsche Automobilindustrie vom weltweiten Wachstum profitieren wird. Der Produktionsstandort Deutschland allerdings wird vor allem im neuen Jahrzehnt zusehends ins Hintertreffen geraten. Die jährlichen Wertschöpfungszuwächse liegen dann deutlich unter den weltweiten Wachstumsraten des Gesamtmarktes.

TAB. VI.4 WERTSCHÖPFUNGSPOTENZIALE DEUTSCHER HERSTELLER IN DEUTSCHLAND UND GLOBAL NACH KOMPONENTENKLASSEN

	Jahr	absolut in Mrd. Euro		CAGR 10 Jahre in %		CAGR 20 Jahre in %	
		Deutschland	global	Deutschland	global	Deutschland	global
elektromobilitätsrelevante Komponenten	2010	855	3.732	–	–	–	–
	2020	1.570	3.339	6,3	–1,1	–	–
	2030	3.772	7.684	9,2	8,7	7,7	3,7
konventionelle Komponenten	2010	26.623	62.727	–	–	–	–
	2020	33.058	91.122	2,2	3,8	–	–
	2030	35.459	129.075	0,7	3,5	1,4	3,7
restliches Fahrzeug	2010	122.352	290.161	–	–	–	–
	2020	180.277	423.299	4,0	3,8	–	–
	2030	210.479	604.999	1,6	3,6	2,7	3,7

Eigene Zusammenstellung

Dass neue Fahrzeuggenerationen mit technologischen Neuerungen nach wie vor schwerpunktmäßig zunächst an deutschen Standorten gefertigt werden, spielt hinsichtlich der zu erwartenden Wertschöpfungspotenziale lediglich eine untergeordnete Rolle. Zwar wird in dem Szenario davon ausgegangen, dass gerade die elektromobilitätsrelevanten Komponenten zunächst am Produktionsstandort Deutschland verwirklicht und damit in diesen technologiespezifischen Fahrzeugsegmenten in Deutschland vergleichbare Wertschöpfungspotenziale realisiert werden können wie an ausländischen Standorten, vor dem Hintergrund der geringen Bedeutung solcher Fahrzeuge am Markt begrenzen sich die absoluten wirtschaftlichen positiven Effekte auf ein überschaubares Maß (Tab. VI.4).

Zuletzt richtet sich der Blick auf die Wertschöpfungsverteilung zwischen Automobilhersteller und -zulieferer. Vor dem Hintergrund einer nur moderaten Fortschreibung der Technologiepfade ist mit keiner grundsätzlichen Veränderung der Wertschöpfungsarchitektur zu rechnen. Bestehende Zulieferbetriebe werden aufgrund ihrer technologischen und wirtschaftlichen Leistungsfähigkeit die angestammte Position behalten und in vielen Bereichen vor allem ab dem Jahr 2020 auch zugunsten der Automobilhersteller ausbauen können. Gerade bei wachstumsstarken Bereichen, wie Getriebe und Bauteile zur Optimierung des Verbrennungsmotors, werden die Zulieferer ihre Stärken ausspielen und somit stärker vom Wachstum profitieren als die Hersteller.

ARBEITSPLATZPOTENZIALE 2.3

Im konservativen Szenario sind die Analyseergebnisse zur Beschäftigungsentwicklung bis zum Jahr 2020 bei allen Modellannahmen positiv (Abb. VI.4). So wird bei der positivsten Kombination der Modellannahmen, einer durchschnittlichen jährlichen Produktivitätssteigerung von 2 %, einer Importquote von E-Mobilitätskomponenten von 10 % und einem inländischen Wertschöpfungsanteil an der Auslandsproduktion von 25 % mit einer Zunahme der Beschäftigung in der deutschen Automobil- und Automobilzulieferindustrie um 18,2 % bis ins Jahr 2020 gerechnet.

Dies entspricht umgerechnet etwa 300.000 Arbeitsplätzen. Lässt man die jährliche Produktivitätssteigerung bei 2 % und ändert lediglich die Importquoten bei E-Mobilitätskomponenten auf 50 % und den inländischen Wertschöpfungsanteil bei Auslandsproduktion auf 10 %, so ergeben sich kaum Unterschiede. Die Beschäftigung wird dann im konservativen Szenario bis zum Jahr 2020 immer noch um 18 % wachsen. Deutliche Unterschiede zeigen sich hingegen, wenn man die jährliche Produktivitätssteigerung bei 3 % ansetzt. Dann liegt der Beschäftigungszuwachs bis zum Jahr 2020 nur mehr bei 7,1 bis 7,2 %, entsprechend etwa einem Zuwachs von 115.000 bis 120.000 inländischen Arbeitsplätzen. Die durchweg positiven Beschäftigungseffekte im konservativen Szenario bis 2020 sind insbesondere dem Umstand geschuldet, dass von einem recht kräftigen globalen Wachstum der Automobilproduktion ausgegangen wird, an dem auch der deutsche Standort partizipiert. Dies lässt sich mit den Nachholbedarfen individueller Mobilität und damit einhergehender Automobildichte in wachsenden Zukunftsmärkten wie insbesondere China, Indien, Russland und Brasilien erklären. In der Folge beträgt das mittlere jährliche Wertschöpfungswachstum im konservativen Szenario bis 2020 etwa 3,7 % und liegt damit signifikant über den 2 % als auch den 3 % Modellannahmen der jährlichen Produktivitätsentwicklung, was die insgesamt positiven Effekte maßgeblich prägt.

ABB. VI.4 BESCHÄFTIGUNGSPOTENZIALE IM SZENARIO 1

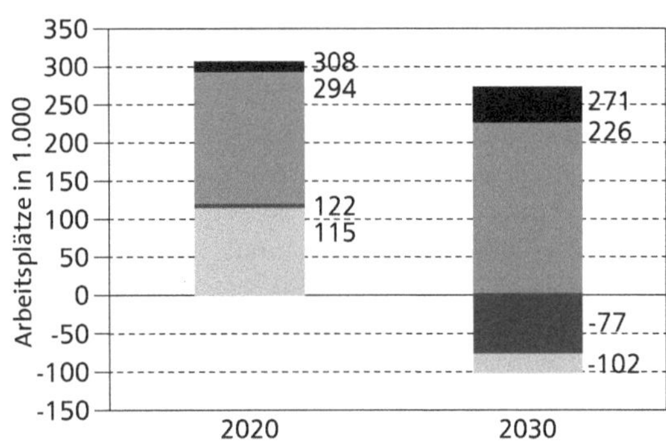

CAGR Produktivität = 2 %, Import E-Mob-Komponenten = 10 %, inländ. Anteil Auslandsproduktion = 25 %
CAGR Produktivität = 2 %, Import E-Mob-Komponenten = 50 %, inländ. Anteil Auslandsproduktion = 10 %
CAGR Produktivität = 3 %, Import E-Mob-Komponenten = 10 %, inländ. Anteil Auslandsproduktion = 25 %
CAGR Produktivität = 3 %, Import E-Mob-Komponenten = 50 %, inländ. Anteil Auslandsproduktion = 10 %

Eigene Darstellung

Bis 2030 zeigen sich dann im konservativen Szenario deutlichere Unterschiede für die verschiedenen Modellannahmen. Bei Annahme einer jährlichen Produktivitätssteigerung von 2 %, einer Importquote bei E-Mobilitätskomponenten von 10 % und einem inländischen Wertschöpfungsanteil an der Auslandsproduktion von 25 % ergibt sich ein Beschäftigungswachstum von 16 % bis 2030, entsprechend etwa 271.000 Arbeitsplätzen. Etwas geringer, wenn auch nicht viel, fällt die Prognose für die gleichen Produktivitätssteigerungsannahmen bei pessimistischeren Importannahmen bei E-Mobilitätskomponenten und inländischen Wertschöpfungsanteilen bei Auslandsproduktion aus, die bis 2030 einen Beschäftigungszuwachs von 13,9 %, entsprechend etwa 226.000 Arbeitsplätzen, ausweist. Deutliche Unterschiede ergeben sich dann aber wiederum, wenn die Annahme der jährlichen Produktivitätssteigerung auf 3 % per anno geändert wird. Hier wird dann abhängig von den anderen Modellannahmen ein Beschäftigungsrückgang bis 2030 von 4,6 % bis zu 6,3 % prognostiziert, entsprechend etwa einem Abbau von etwa 77.000 bis 102.000 inländischen Arbeitsplätzen.

Die signifikant schlechteren Arbeitsplatzprognosen für 2030 verglichen mit 2020 sind darin begründet, dass in den 10 Jahren dazwischen von einem etwas gedämpfteren Wachstum der weltweiten Automobilindustrie ausgegangen wird, da die Zuwachsraten in den Wachstumsmärkten aufgrund erster Sättigungseffekte nicht mehr ganz so hoch sein werden. In der Folge ergibt sich eine mittlere jährliche Wertschöpfungsentwicklung von 2,6 %, die zwar über der unteren Modellannahme der Produktivitätsentwicklung von 2 %, aber unter der oberen Annahme von 3 % liegt. Insbesondere daher ergeben sich in der Folge entweder deutlich positive oder auch deutlich negative Beschäftigungsprognosen bis zum Jahr 2030 in diesem konservativen Szenario.

SZENARIO 2: TECHNOLOGIEBRUCH 3.

ZENTRALE BESTIMMUNGSPARAMETER 3.1

Die Basis für das zweite Wertschöpfungsszenario bildet das Diffusionsszenario »Technologiebruch«. Dieses Absatzszenario geht von einer Zunahme der Nachfrage nach Personenkraftfahrzeugen auf 124,5 Mio. Einheiten pro Jahr im Jahr 2030 aus, die vergleichbar zu der des konservativen Szenarios ist. Allerdings wird in diesem Szenario Fahrzeugen mit alternativen Antriebskonzepten eine ungleich höhere Bedeutung beigemessen. So wird davon ausgegangen, dass 2030 in Deutschland über die Hälfte der neu zugelassenen Fahrzeuge mit einem alternativen Antrieb ausgerüstet ist. Auch in China liegt der Anteil alternativ betriebener Fahrzeuge bei rund 40 %.

Vor dem Hintergrund dieser prognostizierten Marktentwicklungen lässt sich ein dazu passendes Wertschöpfungsszenario anhand folgender Merkmale charakterisieren:

- Die deutschen Automobilhersteller und -zulieferer unternehmen große Anstrengungen, um ihre technologische Spitzenposition am Markt zu behaupten. Dementsprechend werden gemäß der Marktnachfrage immer mehr Fahrzeuge mit neuen Antriebstechnologien entwickelt und produziert.
- Die Kosten für die neuartigen Komponenten werden aufgrund der großen Stückzahlen sinken. So wird im Szenario davon ausgegangen, dass die Kosten für die Hochleistungsbatterie im Jahr 2020 bei rund 208 Euro/kWh und für Hochenergiebatterien bei 135 Euro/kWh liegen werden. 2030 liegen die Kosten bei 149 Euro/kWh bzw. 97 Euro/kWh.

- Mit der forcierten Elektrifizierung des Antriebsstrangs geht auch der verstärkte Einsatz moderner Leichtbaumaterialien einher, vor allem im Karosseriebau. Eine Reihe der nächsten Fahrzeuggenerationen, die im nächsten Jahrzehnt auf den Markt gebracht werden, wird nach dem Purpose-Design-Prinzip an die speziellen Bedürfnisse (teil)elektrisch betriebener Fahrzeug angepasst sein. In diesen Fahrzeugen werden in großem Umfang Leichtbaumaterialien, wie CFK, verbaut werden.
- Im chinesischen Markt sehen sich die deutschen Hersteller in zunehmendem Maße stärkerer heimischer Konkurrenz ausgesetzt. Chinesische Hersteller bauen insbesondere im Bereich alternativer Antriebskonzepte Kompetenzen auf und partizipieren am starken heimischen Marktwachstum überproportional. Der Marktanteil deutscher OEM in China sinkt daher etwa um 3 Prozentpunkte bis ins Jahr 2020 und um rund 6 Prozentpunkte bis ins Jahr 2030 auf 20 % bzw. 17 %.
- Im wichtigen nordamerikanischen Markt können die deutschen Automobilhersteller ihre Marktanteile auf hohem Niveau stabilisieren. Dazu müssen sie allerdings auch sukzessive Produktionskapazitäten in Nordamerika aufbauen. Mit der Ausweitung der Vor-Ort-Aktivitäten geht einher, dass entsprechend die Exportraten aus Deutschland in die NAFTA-Region rückläufig sind.
- Die Produktionskapazitäten in Deutschland werden aufgrund der Nachfrage nach alternativ betriebenen Fahrzeugen auf etwa 7,3 Mio. Einheiten pro Jahr ausgebaut. Für den gesamten europäischen Raum gilt, dass der Fokus auf der vollständigen Auslastung bestehender Kapazitäten liegt. Dementsprechend konsolidieren die Hersteller die im übrigen Europa angesiedelten Kapazitäten mit dem Ziel, die Gefahr von dauerhaften Unterauslastungen zu minimieren. Auch in diesem Wertschöpfungsszenario wird der Trend hin zu einer Fokussierung auf die Produktion hochpreisiger Fahrzeuge fortgesetzt. Während Fahrzeuge des Kleinwagen-, Kompakt- und Mittelklassesegments zusehends in regionalen Produktionsstätten vor Ort gefertigt werden, konzentrieren sich die Produktionskapazitäten in Deutschland auf die Premiumklasse.
- Auch an den europäischen Standorten außerhalb von Deutschland bleiben die Kapazitäten konstant. Die Nachfrage auf dem europäischen Binnenmarkt wird in erster Linie von den europäischen Standorten aus gedeckt. Sollten die hier verfügbaren Kapazitäten nicht mehr ausreichen, werden Fahrzeuge importiert.
- Der Produktanlauf von Technologieträgern findet in den nächsten Jahren noch bevorzugt in Deutschland statt. Mittelfristig stärken die deutschen Hersteller die globalen Produktionskompetenzen auch in qualitativer Hinsicht, sodass in den einzelnen Regionen entsprechend den Markterfordernissen auch neue, auf den lokalen Markt zugeschnittene Produkte etabliert werden können.

Diese Zukunftsprojektionen werden nun zum Ausgang genommen, um Wertschöpfungs- und Arbeitsplatzeffekte für den Automobilstandort Deutschland zu berechnen.

WERTSCHÖPFUNGSPOTENZIALE 3.2

Die globale automobile Wertschöpfung wird sich im vorliegenden Szenario »Technologiebruch« bis ins Jahr 2030 mehr als verdoppeln. Es ist davon auszugehen, dass insbesondere in den kommenden sieben bis acht Jahren starke Wertschöpfungszuwächse realisiert werden. Für diesen Zeitraum werden jährliche Wachstumsraten von durchschnittlich über 4 % erwartet. Im Zeitverlauf bis 2030 gehen die jährlichen Zuwachsraten zurück und pendeln sich bei knapp über 3 % ein. Unterscheidet man nach Antriebskomponenten, die für (teil)elektrisch betriebene Fahrzeuge benötigt werden, und solchen, die konventioneller Art sind, ergeben sich grundlegend unterschiedliche Wachstumserwartungen. Für Komponenten, die ausschließlich in konventionell betriebenen Fahrzeugen benötigt werden, ist in den nächsten Jahren ein durchschnittliches Wachstum in Höhe von knapp über 3 % prognostiziert (Abb. VI.5). Hingegen wächst der Markt für elektromobilitätsrelevante Komponenten um über 15 % jährlich. Im Zehn-Jahres-Zeitraum von 2020 bis 2030 flachen die Wachstumsraten in beiden Kategorien ab. Das Wertschöpfungswachstum wird dann in erster Linie durch elektromobilitätsrelevante Teile und Komponenten forciert. Während der Markt für konventionelle Komponenten lediglich um 1 % jährlich ansteigen wird und damit quasi stagniert, sind bei elektromobilitätsrelevanten Komponenten noch durchschnittliche jährliche Wachstumsraten von über 10 % zu erwarten.

ABB. VI.5 GLOBALE WERTSCHÖPFUNGSPOTENZIALE IM SZENARIO 2

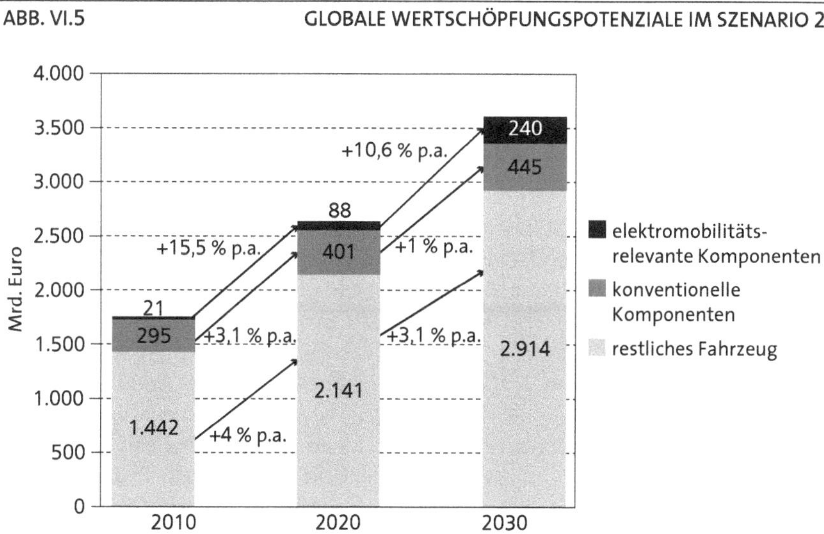

Eigene Darstellung

Die genauere Betrachtung der einzelnen Komponenten im Bereich des Antriebsstrangs offenbart folgende Entwicklungen: Die mit Abstand geringsten Wertschöpfungszuwächse verzeichnet der Verbrennungsmotor. Sowohl im Zeitraum bis 2020 wie auch bis 2030 liegt das neu generierte Wertschöpfungspotenzial deutlich unter dem Gesamtwachstum (Tab. VI.5). Ursächlich hierfür ist zunächst das sukzessiv vorangetriebene Downsizing von klassischen Verbrennungsmotoren, mit dem letztendlich auch eine wertmäßige Abnahme des Motors einhergeht, ebenso wie die langfristig angelegte vollständige Substitution des Verbrennungsmotors durch einen elektrischen Antrieb. In der Kategorie elektromobilitätsrelevanter Komponenten verspricht mittelfristig die Traktionsbatterie die höchsten Wertschöpfungspotenziale. Obwohl langfristig der Bedarf an leistungsfähigen Batterien weiter zunehmen wird, werden etwa ab dem Jahr 2020 die jährlichen Wachstumsraten für Batterien sich quasi von fast 20 auf 8 % halbieren. Hintergrund dieses Rückgangs sind die mittelfristig erwarteten technischen Fortschritte wie auch Skaleneffekte, die die Herstellungskosten für leistungsfähige Traktionsbatterien stark reduzieren. Hingegen fallen bei der Elektromaschine ebenso wie bei der Leistungselektronik Produktivitätsfortschritte in einem weitaus geringeren Maße aus, sodass sich die Wachstumsraten mittel- wie auch langfristig auf einem recht stabilen Niveau von rund 10 % pro Jahr einpendeln werden.

Die Auswirkungen dieser Entwicklungen auf die Wertschöpfungsstrategien der deutschen Hersteller sind in diesem Szenario ambivalent. Zunächst ist davon auszugehen, dass die deutschen Hersteller von dem weltweit wachsenden Absatzmarkt nicht verhältnisgleich profitieren können. Durchschnittlich liegen die jährlichen Wachstumsraten der deutschen Hersteller im betrachteten 20-Jahres-Zeitraum bei etwa 3,4 % und damit weniger als 0,5 % unter dem globalen Gesamtmarktwachstum. Diese Feststellung korrespondiert mit der Annahme, dass deutsche Hersteller in Wachstumsmärkten, insbesondere China, aufgrund zunehmender Konkurrenz Marktanteile abgeben werden.

Unterscheidet man im Weiteren nun nach der in Deutschland entstehenden Wertschöpfung und der in anderen Ländern, so zeigt sich, dass mittelfristig vor allem die ausländischen Standorte ihre Wertschöpfung ausbauen können. Während nämlich im Zeitraum bis ins Jahr 2020 die Wertschöpfung an ausländischen Standorten jährlich um 4,1 % steigt, wird für die deutschen Standorte lediglich eine Steigerung von 2,7 % erwartet (Abb. VI.6). In der langfristigen Betrachtung bis ins Jahr 2030 allerdings werden die Wertschöpfungszuwachsraten in Deutschland wie auch in den anderen Regionen auf einem nahezu identischen Niveau liegen. Langfristig wirkt sich nämlich die zunehmende Produktion an Premiumfahrzeugen, deren Antriebsstrang sukzessive elektrifiziert wird, positiv auf die Wertschöpfung aus. Die jährlichen Zuwachsraten für die Automobilindustrie in Deutschland liegen sowohl in den Jahren bis 2020 als auch im nächsten Jahrzehnt im Schnitt bei 2,7 %.

TAB. VI.5 WERTSCHÖPFUNGSPOTENZIALE NACH KOMPONENTEN

	Jahr	Wertschöpfung in Mio. Euro	CAGR 10 Jahre in %	CAGR 20 Jahre in %
Verbrennungsmotor	2010	133.630	–	–
	2020	178.002	2,9	–
	2030	194.928	0,9	1,9
Optimierung des Verbrennungsmotors	2010	51.306	–	–
	2020	68.982	3,0	–
	2030	72.341	0,5	1,7
Starter und Lichtmaschine	2010	16.826	–	–
	2020	22.261	2,8	–
	2030	26.553	1,8	2,3
Elektromaschine	2010	4.834	–	–
	2020	11.222	8,8	–
	2030	33.824	11,7	10,2
Abgasanlage	2010	23.409	–	–
	2020	31.675	3,1	–
	2030	35.382	1,1	2,1
Kraftstofftank	2010	7.545	–	–
	2020	10.645	3,5	–
	2030	12.697	1,8	2,6
Getriebe	2010	61.990	–	–
	2020	89.045	3,7	–
	2030	102.665	1,4	2,6
Traktionsbatterie	2010	5.966	–	–
	2020	36.050	19,7	–
	2030	78.491	8,1	13,8
Ladegerät	2010	0	–	–
	2020	3.813	–	–
	2030	12.380	12,5	–
Leistungselektronik	2010	9.909	–	–
	2020	25.459	9,9	–
	2030	63.858	9,6	9,8
Brennstoffzelle	2010	0	–	–
	2020	9.506	–	–
	2030	37.769	14,8	–
Wasserstofftank	2010	0	–	–
	2020	1.645	–	–
	2030	13.424	23,4	–

Eigene Zusammenstellung

ABB. VI.6 WERTSCHÖPFUNGSPOTENZIALE DEUTSCHER HERSTELLER

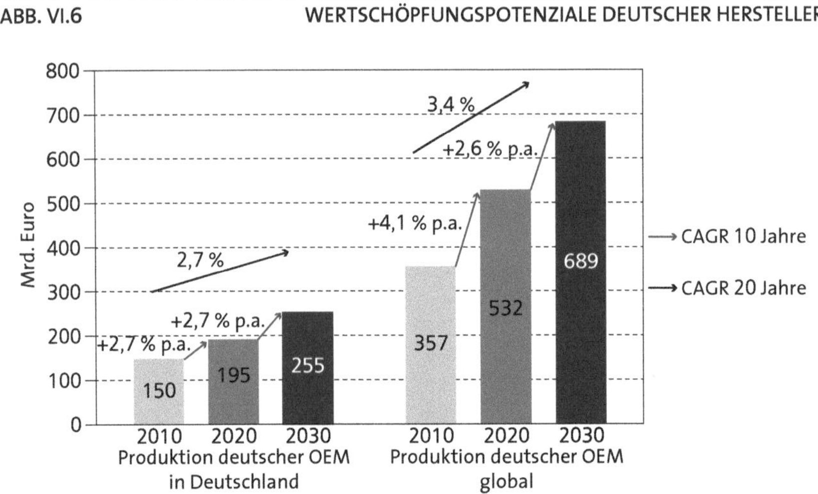

Eigene Darstellung

TAB. VI.6 WERTSCHÖPFUNGSPOTENZIALE DEUTSCHER HERSTELLER IN DEUTSCHLAND UND GLOBAL NACH KOMPONENTENKLASSEN

	Jahr	absolut in Mrd. Euro		CAGR 10 Jahre in %		CAGR 20 Jahre in %	
		Deutschland	global	Deutschland	global	Deutschland	global
elektromobilitätsrelevante Komponenten	2010	855	3.732	–	–	–	–
	2020	9.829	26.407	27,7	21,6	–	–
	2030	22.218	56.746	8,5	7,9	17,7	14,6
konventionelle Komponenten	2010	26.623	62.727	–	–	–	–
	2020	25.407	77.100	–0,5	2,1	–	–
	2030	24.869	80.429	–0,2	0,4	–0,3	1,3
restliches Fahrzeug	2010	122.352	290.161	–	–	–	–
	2020	159.771	428.357	2,7	4,0	–	–
	2030	208.109	552.163	2,7	2,6	2,7	3,3

Eigene Zusammenstellung

Ein differenzierter Blick auf die einzelnen Fahrzeugkomponenten untermauert diese Entwicklung. Gerade für die in Deutschland hergestellten Produkte spielen elektrische Komponenten eine große Bedeutung. Wie aus Tabelle VI.6 hervorgeht, wird die Herstellung von alternativ betriebenen Fahrzeugen und der entsprechenden Systeme dafür mittelfristig stark an Bedeutung gewinnen. Bis ins Jahr 2020 wird in diesem Szenario ein durchschnittliches jährliches Wachstum von fast 28 % angenommen. An den ausländischen Standorten liegt dieser Wert bei 22 %. Gleichzeitig zeigt sich, dass die durch die Entwicklung und Herstellung konventioneller Komponenten realisierte Wertschöpfung in Deutschland abnimmt. Sowohl im mittel- als auch im langfristigen Betrachtungshorizont ist in dieser Konstellation die Wertschöpfungsentwicklung negativ. Für das Jahr 2030 wird daher angenommen, dass die durch die Herstellung elektromobilitätsrelevanter Antriebskomponenten realisierte Wertschöpfung in Höhe von 22,2 Mrd. Euro sich der Wertschöpfung konventioneller Antriebskomponenten annähert (24,9 Mrd. Euro). In ausländischen Standorten werden mittelfristig noch Wertschöpfungszuwächse mit konventionellen Antriebselementen realisiert, allerdings stagniert dieser Bereich langfristig auch. Wie bereits eingangs im Rahmen der globalen Entwicklung aufgezeigt, ist der Wachstumstreiber mittelfristig vor allem die Traktionsbatterie, langfristig aber nähern sich Elektromaschine wie auch die Leistungselektronik der Traktionsbatterie an.

Die zunehmende Bedeutung alternativer Antriebskonzepte hat in zweierlei Hinsicht Einfluss auf die Wertschöpfungsverteilung zwischen Automobilhersteller und -zulieferer. Vor allem im Bereich elektromobilitätsrelevanter Systeme sind die Wertschöpfungsanteile aufgrund der Wachstumsperspektiven hart umkämpft. In diesem Wertschöpfungsszenario wird davon ausgegangen, dass es den Automobilherstellern dank massiver Anstrengungen gelingt, entsprechende Potenziale für sich zu vereinnahmen. Diese Entwicklung entspricht einer Umkehr des Trends, der seit Mitte der 1990er Jahre zu einer sukzessiven Wertschöpfungszunahme aufseiten der Automobilzulieferer geführt hat.

Dabei ist davon auszugehen, dass bei der Herstellung der Traktionsbatterie lediglich die Zellherstellung weitgehend in der Hand spezialisierter Zulieferbetriebe bleibt. Der Wertschöpfungsanteil der OEM wird sich daher mittelfristig bei 40 % einpendeln. Im Bereich der Leistungselektronik haben die Zulieferer ihre Position bereits heute weit stärker gefestigt, sodass es auch in Zukunft zu keinen größeren Verschiebungen zugunsten der OEM kommen wird. Zwei Drittel der Wertschöpfung im Bereich Leistungselektronik wird durch Zulieferer erfolgen. Ein ähnliches Bild ist im Bereich des elektrischen Antriebsmotors zu erwarten, wo die Zulieferer für drei Viertel der Wertschöpfung verantwortlich sind. Damit können in erster Linie die Automobilzulieferer die Wertschöpfungspotenziale erschließen. Im Bereich der konventionellen Komponenten versuchen die Automobilhersteller, bereits verlorene Wertschöpfungsanteile zurückzugewinnen. Hinter diesen Anstrengungen steckt das Kalkül der OEM, den durch die Elektrifizierung des Antriebsstrangs bedingten leichten Rückgang der Wertschöpfung durch die Wiedereingliederung von zuvor ausgelagerten Prozessen zu kompensieren. So wird im Szenario davon ausgegangen, dass gerade die Automobilhersteller den Verbrennungsmotor vermehrt in Eigenregie herstellen.

Bleibt festzuhalten: Das Wertschöpfungsszenario »Technologiebruch« bringt signifikante Änderungen in der globalen Wertschöpfungsstruktur mit sich. Der Produktionsstandort Deutschland profitiert in den kommenden Jahren zwar nicht in dem Maße, wie die weltweite Wertschöpfung zunimmt, allerdings kann ein durchaus respektables Wachstum realisiert werden, das sich in der langfristigen Perspektive fast auf das weltweite Niveau einpendelt. Während die Herstellung konventioneller Fahrzeuge und entsprechender Systeme bzw. Komponenten dafür eher stagniert, werden insbesondere ab dem Jahr 2020 alternativ betriebene Fahrzeuge zum zentralen Wachstumstreiber für den Automobilstandort Deutschland.

ARBEITSPLATZPOTENZIALE 3.3

Schaut man sich die aus den Wertschöpfungsszenarien abgeleitete und mit den Modellannahmen berechnete Beschäftigungsentwicklung im Szenario »Technologiebruch« bis zum Jahr 2020 an, so ergibt sich ein differenziertes Bild. Bei Annahme einer jährlichen Produktivitätssteigerung von 2 %, einer Importquote von E-Mobilitätskomponenten von 10 % und einem inländischen Wertschöpfungsanteil an der Auslandsproduktion von 25 %, also unter den optimistischsten Modellannahmen, wird eine Beschäftigungszunahme um insgesamt 8,2 % bis ins Jahr 2020 prognostiziert, entsprechend etwa 140.000 zusätzlichen Arbeitsplätzen in Deutschland. Ein wenig – aber nicht grundsätzlich – unterscheiden sich die Modellergebnisse, wenn bei gleicher Produktivitätsentwicklung von einer höheren Importquote bei elektromobilitätsrelevanten Komponenten von 50 % und einem geringeren inländischen Wertschöpfungsanteil an der Auslandsproduktion von 10 % ausgegangen wird. Dann wird bis ins Jahr 2020 eine Beschäftigungszunahme um 5,6 %, entsprechend etwa 90.000 Arbeitsplätzen, prognostiziert (Abb. VI.7).

Die Unterschiede zwischen diesen beiden Modellannahmen bei gleicher Produktivitätsentwicklung sind damit deutlich größer als im konservativen Szenario, was an dem signifikant höheren Anteil von elektromobilitätsrelevanten Komponenten an der Wertschöpfung liegt, die mit unterschiedlichen Annahmen zu Importquoten hinterlegt werden. Ändert man nun die Annahme zur durchschnittlichen Produktivitätsentwicklung auf 3 % per anno, so ergeben sich jeweils negative Beschäftigungsprognosen bis zum Jahr 2020, die von 1,9 bis 4,2 %, entsprechend etwa einer Arbeitsplatzabnahme von 30.000 bis hin zu knapp 70.000 Arbeitsplätzen, reichen. Die Hauptursache hierfür liegt wiederum in den aus den Wertschöpfungsszenarien resultierenden Ergebnissen zur mittleren jährlichen Wertschöpfungsentwicklung, die im Szenario »Technologiebruch« bei etwa 2,7 % liegt und damit zwischen den Modellannahmen der Arbeitsproduktivitätsentwicklung von 2 und 3 % in den Beschäftigtenszenarien. Dies führt dazu, dass es in einem Fall signifikant positive und im anderen Fall signifikant negative Beschäftigungsprognosen auszuweisen gibt.

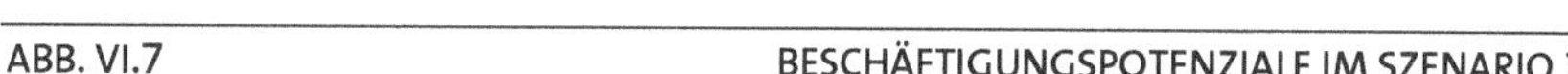

ABB. VI.7 BESCHÄFTIGUNGSPOTENZIALE IM SZENARIO 2

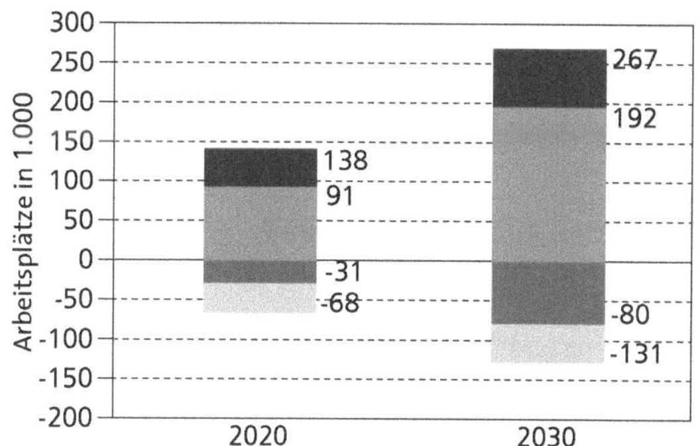

- CAGR Produktivität = 2 %, Import E-Mob-Komponenten = 10 %, inländ. Anteil Auslandsproduktion = 25 %
- CAGR Produktivität = 2 %, Import E-Mob-Komponenten = 50 %, inländ. Anteil Auslandsproduktion = 10 %
- CAGR Produktivität = 3 %, Import E-Mob-Komponenten = 10 %, inländ. Anteil Auslandsproduktion = 25 %
- CAGR Produktivität = 3 %, Import E-Mob-Komponenten = 50 %, inländ. Anteil Auslandsproduktion = 10 %

Eigene Darstellung

Die Prognosen im Szenario »Technologiebruch« bis 2030 entsprechen, was die prognostizierte Beschäftigungsentwicklung betrifft, nahezu fast genau einer Verdopplung der Modellannahmen bis 2020. Dies liegt daran, dass in diesem Szenario aufgrund des höheren Marktdurchsatzes neuer Technologien in der Elektromobilität auch zwischen 2020 und 2030 mit ähnlichen globalen Wachstumsraten der automobilen Märkte gerechnet wird, da sich auch in urbanen Ballungszentren in Industrie- wie Wachstumsländern weitere Marktpotenziale ergeben. In der Folge entsprechen die aus den Wertschöpfungsszenarien abgeleiteten jährlichen Wertschöpfungswachstumsraten von 2,7 % fast genau den Wachstumsraten von 2010 bis 2020. Dies führt dazu, dass bei einer 2 %igen Produktivitätssteigerungsannahme – je nach eher optimistischen oder pessimistischen Importquoten von elektromobilitätsrelevanten Komponenten (10 oder 50 %) wie auch inländischen Wertschöpfungsanteilen an der Auslandsproduktion (25 oder 10 %) – eine Beschäftigungszunahme von 11,8 bis 15,8 % bis 2030 prognostiziert wird, entsprechend etwa 190.000 bis 270.000 Arbeitsplätzen. In den beiden Modellannahmen mit einer jährlichen Arbeitsproduktivitätssteigerung von 3 % liegen die prognostizierten Beschäftigungsentwicklungen bis 2030 zwischen –4,7 und –8 %, entsprechend einem inländischen Arbeitsplatzverlust von etwa 80.000 bis 130.000 Arbeitsplätzen.

Insgesamt fällt beim Szenario »Technologiebruch« auf, dass die Beschäftigungsprognosen unter den verschiedenen Modellannahmen bis 2030 denjenigen aus dem konservativen Szenario recht ähnlich sind. Dies liegt daran, dass im Szenario »Technologiebruch« zunächst ein etwas moderateres Wachstum als im konservativen Szenario erwartet wird, dann aber aufgrund der zunehmenden Diffusion der neuen elektromobilitätsrelevanten Technologien ein wiederum stärkeres Wachstum als im konservativen Szenario. Dies mittelt sich bis 2030 in den Wertschöpfungs- und Beschäftigungspotenzialen fast vollständig aus.

SZENARIO 3: MOBILITÄTSKONZEPTE 4.

ZENTRALE BESTIMMUNGSPARAMETER 4.1

Den Referenzpunkt für das Wertschöpfungsszenario 3 stellt das Marktszenario »Mobilitätskonzepte« dar. Dieses Szenario geht davon aus, dass sich dienstleistungsbasierte Mobilitätskonzepte am Markt etablieren werden. Diese Entwicklung bringt mehrere Folgen mit sich. Erstens wird die Nachfrage nach Automobilen deutlich weniger ansteigen als in den anderen beiden Szenarien. Für 2030 wird ein jährliches Absatzvolumen von 102,5 Mio. Fahrzeugen prognostiziert. Zweitens gewinnen alternativ betriebene Fahrzeuge stark an Bedeutung. Drittens werden Fahrzeuge des Kleinwagensegments stärker nachgefragt. Diese Entwicklungen haben wesentlichen Einfluss auf die weltweite automobile Wertschöpfung deutscher OEM:

› Die deutschen Automobilhersteller und -zulieferer passen sich der Marktnachfrage an und stellen verstärkt mehr Fahrzeuge mit neuen Antriebstechnologien her. Auch bedienen sie verstärkt untere Segmente.
› Die verstärkte Nachfrage nach alternativen Antriebskonzepten führt dazu, dass die Kosten entsprechender Komponenten sinken. So wird im Szenario davon ausgegangen, dass 2020 die Kosten für die Traktionsbatterie bei rund 258 Euro/kWh für Hochleistungsbatterien und bei 168 Euro/kWh für Hochenergiebatterien liegen werden. Bis 2030 sinken die Kosten auf 196 Euro/kWh bzw. 127 Euro/kWh.
› Die nächsten Fahrzeuggenerationen werden auf die speziellen Bedürfnisse moderner Mobilitätskonzepte angepasst sein. Kleinere Fahrzeuge, speziell für den Einsatzzweck konzeptioniert und mit alternativen Antriebskonzepten ausgestattet, gewinnen an Bedeutung.
› Die deutschen Hersteller werden von der Entwicklung profitieren und ihre Marktanteile in einzelnen Regionen sukzessive ausbauen. In Europa werden die Marktanteile um 4 Prozentpunkte auf 45 % steigen und im NAFTA-Raum von 8 auf 13 % im Jahr 2030. In China allerdings verlieren die deutschen OEM an Bedeutung. Ihr Marktanteil sinkt bis ins Jahr 2030 auf 18 % (Tab. VI.7).

TAB. VI.7 REGIONALE MARKTANTEILE DEUTSCHER AUTOMOBILHERSTELLER IN %

Region	2010	2020	2030
Europa	41	43	45
NAFTA	8	10	13
Südamerika	24	24	24
Russland	11	11	11
Indien	3	3	3
China	23	20	18
Asien-Pazifik	10	8	7
Afrika	37	37	37

Eigene Zusammenstellung

› Die deutschen Standorte werden zur Produktion der Technologieträger herangezogen. Aufgrund einer vergleichsweise starken Nachfrage nach alternativ betriebenen Fahrzeugen in Europa werden solche Fahrzeuge auch gerade an den in Deutschland angesiedelten Produktionsstätten verstärkt hergestellt.
› Der Fokus der heimischen Produzenten wird darauf gerichtet sein, die in Deutschland angesiedelten Kapazitäten so gut wie möglich auszulasten. Vor dem Hintergrund gemäßigter Absatzzahlen werden daher in Deutschland keine neuen Kapazitäten ausgebaut, sondern die bestehenden Kapazitäten bei einem Zielwert von 5,1 Mio. Einheiten konsolidiert.
› Vor dem Hintergrund des eher schwach ausgeprägten Marktwachstums agieren die Hersteller auch zögerlich beim Aufbau neuer Produktionskapazitäten. Prinzipiell wird aber der Maxime gefolgt, die Produkte in den Regionen herzustellen, in denen sie auch nachgefragt werden.

Nachfolgend werden die entsprechenden Wirkungen auf die automobile Wertschöpfung sowie die wirtschaftlichen Effekte auf die Arbeitsplätze in Deutschland dargestellt.

WERTSCHÖPFUNGSPOTENZIALE 4.2

Die globale Wertschöpfung im Automobilbau steigt in diesem Szenario deutlich geringer an als in den beiden vorherigen. Bis 2030 wird die globale Wertschöpfung mit jährlich rund 2,6 % auf knapp 2.950 Mrd. Euro im Jahr 2030 ansteigen (Abb. VI.8). Im Zeitverlauf liegt das durchschnittliche Wachstum zunächst auf einem moderaten Niveau bei 3,4 %, geht dann allerdings zurück auf 1,8 %. Vor allem im nächsten Jahrzehnt machen sich das geänderte Mobilitätsverhalten und die damit einhergehende sinkende Nachfrage nach Fahrzeugen für den Individualverkehr bemerkbar. Die Differenzierung nach einzelnen Komponenten bringt Entwicklungen zum Vorschein, die nicht unmittelbar zu erwarten waren. So versprechen in den kommenden Jahren vor allem elektromobilitätsrelevante Komponenten große Wachstumspotenziale, während die wirtschaftliche Entwicklung der Komponenten für den konventionellen Antriebsstrang stagniert.

ABB. VI.8 GLOBALE WERTSCHÖPFUNGSPOTENZIALE IM SZENARIO 3

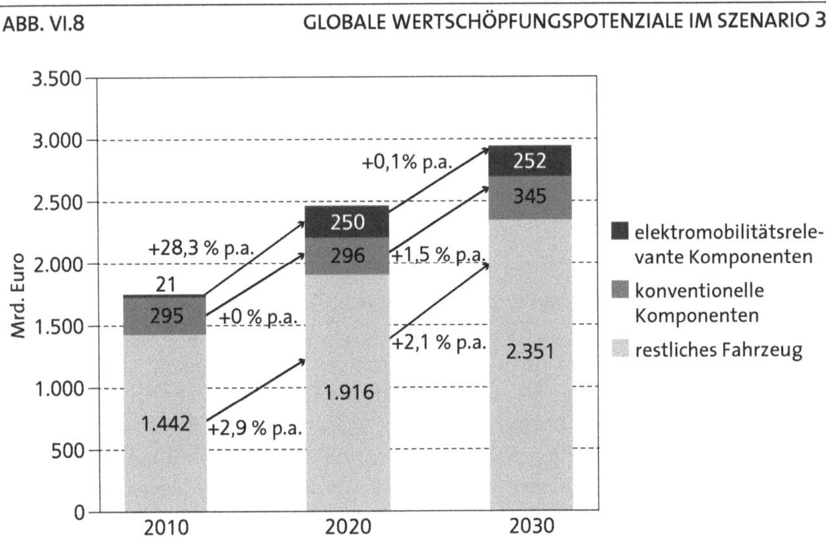

Eigene Darstellung

Die Ursachen für diesen Verlauf sind darin zu sehen, dass die Nachfrage nach alternativ betriebenen Fahrzeugen stark wächst, wobei die Kosten für Komponenten, insbesondere für die Batterie, kurzfristig noch auf einem hohen Niveau verharren. Gleichzeitig macht sich im Bereich der konventionellen Antriebskomponenten bemerkbar, dass die Nachfrage nach hochpreisigen Premiumprodukten nicht sehr stark ausgeprägt ist und eher das Klein- und Kompaktwagensegment mit entsprechend kostengünstigen Systemen bedient werden muss. Die Entwicklung setzt sich prinzipiell fort. Allerdings setzt mittelfristig aufgrund der steigenden Nachfrage und des technischen Fortschritts ein signifikanter Preisverfall bei der Herstellung entsprechender Systeme ein. Aus Tabelle VI.8 wird ersichtlich, dass dies in erster Linie Batteriesysteme betrifft. Obgleich auch ab 2020 die Nachfrage nach Batteriesystemen steigt, stagniert die damit realisierte Wertschöpfung, da der mengenbezogene Zuwachs durch die technischen und wirtschaftlichen Fortschritte kompensiert wird.

TAB. VI.8 WERTSCHÖPFUNGSPOTENZIALE NACH KOMPONENTEN

	Jahr	Wertschöpfung in Mio. Euro	CAGR 10 Jahre in %	CAGR 20 Jahre in %
Verbrennungsmotor	2010	133.630	–	–
	2020	126.975	–0,5	–
	2030	145.704	1,4	0,4
Optimierung des Verbrennungsmotors	2010	51.306	–	–
	2020	49.522	–0,4	–
	2030	57.900	1,6	0,6
Starter und Lichtmaschine	2010	16.826	–	–
	2020	16.749	0,0	–
	2030	19.227	1,4	0,7
Elektromaschine	2010	4.834	–	–
	2020	22.994	16,9	–
	2030	31.497	3,2	9,8
Abgasanlage	2010	23.409	–	–
	2020	23.432	0,0	–
	2030	27.252	1,5	0,8
Kraftstofftank	2010	7.545	–	–
	2020	8.551	1,3	–
	2030	10.072	1,7	1,5
Getriebe	2010	61.990	–	–
	2020	70.613	1,3	–
	2030	84.708	1,8	1,6
Traktionsbatterie	2010	5.966	–	–
	2020	84.776	30,4	–
	2030	86.484	0,2	14,3
Ladegerät	2010	0	–	–
	2020	7.519	–	–
	2030	9.793	2,7	–
Leistungselektronik	2010	9.909	–	–
	2020	45.289	16,4	–
	2030	61.918	3,2	9,6
Brennstoffzelle	2010	0	–	–
	2020	70.110	–	–
	2030	46.054	–4,9	–
Wasserstofftank	2010	0	–	–
	2020	13.452	–	–
	2030	16.548	2,1	–

Eigene Zusammenstellung

Eine tiefer gehende Analyse der Aktivitäten deutscher Automobilhersteller zeigt, dass sie nicht eins zu eins am globalen Wertschöpfungszuwachs reüssieren können. Im Mittel steigt die durch die deutsche Automobilindustrie realisierte Wertschöpfung um jährlich 2,4 % an. Diese Entwicklung ist in erster Linie auf die verstärkte Konkurrenz in China und die damit einhergehenden Marktanteilsverluste zurückzuführen, die durch die Zugewinne in anderen Regionen nicht ganz aufgewogen werden können. Die durch die Produktion in Deutschland realisierte Wertschöpfung steigt erwartungsgemäß nicht so stark an wie die der Standorte im Rest der Welt. Wie aus Abbildung VI.9 ersichtlich, liegen die durchschnittlichen jährlichen Zuwachsraten in Deutschland bei 1,5 %, während die globale Wertschöpfung deutscher Hersteller global im Mittel um 2,7 % ansteigt. Die leicht unterdurchschnittliche Entwicklung begründet sich in erster Linie darin, dass die stärker wachsenden Auslandsmärkte bevorzugt aus der lokalen Produktion bedient werden.

ABB. VI.9 WERTSCHÖPFUNGSPOTENZIALE DEUTSCHER HERSTELLER

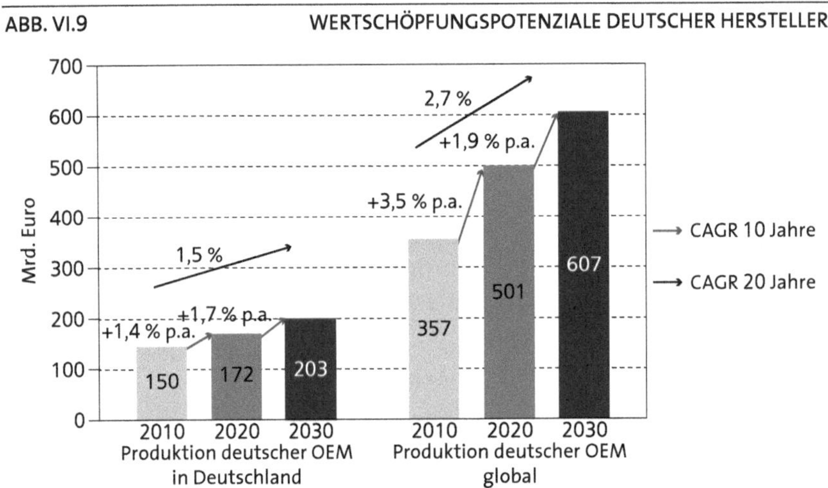

Eigene Darstellung

Kategorisiert man die einzelnen Fahrzeugmodule, so zeigen sich einige Besonderheiten. Für den Zeitraum bis 2020 wird für die in Deutschland hergestellten Produkte erwartet, dass die mit konventionellen Antriebskomponenten realisierte Wertschöpfung rückläufig sein wird und von da ab bis 2030 allenfalls nur leicht zunimmt (Tab. VI.9). Hingegen wird für alternativ betriebene Antriebskomponenten ein Wertschöpfungszuwachs angenommen, der mittelfristig durchaus sehr stark ausgeprägt ist. Im nächsten Jahrzehnt fallen die Steigerungsraten jedoch deutlich schwächer aus. Nichtsdestotrotz ist in der Vorausschau bis Ende des nächsten Jahrzehnts für den Automobilstandort Deutschland damit zu rechnen, dass die mit elektromobilitätsrelevanten Komponenten realisierte Wertschöpfung über der konventioneller liegen wird. Wenn auch nicht in dieser Intensität, so sind aber dennoch ähnliche Tendenzen an den ausländischen Standorten zu beobachten.

TAB. VI.9 WERTSCHÖPFUNGSPOTENZIALE DEUTSCHER HERSTELLER IN DEUTSCHLAND UND GLOBAL NACH KOMPONENTENKLASSEN

	Jahr	absolut in Mrd. Euro		CAGR 10 Jahre in %		CAGR 20 Jahre in %	
		Deutschland	global	Deutschland	global	Deutschland	global
elektromobilitätsrelevante Komponenten	2010	855	3.732	–	–	–	–
	2020	15.432	49.305	33,6	29,4	–	–
	2030	18.457	58.124	1,8	1,7	16,6	14,7
konventionelle Komponenten	2010	26.623	62.727	–	–	–	–
	2020	19.028	61.097	–3,3	–0,3	–	–
	2030	19.307	67.254	0,1	1,0	–1,6	0,3
restliches Fahrzeug	2010	122.352	290.161	–	–	–	–
	2020	137.997	390.857	1,2	3,0	–	–
	2030	165.578	481.975	1,8	2,1	1,5	2,6

Eigene Zusammenstellung

Das Wertschöpfungsszenario »Mobilitätskonzepte« geht von der grundlegenden Verschiebung der Wertschöpfungsanteile zwischen Hersteller und Zulieferer aus. Die Automobilhersteller konzentrieren sich aufgrund des eher schwachen Marktwachstums auf das Angebot von dienstleistungsbasierten Mobilitätskonzepten, die erfolgversprechender sind als die Herstellung von Produkten. Dementsprechend überlassen sie den Zulieferern einen Großteil der Wertschöpfung. Dies betrifft sowohl Komponenten und Systeme, bei denen heute schon die Zulieferer vorrangig für die Wertschöpfung verantwortlich sind, als auch Komponenten, deren Fertigung die OEM heute noch als eine ihrer Kernkompetenzen betrachten. Zu Letzteren zählen beispielsweise die Fahrzeugkarosse und der klassische Verbrennungsmotor. So wird beim Verbrennungsmotor eine Zunahme des Zuliefereranteils auf über 70 % erwartet. Bezogen auf das Gesamtfahrzeug wird der Wertschöpfungsanteil der Zulieferer quer zu den verschiedenen OEM 2020 bei 80 bis 85 % liegen und 2030 bei knapp unter 90 %. Die Automobilzulieferer können durch die Bündelung ihrer Entwicklungs- und Fertigungsaktivitäten für verschiedene Endprodukthersteller ihre Produktion deutlich wirtschaftlicher gestalten als die einzelnen Automobilhersteller.

Insgesamt wird damit im Szenario »Mobilitätskonzepte« von grundlegenden strukturellen Änderungen ausgegangen. Die Absatzmengen sinken und die Bedarfe adressieren zunehmend Klein- und Kompaktfahrzeuge. Das Wachstum der Wertschöpfung (Entwicklung und Herstellung) am Standort Deutschland ist in diesem Szenario am geringsten ausgeprägt.

ARBEITSPLATZPOTENZIALE 4.3

Im Szenario »Mobilitätskonzepte« ergeben sich auf Basis der zuvor dargestellten Wertschöpfungsszenarien und der getroffenen Modellannahmen zur Berechnung der Beschäftigungsentwicklung durchweg negative, wenn auch nicht immer großzahlige Effekte. So wird bis 2020 unter Annahme einer durchschnittlichen jährlichen Produktivitätssteigerung von 2 %, einer Importquote bei E-Mobilitätskomponenten von 10 % und einem inländischen Wertschöpfungsanteil bei Auslandsproduktion von 25 % ein Beschäftigungsrückgang im Inland um 1,1 %, entsprechend etwa 18.000 Arbeitsplätzen, prognostiziert (Abb. VI.10).

ABB. VI.10 BESCHÄFTIGUNGSPOTENZIALE IM SZENARIO 3

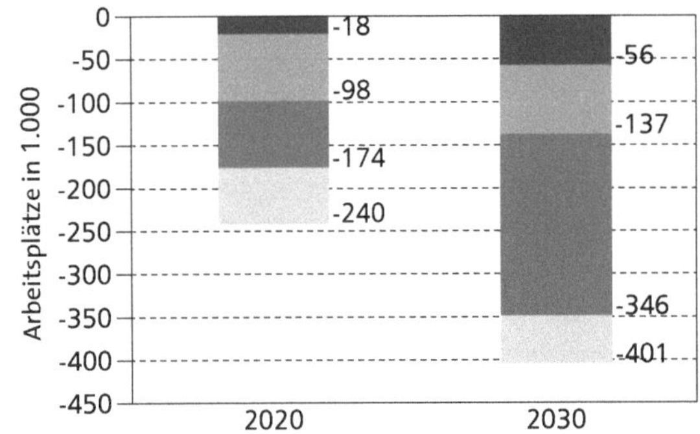

- CAGR Produktivität = 2 %, Import E-Mob-Komponenten = 10 %, inländ. Anteil Auslandsproduktion = 25 %
- CAGR Produktivität = 2 %, Import E-Mob-Komponenten = 50 %, inländ. Anteil Auslandsproduktion = 10 %
- CAGR Produktivität = 3 %, Import E-Mob-Komponenten = 10 %, inländ. Anteil Auslandsproduktion = 25 %
- CAGR Produktivität = 3 %, Import E-Mob-Komponenten = 50 %, inländ. Anteil Auslandsproduktion = 10 %

Eigene Darstellung

Bei gleichen Produktivitätssteigerungsannahmen und negativeren Importquoten bei E-Mobilitätskomponenten und inländischen Wertschöpfungsanteilen bei Auslandsproduktion errechnet sich ein Beschäftigungsrückgang um 6 %, entsprechend etwa 98.000 Arbeitsplätzen im Inland. Die entsprechenden Modellergebnisse für die Annahme einer jährlichen Produktivitätssteigerung von 3 % belaufen sich dann auf –10,3 bzw. –14,7 % inländische Beschäftigung im Jahr 2020, entsprechend einem Abbau von zwischen 174.000 und 240.000 Arbeitsplätzen.

Die Prognose der längerfristigen Beschäftigungsentwicklung bis 2030 sieht im Szenario Mobilitätskonzepte keinesfalls freundlicher aus, wenngleich sie nicht einfach eine Verdopplung der negativen Effekte bis 2020 mit sich bringt. Für die positiveren Modellannahmen mit einer jährlichen Arbeitsproduktivitätssteigerung von 2 % errechnet sich ein Beschäftigungsrückgang zwischen 3,3 und 8,4 %, entsprechend einem Arbeitsplatzabbau von etwa 56.000 bis 137.000 Arbeitsplätzen im Inland. Sehr viel kräftiger fällt der Rückgang dann aus, wenn eine jährliche Produktivitätssteigerung von 3 % unterstellt wird. Die Modellergebnisse prognostizieren dann einen Beschäftigungsrückgang zwischen 20,5 und 24,7 %, entsprechend etwa 346.000 bis 401.000 inländischen Arbeitsplätzen.

EXKURS: AUSWIRKUNGEN AUF DAS KFZ-GEWERBE

Wartungskosten entstehen bei konventionellen Antrieben zum Großteil durch den Wechsel von Verschleißteilen (Zündkerzen- und Luftfilteraustausch sowie Tausch des Kraftstofffilters) und den regelmäßigen Ölwechsel. Bei Durchführung der »großen Wartung« entfallen auf diese Arbeiten bis zu 80 % der Gesamtarbeitszeit (HPI 2005). Die technologiebezogenen Wartungskosten der Brennstoffzelle und auch einer Batterie sind erheblich geringer: Die Materialkosten können sich im Laufe eines Autolebens um bis zu 900 Euro verringern, was sich hauptsächlich durch den Wegfall des Motoröls erklärt (HPI 2005).

Welche Wartungsschritte bei FCEV und BEV hinzukommen, konnte bislang noch nicht umfassend genug untersucht werden. Elektrisch betriebene Fahrzeuge verfügen in der Regel über ein vereinfachtes, einstufiges Getriebe und eine vereinfachte Kupplung. Darüber hinaus entfallen Verschleißarbeiten an Motor und Motorelektrik. Dementsprechend ist bei elektrischen Fahrzeugen mit einer geringeren Reparaturanfälligkeit zu rechnen und damit einhergehend mit geringeren Kosten, was die Wartung des Fahrzeugs betrifft. Ein weiterer interessanter Punkt ist die für Wartung und Reparatur zunehmende Komplexität der durch Kfz-Mechaniker durchzuführenden Arbeiten. Trotz geplanter bzw. durchgeführter Schulungen der Mitarbeiter in den vertragsgebundenen Werkstätten durch die Automobilhersteller, die alternativ angetriebene Fahrzeuge verkaufen, muss doch zumindest in der Einführungsphase der neuen Technologien mit einem erhöhten Zeitaufwand bei der Arbeit an alternativ betriebenen Fahrzeugen gerechnet werden.

Zudem werden sich die Anforderungen an die Arbeitskräfte ändern. Waren bisher Kenntnisse in der Mechanik und Elektronik Inhalt der Ausbildung, so werden bei alternativen Antrieben zunehmend Kenntnisse in der Hochvolttechnik und auch in der Informatik gefragt sein. Insgesamt ist damit zu rechnen, dass weniger Arbeitsaufwand bei den Reparaturen an Antrieb und Getriebe entsteht, jedoch gleichzeitig erweiterte Ausbildungen erforderlich sind.

Die bis 2030 recht pessimistischen Modellprognosen sind dem Umstand geschuldet, dass aufgrund der zunehmenden Durchdringung von multimodalen Mobilitätskonzepten mit Nutzungs- statt Besitzansprüchen, insbesondere in urbanen Räumen von Industrie- und Wachstumsländern, von einer deutlich reduzierten Wertschöpfungsentwicklung insbesondere der Automobilhersteller selbst (OEM) ausgegangen wird. In der Folge belaufen sich die mittleren jährlichen Wertschöpfungssteigerungen nur auf etwa 1,4 bis 1,5 %, welche signifikant unterhalb der Annahmen zur Zunahme der Arbeitsproduktivität von 2 bis 3 % liegen. Dies führt in der Folge zu einer Reduktion der für die Herstellung der Fahrzeuge zukünftig benötigten Beschäftigten in Deutschland. Umso wichtiger wird es für die deutschen Automobilhersteller und ggf. auch die großen Zulieferer, eigene Mobilitätskonzepte zu entwickeln und sich mit an die Spitze der Entwicklung solcher Dienstleistungs- und Geschäftsmodelle zu setzen. Nur dann ist es ihnen möglich, über die Zusammensetzung der Flotte in der jeweiligen Mobilitätsregion mitzubestimmen und einen entsprechenden Anteil der eigenen Modellpalette zu sichern. Hier abwartend zu sein, könnte aufgrund der bis 2030 potenziell deutlich negativen Wertschöpfungseffekte sehr risikoreich sein.

ZWISCHENFAZIT DER WERTSCHÖPFUNGSSZENARIEN 5.

Die drei Wertschöpfungs- und Arbeitsplatzszenarien zeichnen differenzierte Zukunftsbilder für die deutsche Automobilindustrie.

Das *Szenario 1* beschreibt eine Zukunft, in der die bestehenden technologischen Entwicklungspfade in inkrementeller Weise fortgeschrieben werden und der weltweite Automobilmarkt weiter wächst wie bisher. 2030 wird das Gros der Neufahrzeuge immer noch konventionell angetrieben sein. Die deutsche Automobilindustrie kann dabei vom weltweiten Wachstum profitieren. Allerdings wird der Automobilstandort Deutschland nicht verhältnisgleich am weltweiten Wachstum partizipieren können. Vor allem im kommenden Jahrzehnt wird sich die Wertschöpfung an ausländischen Standorten deutlich besser entwickeln als die in Deutschland. In Deutschland werden die Produktionskapazitäten weitgehend zur Produktion hochwertiger und hochpreisiger Fahrzeuge genutzt werden mit dem Ziel, die Kapazitäten möglichst gut auszulasten. Für die kommenden Jahre ist vor dem Hintergrund des weltweiten Wachstums mit einer stärkeren Zunahme von Arbeitsplätzen zu rechnen. Im positivsten Fall können bis Ende des Jahrzehnts bis zu 300.000 neue Arbeitsplätze entstehen. Die langfristigen Prognosen sind allerdings nicht eindeutig positiv. In Abhängigkeit der Produktivitätsentwicklung im Automobilsektor kann es zum Aufbau oder zum Abbau von Arbeitsplätzen kommen. Vor dem Hintergrund, dass sich die Automobilindustrie auf bekannten technologischen Pfaden bewegt, scheint die Erschließung größerer Produktivitätspotenziale und die damit einhergehende Reduktion von Arbeitsplätzen zumindest eine weniger ferne Option zu sein als niedrige Produktivitätsfortschritte und ein Aufbau von Arbeitsplätzen.

Im *Szenario 2* wird von einem deutlichen Bedeutungszuwachs alternativer Antriebskonzepte ausgegangen. Gleichzeitig wächst die weltweite Nachfrage nach Automobilen stark an. Die Wertschöpfung am Automobilstandort Deutschland partizipiert auch im langfristigen Betrachtungshorizont vom weltweiten Wachstum. Um die Nachfrage nach technologisch neuartigen Fahrzeugen zu bedienen, bauen die Hersteller ihre Kapazitäten am Standort Deutschland eher aus. Insbesondere für das nächste Jahrzehnt ist damit zu rechnen, dass die Entwicklung und Produktion alternativ betriebener Fahrzeuge die Wachstumstreiber für den Automobilstandort Deutschland sein werden. Die Beschäftigungseffekte sind – ähnlich wie im konservativen Szenario – ambivalent. Werden größere Produktivitätspotenziale erschlossen, so könnte dies negative Folgen auf die Anzahl der Arbeitsplätze haben. Allerdings ist in diesem Zusammenhang zu beachten, dass im Falle technologischer Brüche die Anstrengungen eher auf deren Bewältigung gelegt werden als auf die Realisierung größerer Produktivitätsfortschritte. Zum anderen könnten sich die deutschen Automobilhersteller auf den Ausbau ihrer Technologieführerschaft konzentrieren und müssten sich damit nicht dem unmittelbaren Kostenwettbewerb stellen.

Szenario 3 beschreibt eine Zukunft, in der sich nicht nur die technologische Basis der Fahrzeuge grundlegend ändern wird, sondern auch das Mobilitätsverhalten der Gesellschaft. Dies hat zur Konsequenz, dass die weltweite Nachfrage nach Automobilen schwächer wächst als in den ersten beiden Szenarien. Dementsprechend wird auch der Zuwachs an automobiler Wertschöpfung am Standort Deutschland schwach ausgeprägt sein. Die durch Entwicklung und Produktion von Fahrzeugen induzierte einheimische Wertschöpfung wird in diesem Szenario auf jeden Fall durch die Produktivitätsfortschritte kompensiert, sodass mit einer Abnahme von Arbeitsplätzen in der Automobilindustrie zu rechnen ist. Allerdings kann im Gegenzug davon ausgegangen werden, dass durch das Angebot dienstleistungsbasierter Geschäftsmodelle für integrierte Verkehrskonzepte durchaus Arbeitsplätze entstehen. Dazu ist es aber notwendig, dass die deutsche Automobilindustrie aktiv in den Aufbau solcher Systeme investiert, um sich den Markt zu sichern.

SYNTHESE VII.

Die deutsche Automobilindustrie bestehend aus den OEM und ihren Zulieferern (WZ 29) erwirtschaftete im Jahr 2011 mit 351 Mrd. Euro fast 20 % des Gesamtumsatzes des verarbeitenden Gewerbes in Deutschland und stellte mit etwa 719.000 Beschäftigten gut 13 % der industriellen Arbeitsplätze. Nimmt man die Zulieferungen aus anderen Wirtschaftssektoren hinzu, steigt die Zahl der direkten Beschäftigten in der erweiterten Automobilproduktion auf 1,8 Mio. Personen in Deutschland an. Auch bei den Forschungsaufwendungen liegt die Automobilindustrie in Deutschland an der Spitze und investierte 2010 rund 14,8 Mrd. Euro in FuE, was einem Anteil von knapp einem Drittel aller FuE-Aufwendungen in Deutschland entspricht. Damit verfügt die Automobilindustrie über ein großes Potenzial, um die anstehenden Herausforderungen zu bewältigen und auch zukünftig eine tragende Rolle in der deutschen Industrie und Wirtschaft zu spielen.

Derzeit steht die globale Automobilindustrie vor großen Umbrüchen. Neue Automobilmärkte gewinnen rasch an Bedeutung. China wurde 2009/2010 zum weltgrößten Neuwagenmarkt bei Pkw, während der Absatz auf etablierten Märkten in der Triade (EU, USA, Japan) sich der Stagnation nähert. Zentrale Rahmenbedingungen wandeln sich und erfordern eine Anpassung des Automobils. Dazu gehören sicher der zu erwartende kontinuierliche Anstieg der fossilen Energiepreise und die Umsetzung ambitionierter Ziele der Klimapolitik auch für den Verkehrssektor. Diese Entwicklungen werden eine Innovations- und Marktdynamik auslösen, die zu einer Diversifizierung der Antriebskonzepte hin zu hocheffizienten und alternativen Antrieben führt, aber auch die Einführung neuer Mobilitätskonzepte attraktiv macht. Die Automobilindustrie sollte ein zentraler Akteur in dieser Phase des Wandels sein.

Die sieben Herausforderungen der Automobilindustrie für die nächsten beiden Jahrzehnte lassen sich wie folgt zusammenfassen:

- Entwicklung effizienter Fahrzeuge
- Entwicklung alternativer Antriebe
- Erhalt der Positionierung der deutschen Automobilindustrie als Technologieführer und Premiumhersteller auf dem Weltmarkt
- Abrundung des Produktportfolios um neue Klein(st)fahrzeugkonzepte
- Erschließung der Wachstumsmärkte in den BRICS-Ländern und Bewältigung der Krise in Europa
- Reduktion der Zahl der Fahrzeugplattformen trotz weiterer Differenzierung ihres Produktportfolios
- Partizipation bei der Einführung neuer Mobilitätskonzepte

SIEBEN HERAUSFORDERUNGEN FÜR DIE AUTOMOBILINDUSTRIE 1.

Die sieben Herausforderungen werden in den folgenden Teilkapiteln erläutert und mit den Erkenntnissen aus diesem Bericht verknüpft. Die quantitativen Analysen bauen auf den drei entwickelten globalen Pkw-Marktszenarien »Konservativ«, »Technologiebruch« und »Mobilitätskonzepte« auf. Im Szenario »Konservativ« dominiert der Verbrennungsmotor auch zukünftig, die Alternativen werden durch Akzeptanz- und Kostenbarrieren am Markteintritt gehindert. Im Szenario »Technologiebruch« diffundieren durch FuE-Anstrengungen und Informationskampagnen die alternativen Antriebe in den Markt. Im dritten Szenario »Mobilitätskonzepte« werden zusätzlich zum Technologiebruch noch neue vernetzte Mobilitätskonzepte zumindest in Europa, Japan und USA von den Verkehrsteilnehmern angenommen, mit Einschränkungen auch in einigen Wachstumsmärkten wie China. Als Synthese aus den analytischen Kapiteln der globalen Marktstruktur und der zukünftigen Diversifizierungsoptionen mit den quantitativen Kapiteln der Marktprognose und Wertschöpfungsbilanzen ergeben sich die folgenden Schlussfolgerungen zu den einzelnen Herausforderungen der Automobilindustrie.

EFFIZIENTE FAHRZEUGE

Die deutsche Automobilindustrie besitzt einen Vorsprung bei der Entwicklung hocheffizienter Verbrennungsmotoren, wobei der Fokus in den letzten Jahren eher auf die Verbesserung von Benzin- als auf Dieselmotoren gerichtet wurde, da bei Ersteren noch größere Effizienzpotenziale zu realisieren sind. Die deutsche Automobilindustrie ist auch hinsichtlich anderer wichtiger Technologien zur Entwicklung effizienter Kraftfahrzeuge wie Leichtbau und Aerodynamik gut aufgestellt. Der Rückstand bei Hybridantrieben, insbesondere gegenüber den japanischen Herstellern Toyota und Honda, scheint aufholbar oder ist in einigen Pkw-Segmenten bereits kompensiert, wie die Angebote der deutschen Hersteller in den Segmenten der Ober- und oberen Mittelklasse zeigen. Damit besetzt die deutsche Automobilindustrie eine Führungsposition hinsichtlich der weiteren Verbesserung der Effizienz von Fahrzeugen mit Verbrennungsmotor. Insofern verwundert die reservierte Haltung von Teilen der deutschen Automobilindustrie gegenüber den von der europäischen Kommission vorgeschlagenen Effizienzzielen für die Zeithorizonte 2020 und 2030.

ALTERNATIVE ANTRIEBE

Als alternative Antriebe werden in diesem Bericht alle Varianten der hybriden Antriebe bestehend aus Verbrennungsmotor und Elektromotor mit externer Lademöglichkeit (PHEV, hier inklusive REV) sowie rein batterieelektrisch betriebene Fahrzeuge (BEV) und Fahrzeuge mit Brennstoffzellen als Energielieferant (FCEV) verstanden. Biokraftstoffe inklusive Biogas und Windgas (vgl. Glossar) können in, teilweise leicht modifizierten, Verbrennungsmotoren genutzt werden und sind daher in die vorhergehende Diskussion bezüglich effizienter Verbrennungsmotoren einzuordnen. Bei den alternativen Antrieben im Bereich der PHEV und BEV verfolgen die deutschen Hersteller eine Second-Mover-Strategie, während Hersteller wie Renault/Nissan bei den BEV sowie General Motors/Opel und Toyota bei den PHEV eine First-Mover-Strategie gewählt haben. Angesichts der Marktrisiken insbesondere der BEV hinsichtlich heute noch mangelnder Akzeptanz und hoher Batteriekosten sowie Batterielebensdauerrisiken scheint dies eine zielführende und nachvollziehbare Strategie zu sein. Die deutschen Hersteller unterschätzen aber auch nicht die Chancen dieser Technologien und streben mit Schwerpunkt 2013 die Markteinführung eigener BEV und PHEV an. Ein Vorteil dieses Ansatzes gegenüber den ausländischen Wettbewerbern mit First-Mover-Strategie könnte auch darin liegen, dass nicht nur existierende Fahrzeugkonzepte mit einem neuen Antrieb ausgestattet werden, sondern das Fahrzeuge unter den besonderen Rahmenbedingungen der Elektromobilität neu konzipiert und entwickelt werden (z.B. Leichtbau, Stadt- und Regionalfahrzeug), sodass insgesamt ein überzeugenderes Gesamtangebot eines BEV oder PHEV entsteht.

Die entscheidende Frage bei diesen Varianten der Elektromobilität (BEV, PHEV) lautet: Soll die deutsche Automobilindustrie eine eigene Batterieproduktion zukünftiger Hochleistungsbatterien (z.B. Li-Ionen der zweiten Generation, Li-S, Li-Luft) anstreben? Nach heutigem Verständnis (bzw. heutiger Erkenntnis) sollte diese Frage bejaht werden, da ein großer Teil der Wertschöpfung zukünftiger BEV und PHEV auf diese Batterien entfallen wird, und so der Wegfall der Wertschöpfung aus den technologisch avancierten Verbrennungsmotoren kompensiert werden kann. Technologisch dürfte die deutsche Automobilindustrie in Zusammenarbeit mit der sehr gut positionierten deutschen Materialforschung dazu in der Lage sein. Als ein Risiko dieser Strategie könnte angesehen werden, dass ein deutlich schnelleres Absinken der Batteriepreise als in allen Studien und Szenarien der Batterieentwicklung erwartet diesen Aufwand zunichtemachen würde.

Im Bereich der Brennstoffzellenfahrzeuge (FCEV) stellt sich die Ausgangssituation anders dar. Hier strebt eine Gruppe von Herstellern die First-Mover-Position an, zu der auch der Daimler-Konzern gehört. Die in der Initiative H_2-Mobility mit Unternehmen aus der Produktionskette von Wasserstoff zusammengeschlossenen Pkw-Hersteller haben ein Konzept zum parallelen Aufbau der H_2-Betankungsinfrastruktur und der Fahrzeugproduktion entwickelt. Die First-Mover-Position ist durch drei Faktoren zu begründen und – insbesondere aus Sicht des Daimler-Konzerns – auch positiv zu beurteilen: Erstens verfügt der Daimler-Konzern durch die lange Entwicklungs- und Testphase von FCEV über einen Wissensvorsprung vor anderen OEM, der auch durch die Patentstatistiken zu Brennstoffzellen dokumentiert ist. Zweitens eignen sich die vom Daimler-Konzern besonders adressierten Segmente der Oberklasse und oberen Mittelklasse für den Aufbau einer Technologieführerschaft, da die notwendigen Preisaufschläge in diesen Segmenten realisierbar und nach heutigem Stand der Technik die geforderten Reichweiten ohne Nutzung fossiler Kraftstoffe nur mit einer Brennstoffzelle erreichbar sind. Drittens besteht auch ein Risiko, dass mit forcierter Einführung von BEV und PHEV die Batterietechnologien und damit verbundene Geschäftsmodelle so starke Kostenreduktionspotenziale erzielen, dass die Brennstoffzelle aus dem Markt gedrängt wird, bevor überhaupt die ersten Fahrzeuge kommerziell auf den Markt gebracht wurden. Dieser letzte Punkt dürfte eine wichtige Motivation für H_2-Mobility sein, die Markteinführung von FCEV in ausgewählten Zielmärkten für das Jahr 2015 anzukündigen.

POSITIONIERUNG DER DEUTSCHEN AUTOMOBILINDUSTRIE

Die deutsche Automobilindustrie profitiert seit Jahren von ihrer Position als Technologieführer und Premiumhersteller, welche auch im Image von OEM wie Daimler, BMW, Audi, Porsche und mittlerweile auch VW fest verankert ist. Dabei ist heute der Begriff des Premiumherstellers nicht mehr nur auf die Oberklasse und die obere Mittelklasse bezogen, sondern kann sich auf alle Segmente und die in den Segmenten jeweils technologisch und durch exklusive Ausstattungen führenden Fahrzeuge beziehen. Damit beanspruchen beispielsweise auch ein BMW MINI, ein Audi A1 oder ein hochwertig ausgestatteter VW Golf VI den Status eines Premiumfahrzeugs. Die Positionierung dieser vier OEM als Technologieführer und Premiumhersteller gilt es auch in Zukunft in Deutschland, Europa und global zu behaupten. Vier Gründe sind hier anzuführen: Erstens sind im Premiumsegment die größten Margen realisierbar, die die Basis für die ausgeprägte Innovationskraft durch stabil hohe FuE-Aufwendungen bilden. Zweitens wächst insbesondere in den Schwellenländern durch die aufholende ökonomische Entwicklung die Bevölkerungsschicht mit hohen und höchsten Einkommen überproportional, sodass auch der Weltmarkt für Premiumfahrzeuge in den nächsten Jahren stabiler boomen dürfte als andere Marktsegmente. Drittens würde sich der internationale Wettbewerb ohne die Eigenschaften Technologieführer und Premiumanbieter hin zu einem Preiswettbewerb verlagern, der für die in Deutschland produzierenden Hersteller nachteilig sein dürfte. Damit wäre viertens auch der Exporterfolg der deutschen OEM, die rund drei Viertel (VDA 2012) der in Deutschland hergestellten Pkw ausführen, infrage gestellt. Umgekehrt muss mit drastischen Einbrüchen in der deutschen Automobilindustrie gerechnet werden, wenn das Image und die Fähigkeit zum Technologieführer und Premiumhersteller verloren gehen sollte.

NEUE KLEIN(ST)FAHRZEUGKONZEPTE

Trotz der Positionierung als Premiumhersteller sollte die deutsche Automobilindustrie zukünftig ihr Produktportfolio auch um neue Klein(st)fahrzeugkonzepte ergänzen. Diese Feststellung gilt vor allem in den untersuchten Szenarien »Technologiebruch« und »Mobilitätskonzepte«. Kleinstfahrzeuge können Elektroroller, Pedelecs aber auch ein- oder zweisitzige kleine Pkw sein. Vier Gründe sprechen für die Erweiterung des Produktportfolios um dieses Segment: Erstens erfordert die fortschreitende Urbanisierung die Etablierung von kleinen, leichten und wendigen Stadt- und Regionalfahrzeugen, die neben dem ÖPNV eine stadtverträgliche Mobilität garantieren können. Zweitens spielt sich diese Urbanisierung sehr stark in Schwellenländern ab, in denen auch ein relevanter Marktanteil durch Einsteiger in die motorisierte Mobilität mit geringer Kaufkraft gegeben sein wird. Drittens bietet gerade der Fortschritt der Elektromobilität die Möglichkeit kleine leichte E-Mobile mit Batterieantrieb im urbanen Bereich zu etablieren. Der heutige Bestand von 120 Mio. Pedelecs und Elektrorollern in China zeigt eindrucksvoll die Möglichkeiten solcher Verkehrsmittel in aufstrebenden Schwellenländern. Viertens ergeben sich im Falle der Etablierung neuer Mobilitätskonzepte (Schlagworte »Nutzen statt besitzen«) weitere Chancen innovative Klein(st)fahrzeuge im Mobilitätsmarkt zu platzieren. Zentral wird hier sicher die Wettbewerbsfähigkeit auf der Kostenseite sein. Der beschränkte Erfolg bisheriger Anbieter (wie z.B. ThinkCity, Sam) mit Fahrzeugpreisen um die 20.000 Euro zeigt die Notwendigkeit zu drastischen Kostenreduktionen. Ob die nächste Generation der Fahrzeuge (wie z.B. Renault Twizy) zu Preisen um die 8.000 Euro bereits eine interessante und marktfähige Alternative für Privatnutzer darstellt, bleibt abzuwarten. Inwiefern sich auch ein Premiumsegment bei diesen Klein(st)-fahrzeugen etablieren ließe, ist heute noch unklar und sollte ggf. in zukünftigen Studien untersucht werden.

Fasst man diese vier Herausforderungen für ein Zwischenfazit zusammen, ergibt sich ein stabil wachsender Premiummarkt mit großer Attraktivität für die deutsche Automobilindustrie sowie das Potenzial für eine neu entstehende Nachfrage am unteren Ende der heute existierenden Pkw-Segmente, während in den mittleren Segmenten ohne avancierte Technologieausstattung sich die Nachfrage nach Fahrzeugen aus deutscher Produktion verringern dürfte.

ERSCHLIESSUNG DER NEUEN WACHSTUMSMÄRKTE

Die nächste Herausforderung bezüglich der zukünftigen Marktentwicklung weist zwei unterschiedliche regionale Dimensionen auf: In den zukünftigen Wachstumsmärkten der Verkehrsnachfrage in den BRICS-Ländern gilt es, die Markterschließung voranzutreiben. Insbesondere China und Brasilien bieten große Chancen auf zukünftig wachsende Absatzmärkte mit nennenswertem Marktvolumen. So könnte sich in China der Absatz an neuen Pkw bis 2030 im Vergleich zu heute mehr als verdreifachen. Hier sind die deutschen OEM bereits gut positioniert, so etwa mit Volkswagen nach Marktanteil in der führenden Position in China und Brasilien sowie mit den klassischen Premiumherstellern, die große Teile ihrer Produktion aus Deutschland nach China exportierten (z.B.

wurde China auch für Porsche mittlerweile zum größten und wichtigsten Einzelmarkt), allerdings weniger stark in Brasilien und Südamerika auftreten. Das Wachstum wird somit zukünftig in den BRICS-Ländern stattfinden, während die Nachfrage in den Triade-Staaten eher stagniert (Abb. VII.1). Die OEM und die Systemzulieferer sind in diesen Regionen bereits mit umfangreichen Produktions- und Entwicklungskapazitäten sehr gut aufgestellt.

ABB. VII.1 ENTWICKLUNG DER ABSATZZAHLEN IN BRICS- UND TRIADE-STAATEN

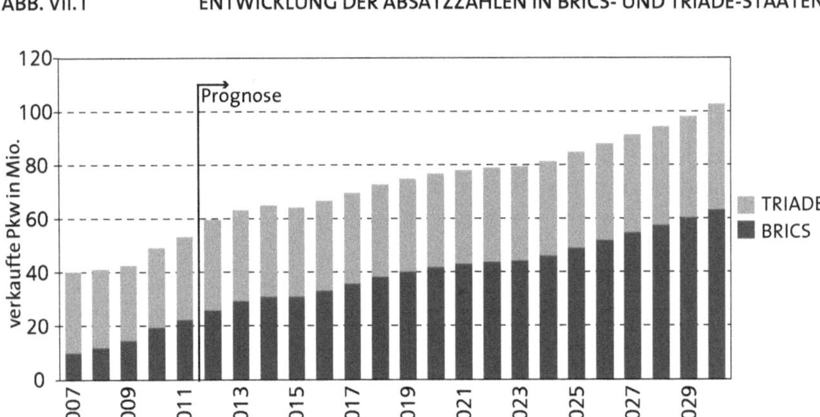

Eigene Modellberechnungen

Die zweite Dimension der Marktentwicklung bildet der europäische Exportmarkt. Hier liegt die Herausforderung in der gleichzeitigen Bewältigung von Finanz- und Wirtschaftskrise, die zumindest Südeuropa aber vermutlich auch Frankreich, Irland und ggf. England noch länger belasten wird, sowie von niedrigen Auslastungsgraden und bestehenden Überkapazitäten in allen Automobilwerken in Europa außerhalb Deutschlands. Die große Exportabhängigkeit mit drei Vierteln der nationalen Produktion für den Export unter anderem nach Europa und der Betrieb schlecht ausgelasteter Werke in Europa belasten auch die deutschen OEM. Durch ihre Positionierung in den obengenannten Wachstumsmärkten können die dort erfolgreichen OEM die Schwäche in Europa kompensieren. Trotzdem werden die deutschen OEM auch vom notwendigen Abbau der Produktionskapazitäten in Europa betroffen sein, insbesondere einzelne OEM ohne Engagement in den Wachstumsmärkten. Die Auslastung der vorhandenen Kapazitäten in Deutschland durch nationale und internationale Nachfrage wird ein Hauptziel der OEM bleiben. Gleichzeitig wird sich die Frage stellen, inwieweit die lokale Produktion insbesondere unterhalb der Premiummärkte in den Wachstumsregionen aufgebaut werden muss. Diese Frage hatte eine geringere Bedeutung, als Europa noch Hauptzielmarkt der deutschen OEM war. Produktionsverlagerungen nach Asien oder Südamerika ziehen weiter reichende Verlagerungen in der Wertschöpfungskette nach sich, als eine in Europa verteilte Produktion. Diese konnte auch von vorwiegend national aufgestellten Zulieferern bedient werden.

ABB. VII.2 EXPORTQUOTEN DEUTSCHER AUTOMOBILHERSTELLER IM JAHR 2010 IN %

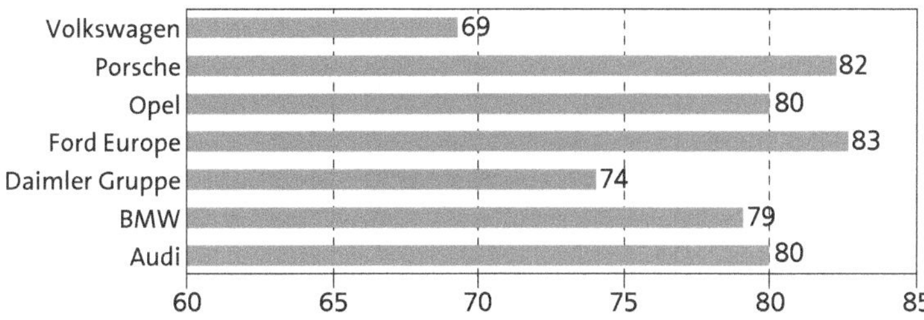

Quelle: VDA 2011b

Uneindeutig stellt sich die Entwicklung des indischen Marktes dar. Auch hier wird von einem starken Wachstum der Fahrzeugnachfrage ausgegangen, aber ob ein Aufbau von Produktionskapazitäten in Indien erforderlich und erfolgreich sein kann, oder ob die Belieferung des indischen Marktes aus Deutschland/Europa erfolgen sollte, oder ob chinesische Hersteller diese Belieferung übernehmen werden, kann heute noch nicht beantwortet werden.

BAUKASTEN- UND PLATTFORMSTRATEGIEN

Einen zentralen Faktor für die zukünftige Wettbewerbsfähigkeit der OEM stellt die gewählte Baukasten- bzw. Plattformstrategie in der Fahrzeugproduktion dar. Hier gilt es die Marktdiversifizierung der Fahrzeugtypen durch eine möglichst fokussierte Systemstrategie mit nur wenigen Baukästen/Plattformen zu unterlegen, um so die Kundenforderung nach einem möglichst vielseitigen Angebot an Fahrzeugtypen (Kombi, Limousine, Cabrio, Sportback, Coupé etc.) kosteneffizient zu bedienen. Eine fokussierte Systemstrategie ermöglicht große Stückzahlen und Skaleneffekte bei den Systembausteinen bei gleichzeitiger Varianz der Fahrzeugtypen durch Variation der außen sichtbaren Komponenten. Internationaler Vorreiter ist hier sicher Volkswagen mit seinen beiden Baukästen (MQB, MLB), aber auch andere deutsche OEM (z.B. Daimler) sind hier besser aufgestellt, als japanische oder amerikanische OEM. Diesen Vorsprung gilt es zu halten oder sogar auszubauen. Gleichzeitig ist sicherzustellen, dass Produktionsanlagen flexibel zwischen der Produktion einzelner Fahrzeugtypen eines Baukastens wechseln können und nicht fixiert sind auf die Herstellung eines einzigen Modells. Damit können Nachfrageschwankungen durch kurzfristige Verlagerung von Produktionsvolumina zwischen einzelnen Werken ausgeglichen werden, anstatt darauf angewiesen zu sein, in einem Werk Überstunden zu fahren, während ein anderes Werk nicht ausgelastet wird.

NEUE MOBILITÄTSKONZEPTE

Diese Herausforderung integriert fast alle vorhergehenden und fügt eine neue systemische Herausforderung hinzu: die Einführung neuer Mobilitätskonzepte und die mögliche Partizipation der Automobilindustrie als Mobilitätsdienstleister. Damit würden sich die OEM von einem reinen Produktanbieter zu einem gemischten Anbieter von Produkten und Dienstleistungen wandeln. Neue Mobilitätskonzepte basieren auf der Idee »Nutzen statt besitzen« und beinhalten verschiedene Varianten des Carsharing, Bikesharing, Mitfahrgelegenheiten sowie die Integration dieser Mobilitätsdienste mit dem ÖPNV bzw. untereinander. Obwohl Carsharing seit knapp 20 Jahren als Mobilitätsoption bekannt ist, erlebt es erst seit knapp fünf Jahren ein starkes Wachstum der Nutzerzahlen und des Angebots. Alleine in Deutschland gab es 2011 über 320.000 Carsharingnutzer.[15] Damit hat sich die Zahl der Nutzer innerhalb von vier Jahren verdoppelt.

ABB. VII.3 ENTWICKLUNG VON CARSHARINGNUTZERN UND -FLOTTEN IN DEUTSCHLAND

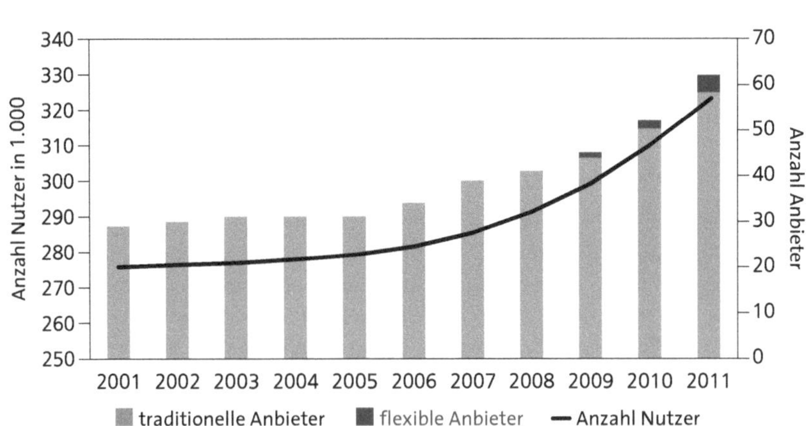

Quelle: Fraunhofer ISI 2012

Bikesharing hat sich in wenigen Jahren im europäischen Ausland mit großen Systemen mit bis zu 20.000 Fahrrädern pro Stadt etabliert, und Metropolen wie Paris, Barcelona oder Mailand, in denen das Fahrrad vorher keine Rolle als Verkehrsmittel gespielt hat, können jetzt auf nennenswerte und wachsende Anteile des Fahrrads am Modalsplit verweisen. Die größten Bikesharingsysteme werden

15 Niemann/Koch (2012) kamen zu niedrigeren Nutzerzahlen. Die Zahlen vom Fraunhofer ISI basieren jedoch auf einer zeitnäheren Erhebung des aktuellen Stands.

allerdings zurzeit in Metropolen Chinas aufgebaut. Mitfahrgelegenheiten erlangen eine neue Qualität seit Internet und Smartphone-Applikationen sowohl ein Ad-hoc-Angebot als auch eine Ad-hoc-Buchung einer Mitfahrt möglich machen. Carsharing in urbanen Regionen ist auch sehr gut vorstellbar mit den elektrischen Klein(st)fahrzeugen, sowohl in Europa als auch in den Wachstumsmärkten. Treiber für diese Entwicklung ist neben der technologischen Verfügbarkeit kleiner Elektrofahrzeuge sicher auch der Anstieg der Mobilitätskosten, die Urbanisierung und der Wandel der Statussymbole. Für die junge Generation im urbanen Raum ersetzt zunehmend das hippe Smartphone, das E-Bike oder der Segway das private Auto als Statussymbol.

Die Automobilindustrie wird sicher einen dämpfenden Effekt auf den Pkw-Absatz durch die neuen Mobilitätskonzepte verspüren. Sie kann aber auch eine aktive Rolle beim Aufbau der Mobilitätskonzepte übernehmen und so den Umsatzausfall durch Einnahmen aus der Bereitstellung von Mobilitätsdienstleistungen kompensieren. Zudem bieten diese Systeme eine Plattform für alternative Antriebe und Praxistests neuer Entwicklungen der Hersteller. Die Rollen der OEM sind hier vielfältig. Zum einen können sowohl klassische als auch flexible Carsharingsysteme aufgebaut werden. Dies gilt für einzelne Regionen in Deutschland aber auch für Europa, Nordamerika und ausgewählte Länder im asiatischen Raum. Zum anderen könnten weiter gehende Funktionen als Integrator der neuen Mobilitätskonzepte übernommen werden, da die Automobilindustrie über die größten Forschungsbudgets in der deutschen Wirtschaft verfügt.

Aus Kundensicht sollte für die neuen Mobilitätskonzepte eine standardisierte Schnittstelle aufgebaut werden, über die sich ÖPNV, Mitfahrgelegenheiten, Car- und Bikesharingsysteme beauskunften, buchen und nutzen lassen. Diese Ausbaustufe der vernetzten Mobilität kann vermutlich erst nach 2020 erreicht werden. Ihre Realisierung erfordert aber sicher einen früheren Einstieg in den Markt. Zur Realisierung der vernetzten Mobilität ist Technologie-Know-how im Bereich Vernetzung großer Datenbanken, Echtzeitdatenverarbeitung und Kommunikation mit sehr großen Nutzergruppen erforderlich. Neben der Automobilindustrie und anderen Verkehrskonzernen wie der DB AG könnte die Rolle als Integrator der vernetzten Mobilität auch durch führende Technologiekonzerne mit Fokus IT wie Siemens, IBM oder SAP angestrebt werden oder durch Konzerne aus dem Bereich der Internet- und Social-Media-Technologien wie Google, Apple oder Facebook.

SWOT-ANALYSE DER DEUTSCHEN AUTOMOBILINDUSTRIE 2.

Die folgenden Teilkapitel fassen die in dieser Studie analysierten und in Bezug zu den Herausforderungen zentralen Aspekte für die Zukunft der Automobilindustrie in einer SWOT-Analyse (vgl. Glossar) zusammen. Dabei bezieht sich die Dimension Stärke–Schwäche auf die internen Aspekte der Automobilindustrie mit einem Fokus auf den Istzustand, während die Dimension Chancen–Risiken eher externe und zukünftige Entwicklungen beschreibt. Tabelle VII.1 stellt die SWOT-Analyse im Überblick dar.

TAB. VII.1 SWOT-ANALYSE DER DEUTSCHEN AUTOMOBILINDUSTRIE

Stärken	Schwächen
> Premiumsegment > Markenimage als Technologieführer > FuE-Cluster und FuE-Budgets > Markterfolg heute > konzentrierte Plattformstrategie > Positionierung in China > globale Aufstellung	> Überkapazität in Europa außerhalb Deutschlands > kulturelle Pfadabhängigkeit der Ingenieure durch historischen Fokus auf Verbrennungsmotor > keine nennenswerte Produktion von Hochleistungsbatterien in Deutschland
Chancen	**Risiken**
> Brasilien, eingeschränkt auch Mexiko und übriges Südamerika > vernetzte Mobilitätskonzepte > mittelfristige Einführung von Wasserstoff/Brennstoffzellen > Indien: große Potenziale, aber heute wenig kompatibel mit deutschem Produktansatz und Produktportfolio	> Mobilitätskonzepte reduzieren das Absatzpotenzial auf den Märkten > Klimaschutz- und Effizienzziele belasten die Premiummärkte > Trend zu E-Mobilität setzt sich durch, aber die OEMs schaffen es nicht, eine eigene Batterieproduktion aufzubauen. > Das Ziel, Leitanbieter für E-Mobilität zu werden, würde verfehlt.

Eigene Darstellung

STÄRKEN 2.1

Die größte Stärke der deutschen Automobilindustrie liegt in der Abdeckung des Premiumsegmentes. Global gesehen stammen vier von fünf verkauften Fahrzeugen der Ober- und oberen Mittelklasse aus deutscher Produktion. Dieses Premiumimage konnte in den letzten Jahren auch erfolgreich auf kleinere Fahrzeugsegmente übertragen werden. Gleichzeitig werden die deutschen Premiumhersteller in vielen Feldern als Technologieführer gesehen und kultivieren diese Position als Bestandteil ihres Premiummarkenimages. Diese Technologieführerschaft stützt sich auf die konstant hohen FuE-Budgets der deutschen Hersteller, die es ermöglichen, zahlreiche Innovationen parallel und als Erster hervorzubringen. Dementsprechend behaupten die deutschen Hersteller sich auch in den von den Nachbeben der Finanzkrise geprägten Jahren 2010 und 2011 mit ausgezeichneten Absatzzahlen am Markt. Der Automotive Performance Index fasst diese Aspekte zu einem Index aller 18 global agierenden Automobilhersteller zusammen.

Drei der vier Toppositionen werden 2010 von den deutschen OEM VW (mit Audi), Daimler und BMW eingenommen (Bratzel et al. 2011).

Zu diesem Erfolg heute trägt sicher auch die ausgezeichnete Positionierung auf dem stark wachsenden chinesischen Markt bei sowie die grundsätzlich globale Aufstellung der erfolgreichen deutschen OEM, die Optionen eröffnet, Verluste in schwachen Märkten durch Gewinne in Wachstumsmärkten zu kompensieren. Zuletzt sind die deutschen OEM, insbesondere der VW-Konzern und Daimler, am weitesten fortgeschritten bei der Implementierung einer konzentrierten Baukastenproduktionsstrategie, die die Herstellung einer großen Zahl von Fahrzeugtypen mit einer möglichst kleinen Zahl an Plattformen erlaubt.

SCHWÄCHEN 2.2

Auch deutsche OEM sind mit Produktionskapazitäten im europäischen Ausland engagiert und somit auch von den dort niedrigen Auslastungen der Werke durch schwache Absatzzahlen betroffen (z.B. in Südeuropa). Die Entwicklung der Finanz- und Eurokrise 2011/2012 und die bestehenden Überkapazitäten geben eher Anlass zu Pessimismus hinsichtlich einer Verbesserung der Auslastung dieser Werke.

Zwei weitere Schwächen sind der Pfadabhängigkeit der deutschen OEM durch ihre langjährigen Erfolge mit dynamischen und effizienten Verbrennungsmotoren geschuldet. Als ingenieurkulturelle Pfadabhängigkeit könnte die Fixierung der Entwicklungsingenieure auf den Verbrennungsmotor und seine weitere Verbesserung bezeichnet werden, die dazu führt, das alternative Antriebsformen tendenziell ignoriert oder gering geschätzt werden. Damit im Zusammenhang steht auch die weitgehende Abwanderung der Batterieforschung und -produktion aus Deutschland, da diese im Automobilbereich nicht als wertschöpfend angesehen wurde und zugleich dem allgemeinen Trend folgte, solche Technologien aus Deutschland meist nach Asien zu verlagern. Damit existiert in Deutschland keine nennenswerte Produktion von Hochleistungsbatterien mehr.

CHANCEN 2.3

Chancen – als externe und zukünftige Aspekte – lassen sich in einer Erweiterung der Absatzmärkte um Brasilien als Wachstumsmarkt in Südamerika sowie etwas eingeschränkt auch in anderen südamerikanischen Märkten und Mexiko identifizieren. Als »wild card« unter den Automobilmärkten aus deutscher Sicht muss Indien gesehen werden. Trotz eindeutiger Wachstumstrends des Pkw-Absatzes in Indien ist heute noch unklar, ob und wie deutsche Hersteller von diesem Wachstum profitieren können.

Die Elektromobilität mit BEV und PHEV wird sich in den kommenden Jahren unter angemessener Beteiligung der deutschen OEM entwickeln, ohne dass diese hier eine Führungsposition angestrebt haben. Anders sieht dies bei der Wasserstoff-Brennstoffzellen-Technologie aus. Daimler gehört zu den OEM, die hier eine First-Mover-Position einnehmen. Die forcierte Nutzung dieser Chance könnte bedeutsam sein, da nicht ausgeschlossen werden kann, dass Fortschritte in der Batterietechnologie und deren Markteinführung zu Lernkurveneffekten führen werden, die Kosten und Reichweite der Batterien den Brennstoffzellen ebenbürtig machen, insbesondere da letztere eine geringere Gesamtenergieeffizienz aufweisen und eine aufwendigere Betankungsinfrastruktur benötigen als Batteriefahrzeuge.

Die Beteiligung der Automobilindustrie am Aufbau neuer vernetzter Mobilitätskonzepte bietet eine Chance, ihr Geschäftsmodell neben dem Produktverkauf auf ein zweites Standbein zu stellen: die Mobilitätsdienstleistungen. Gleichzeitig kann in Carsharingsystemen als Bestandteil solch neuer Mobilitätskonzepte die Diffusion neuer Technologien beschleunigt und den Kunden eine Möglichkeit gegeben werden, diese Technologien zu erfahren. Dies gilt z.B. besonders für die Elektromobilität.

RISIKEN 2.4

Die Setzung von ambitionierten Klimaschutz- und Energieeffizienzzielen mit legislativer Unterlegung könnte den Absatz im Premiumsegment reduzieren. Hierbei könnte das psychologische Element, dass »Spritschlucker« als nicht mehr zeitgemäß angesehen werden, eine größere Rolle spielen, als ein Verfehlen der Einhaltung der Effizienzziele und damit verbundene Strafzahlungen.

Als zweites Risiko sollte die Einführung neuer Mobilitätskonzepte mit der Folge eines Rückganges der privaten Pkw-Zahlen und damit des Umsatzes und der Wertschöpfung der Automobilindustrie genannt werden. Hier kann allerdings gegengesteuert werden, in dem die OEM die Mobilitätsdienstleistungen selbst anbieten und so neue Wertschöpfung auf Dienstleistungsbasis generieren.

Die beiden nächsten Risiken sind teilweise gekoppelt: Die deutsche Automobilindustrie scheitert mit der Etablierung als Leitanbieter bei der Elektromobilität. Je mehr sich diese durchsetzt, desto deutlicher würden dann Marktanteile an die erfolgreichen Leitanbieter abgegeben, auch auf dem deutschen Heimatmarkt. Eine Ursache könnte darin liegen, dass es den deutschen OEM oder System-Zulieferern nicht gelingt, eine eigene Batterieproduktion aufzubauen und so ein großer Teil der Wertschöpfung in der Elektromobilität verloren geht, bzw. Anbieter mit eigener Produktion günstigere Fahrzeugpreise offerieren können.

HANDLUNGSOPTIONEN VIII.

Die Handlungsoptionen, die sich aus diesem Bericht ableiten lassen, können anhand des jeweiligen Adressaten in drei Kategorien gegliedert werden: marktstrategische, technologiestrategische und regulatorische. Erstere richten sich an das strategische Management in der Automobilindustrie, die folgenden an die Entwicklungsstrategie und die letztgenannten an den Gesetzgeber. Folgende vier marktstrategische Prämissen können aus den Analysen und Ergebnissen des vorliegenden Berichts abgeleitet werden:

> Die Sicherung des globalen Premiummarktes ist für Erhalt und Wachstum der deutschen Automobilindustrie ein zentrales Ziel. Premiumangebote ermöglichen hohe Wertschöpfung und sichern den Erhalt der Technologieführerschaft. Der Premiummarkt dürfte global gesehen einer der stabilsten Märkte in den nächsten beiden Dekaden sein.
> Aus- und Aufbau einer starken Positionierung in den Wachstumsmärkten, insbesondere in China und Brasilien bzw. in etwas abgeschwächter Priorisierung in weiteren Ländern Südamerikas und in Mexiko.
> Eine kontinuierliche Marktbeobachtung des indischen Automobilmarktes ist erforderlich, um in der Lage zu sein, bei sich bietender Marktchance entsprechende Markteintrittsstrategien für Indien zu entwickeln, zu testen und umzusetzen.
> Wertewandel und Effizienzüberlegungen machen die Entwicklung neuer Mobilitätskonzepte wahrscheinlich. Die OEM sollten hier Geschäftsmodelle entwickeln und testen, um von diesem Markt als Mobilitätsdienstleister profitieren zu können. Damit würden sie sinkende Pkw-Absatzzahlen durch den Aufbau eines zweiten Standbeins kompensieren können.

Auch wenn im Allgemeinen zukünftig von einer Diversifizierung der Antriebskonzepte ausgegangen wird, lassen sich drei zentrale technologiestrategische Herausforderungen ableiten:

> Entwicklung und Umsetzung von Technologien des Leichtbaus werden unerlässlich sein, sowohl aus Gründen der allgemeinen Energieeinsparung (Energie- und Klimaeffizienz) bei allen Fahrzeugtypen als auch aus Sicht der Elektromobilität mit ihrer auf absehbare Zeit noch beschränkten Energiespeicherkapazität.
> Aufgrund des hohen Wertschöpfungsanteils der Batterie in der Elektromobilität scheint es dringend angeraten zu sein, eine eigene Batterieproduktion aufzubauen, zumindest für die Lithiumbatterien der zweiten Generation (Li-Ionen) sowie zukünftige Systeme (z.B. Li-S, Li-Luft). Damit könnten Wert-

schöpfungsverluste durch den Wegfall des Verbrennungsmotors und seiner Nebenaggregate kompensiert werden.

- Die Markteinführung der Wasserstoff-Brennstoffzellen-Technologie sollte durch aussichtsreich positionierte OEM vorangetrieben werden, um zu vermeiden, dass ein schneller – und nicht gänzlich auszuschließender – Durchbruch bei der Batterietechnologie die Einführung der FCEV komplett unmöglich macht, da dadurch die Reichweitenproblematik bei E-Mobilen bereits gelöst würde und FCEV nicht mehr den Einstieg in ihre Lernkurve schaffen könnten.

Drei zentrale regulatorische Optionen als unterstützende Begleitung der anstehenden Veränderungen in der Automobilindustrie lassen sich aus den vorstehend beschriebenen Strategien ableiten:

- Der Aufbau einer eigenen Produktion von Hochleistungsbatterien in Deutschland sollte durch eine adäquate Forschungsförderung unterstützt werden, insbesondere im Bereich der Grundlagenforschung für Lithiumbatterien der zweiten Generation (d.h. Li-Ionen, Li-S, Li-Luft).
- Die deutschen Hersteller sind bei Effizienztechnologien im Bereich des Verbrennungsmotors und der Fahrzeugoptimierung z.B. durch Leichtbautechnologien gut aufgestellt. Entsprechend sollte die sogenannte CO_2-Strategie der EU, die auch Bestandteil des deutschen »Meseberger Integrierten Energie- und Klimaschutzprogramms« ist, mit der Setzung ambitionierter Zielwerte unterstützt werden (Schade/Krail 2012). Hinzu kommt, dass diese Maßnahme vermutlich wohl am effektivsten zur Reduktion der THG-Emissionen aus dem Verkehr beitragen kann.
- Für die erfolgreiche Einführung neuer Mobilitätskonzepte mit dem Ziel einer vernetzten Mobilität im Sinne der Generierung von multimodalen Wegeketten aus einer Hand sollten Deutschland und die deutschen OEM eine Vorreiterrolle einnehmen. Dabei müssen bestehende Barrieren beseitigt werden. Dazu gehören Änderungen der Stellplatzordnung, die in fast allen Bundesländern heute auch in autofreien oder autoarmen Wohngebieten eine Mindestzahl an Parkplätzen pro (neuer) Wohneinheit fordert, welche aber bei der vernetzten Mobilität nicht gebraucht würden. Gleichzeitig sind die Möglichkeiten, dezidierte Carsharingparkplätze zu schaffen, eingeschränkt. Wichtiger ist aber die Öffnung des Marktes, sodass Kunden eines regionalen Mobilitätsdienstleisters auch die Dienste anderer Mobilitätsdienstleister in anderen Regionen in Anspruch nehmen können, ähnlich dem Roamingkonzept im Mobilfunkbereich. Dadurch entstünde ein national einheitlich nutzbares System. Idealerweise wird dieses System der vernetzten Mobilität auch auf den europäischen Bereich ausgedehnt bzw. in andere Regionen transferiert, sodass die deutschen Vorreiterfirmen aus dieser Markterweiterung zusätzliche Wertschöpfung generieren könnten.

LITERATUR

A.T. Kearney (2012): Powertrain 2025. A global study on the passenger car powertrain market towards 2025. Stuttgart

ACEA (European Automobile Manufacturers Association) (2010): EU ECONOMIC REPORT December2010. www.acea.be/images/uploads/files/20101223_ER_1012_2010_III_Q3.pdf (12.7.2012)

ACEA (2011): PASSENGER CARS: registrations in 2010 5.5 % lower than in 2009. www.acea.be/images/uploads/files/20110114_PRPC-FINAL-1012.pdf (19.7.2012)

Adler, M. (2011): Generation Mietwagen. Die neue Lust an einer anderen Mobilität. München

AEB (Association of European Businesses) (2011): Sales of cars and light commercial vehicles in Russia in 2010. www.aebrus.ru/application/views/aebrus/files/press_releases_files/AEB_PR_DEC_10_eng_file_releases_2011_01_13_15_09_07.pdf (12.3.2012)

Aleklett, K. (2007): Peak-Oil and the Evolving Strategies of Oil Importing and Exporting Countries: Facing the hard truth about an import decline for the OECD countries. OECD Round Table on Oil dependence: Is transport running out of affordable fuel. Working Paper, Paris

AMIA (Asociación Mexicana de la Industria Automotriz A.C.) (2011a): PRODUCCION TOTAL. www.amia.com.mx/prodtot.html (12.3.2011)

AMIA (2011b): VENTA AL PUBLICO. www.amia.com.mx/ventasp.html (12.3.2011)

Anfavea (Associação Nacional dos Fabricantes de Veículos Automotores – Brasil) (2011): Carta da Anfavea – Resultados de dezembro e de 2010. www.anfavea.com.br/cartas/Carta296.pdf (12.3.2012)

Arthur D. Little (2011): Future of Mobility 2020. Wiesbaden

ASM Holding (2011): Russia's car output doubled in 2010. www.asm-holding.ru/en/news/207 (12.0.2011)

Audi AG (2011): AUDI AG und Voith GmbH schließen Entwicklungspartnerschaft. www.audi.de/de/brand/de/unternehmen/aktuelles.detail.2011~02~audi_ag_und_voith.html (10.5.2012)

Audi AG (2012): Geschäftsbericht 2011. Ingolstadt

Automobilindustrie (2010): Sonderausgabe Leichtbau in der Automobilindustrie. 03/2010, Würzburg

Babiel, G. (2007): Elektrische Antriebe in der Fahrzeugtechnik. Wiesbaden

Barthel, K., Böhler-Baedeker, S., Bormann, R., Dispan, J., Fink, P., Koska, T., Meißner, H.-R., Pronold, F. (2010): Zukunft der deutschen Automobilindustrie – Herausforderungen und Perspektiven für den Strukturwandel im Automobilsektor. Abteilung Wirtschafts- und Sozialpolitik der Friedrich-Ebert-Stiftung. Bonn

Becker, H. (2007): Auf Crashkurs: Automobilindustrie im globalen Verdrängungswettbewerb. Berlin

Becker, J. (2012): Wasserstoffautos – Der Wettlauf geht weiter. In: Süddeutsche Zeitung vom 17.7.2012, www.sueddeutsche.de/auto/wasserstoffautos-der-wettlauf-geht-weiter-1.1399415 (5.7.2012)

Biermann, J.-W. (2007): Der Elektro-Hybrid - eine Übersicht zu einem erfolgversprechenden, alternativen Fahrzeugantrieb. In: Naunin, D. (Hg.): Hybrid-, Batterie- und Brennstoffzellen-Elektrofahrzeuge. Technik, Strukturen und Entwicklungen. Renningen, S. 65–77

Biermann, J.-W., Scholz-Starke, K. (2010): Elektrofahrzeuge -- Historie, Antriebskomponenten und aktuelle Fahrzeugbeispiele. In: Korthauer, R.H. (Hg.): Handbuch Elektromobilität. Frankfurt, Berlin, Bonn, Essen, S. 13–29

Blesl, M., Bruchhof, D., Hartmann, N., Özdemir, E.D., Fahl, U., Eltrop, L., Voß, A.H., (2009): Entwicklungsstand und Perspektiven der Elektromobilität. Universität Stuttgart, http://elib.unistuttgart.de/opus/volltexte/2010/5218/pdf/Elektromobilitaet_ Endbericht 20100322.pdf (6.5.2011)

BMW AG (2012a): BMW Group Geschäftsbericht 2011. München

BMW AG (2012b): The future is closer than you think. www.bmw.com/com/en/in sights/technology/efficient_dynamics/phase_2/clean_energy/bmw_hydrogen_7.html (18.4.2012)

BMWi, BMU (Bundesministerium für Wirtschaft und Technologie, Bundesministerium für Umwelt, Naturschutz und Reaktorsicherheit) (2010): Energiekonzept für eine umweltschonende, zuverlässige und bezahlbare Energieversorgung. www.bmwi.de/ BMWi/Redaktion/PDF/Publikationen/energiekonzept-2010,property=pdf,bereich= bmwi2012,sprache=de,rwb=true.pdf (10.5.2012)

Bratzel, S., Tellerman, R., Hallas, C. (2011): AutomotivePERFORMANCE 2011: Eine Analyse des Markt-, Innovations- und Finanzerfolgs der 18 globalen Automobilhersteller. Bergisch-Gladbach

CAAM (China Association of Automobile Manufacturers) (2011a): China automobile production increase 22.30 % in December 2010. www.caam.org.cn/Automotives Statistics/20110121/1105051628.html (19.07.2012)

CAAM (2011b): China automobile sales increase 17.90 % in December 2010. www.caam.org.cn/AutomotivesStatistics/20110121/1105051627.html (19.7.2012)

Canzler, W., Knie, A. (2009): Grüne Wege aus der Autokrise: Vom Autobauer zum Mobilitätsdienstleister. Strategiepapier der Heinrich-Böll-Stiftung, Berlin

CVMA (Canadian Vehicle Manufacturers' Association) (2011): Historical Reports. www.cvma.ca/eng/stats/historicalreports.asp (19.7.2012)

Daimler AG (2011): 360 GRAD – Fakten zur Nachhaltigkeit 2011. Stuttgart

Daimler AG (2012): Mercedes-Benz auf der Detroit Autoshow 2012. http://media. daimler.com/dcmedia/0-921-614307-49-1451873-1-0-0-0-0-1-11702-854934-0-1-0-0-0-0-0.html?TS=1333615250864 (18.3.2012)

Delucchi, M.A., Lipman, T.E. (2010): Lifetime Cost of Battery, Fuel-Cell, and Plug-In Hybrid Electric Vehicles. In: Pistoia, G.H. (eds.): Electric and Hybrid Vehicles. Power Sources, Models, Sustainability, Infrastructure and the Market. Amsterdam, S. 19–60

Dumont, D. (2010): Fachtagung Öffentlicher Nahverkehr und Carsharing (2010): Vortrag von Didier Dumont: »STIB – Cambio – A Partnership for a better mobility« www.carsharing.de/images/stories/pdf_dateien/vortrag_dumont_stib_bruessel_20.01.2011.pdf (12.7.2012)

Durst, K.G. (2008): Beitrag zur systematischen Bewertung der Eignung anisotroper Faserverbundwerkstoffe im Fahrzeugbau. Göttingen

Düsterwald, H.G., Günnewig, J., Radtke, P. (2007): DRIVE – The Future of Automotive Power: Fuel Cells Perspective. In: Fuell Cells 7(3), S. 183–189

Dütschke, E., Schneider, U., Peters, A., Paetz, A.-G., Jochem, P. (2011): Moving towards more efficient car use – what can be learnt about consumer acceptance from analysing the cases of LPG and CNG? Karlsruhe

EK (Europäische Kommission) (2008): Verordnung Nr. 692/2008 zur Durchführung und Änderung der Verordnung (EG) Nr. 715/2007 des Europäischen Parlaments und des Rates über die Typgenehmigung von Kraftfahrzeugen hinsichtlich der Emissionen von leichten Personenkraftwagen und Nutzfahrzeugen (Euro 5 und Euro 6) und über den Zugang zu Reparatur- und Wartungsinformationen für Fahrzeuge. Brüssel

EK (2009): Verordnung Nr. 443/2009 zur Festsetzung von Emissionsnormen für neue Personenkraftwagen im Rahmen des Gesamtkonzepts der Gemeinschaft zur Verringerung der CO_2-Emissionen von Personenkraftwagen und leichten Nutzfahrzeugen. Brüssel

EK (2011a): A Roadmap for moving to a competitive low carbon economy in 2050. COM(2011) 112 final. Brüssel

EK (2011b): Roadmap to a Single European Transport Area. Weißbuch Verkehr, COM(2011) 144 final. Brüssel

Fandel, G., Fistek, A., Stütz, S. (2011): Produktionsmanagement. Heidelberg u.a.O.

Fiorello, D., De Stasio, C., Köhler, J., Kraft, M., Newton, S., Purwanto, J., Schade, B., Schade, W., Szimba, E. (2009): The iTREN-2030 reference scenario until 2030. Deliverable 4 of iTREN-2030 (Integrated transport and energy baseline until 2030). Project co-funded by European Commission 6th RTD Programme. Milan

Firnkorn, J., Müller, M. (2011): Selling Mobility instead of Cars: New Business Strategies of Automakers and the Impact on Private Vehicle Holding. In: Business Strategy and the Environment 21(4), S. 264–280

Fraunhofer ISI (2012): New Mobility Concepts Database (NMC-Database) – Version 2012. Karlsruhe

Friel, D.D. (2010): Management of Batteries for Electric Traction Vehicles. In: Pistoia, G. (ed.): Electric and Hybrid Vehicles. Power Sources, Models, Sustainability, Infrastructure and the Market. Amsterdam, S. 493–515

Frost & Sullivan (2009a): Strategic Review of the Chinese Passenger Car Market in 2008. Mountain View

Frost & Sullivan (2009b): Strategic Assessment of the Indian Automotive Market Outlook. Mountain View

Frost & Sullivan (2009c): Global Automotive Industry Outlook 2009: Impact of Economic Slowdown on the Future of Auto Sales and Production. Mountain View

Frost & Sullivan (2010): Russia and CEE Automotive Industry Outlook. Mountain View

Frost & Sullivan (2011a): Supply Chain Analysis of the Automotive Carbon Fiber Composites Market. Weight Reduction Requirements Driving the Adoption of Carbon Fiber Composites.

Frost & Sullivan (2011b): Strategic Analysis of Carsharing Market in Japan. Mountain View

Frost & Sullivan (2011c): Automotive Light Weighting Mega Trend Effect on Chemicals and Materials Demand. Oxford

Frost & Sullivan (2012a): Analysis of Vehicle Platform Strategies of Key Global OEM. Market Engineering. London

Frost & Sullivan (2012b): 2020 Vision of the Global Automotive Industry. Mountain View

Frost & Sullivan (2012c): Decision Support Database – Car sales. Mountain View

Gabler (Hg.) (1997): Gabler Wirtschafts-Lexikon. 14. Auflage, Wiesbaden

Glotz-Richter, M. (2011): The Momorandum www.momo-cs.eu/index.php?obj=page&id=181&unid=768adab230d56321ef90ea5d9a00490a (12.7.2012)

Goede, M., Ferkel, H., Stieg, J., Dröder, K. (2005): Mischbauweisen Karosseriekonzepte – Innovationen durch bezahlbaren Leichtbau. Volkswagen AG Konzernforschung, Aachener Kolloquium Fahrzeug- und Motorentechnik 4.–6. Oktober 2005

Goldman Sachs Group, Inc. (2010): Americas: Clean Energy Storage, New York

Götzinger, B., Kretz, R., Bilek, A., Billinger, W. (2010): Bauteilbeispiele aus dem Transport. In: Degischer, H.P., Lüftl, S. (Hg.): Leichtbau: Prinzipien, Werkstoffauswahl und Fertigungsvarianten. Weinheim, S. 317–360

Henning, F., Moeller, E. (2011): Handbuch Leichtbau. Methoden, Werkstoffe, Fertigung. München, S. 1232

HPI (Heinz-Piest-Institut für Handwerkstechnik) (2005): Anforderungen an das Handwerk durch die Innovation Brennstoffzelle (Autoren: Koschorke, W., Bünger, U., Marscheider-Weidemann, F., Pirk, W., Roser, A., Zerta, M.). Hannover

Huber, T., Rauch, C., Volk, S. (2011): Die Zukunft der Mobilität 2030: Das Zeitalter der Managed Mobility beginnt. Zukunftsinstitut GmbH (Hg.), Kelkheim

IEA (International Energy Agency) (2008a): Energy Technology Perspectives 2008. Scenarios and Strategies to 2050. Paris

IEA (2008b): World Energy Outlook 2008. Paris

IEA (2011): CO_2-Emissions from Fuel Combustion. 2011 Highlights. Paris

Infas, DLR (infas Institut für angewandte Sozialwissenschaft GmbH, Deutsches Zentrum für Luft- und Raumfahrt e.V.) (2010): Mobilität in Deutschland 2008 – Ergebnisbericht. Struktur – Aufkommen – Emissionen – Trends. Berlin

ITP, BVU (Intraplan Consult GmbH, BVU Beratergruppe Verkehr+Umwelt GmbH) (2007): Prognose der deutschlandweiten Verkehrsverflechtungen 2025. München/Freiburg

Jadidi, Y. (2010): Advanced State Prediction of Lithium-Ion Traction Batteries in Hybrid and Battery Electric Vehicles Applications. Renningen

JAMA (Japan Automobile Manufacturers Association) (2011): JAMA Active matrix database system. http://jamaserv.jama.or.jp/newdb/eng/index.html (13.7.2012)

Kämpfer, S. (2011): Leicht wie Stahl. In: Technology Review 08/2011. http://heise.de/-1340584 (10.5.2012)

KBA (Kraftfahrt-Bundesamt) (2012): Pressemitteilung Nr. 9/2012. Flensburg

Ketterer, B., Karl, U., Möst, D., Ulrich, S. (2009): Lithium-Ionen Batterien: Stand der Technik und Anwendungspotential in Hybrid-, Plug-In Hybrid- und Elektrofahrzeugen. Wissenschaftliche Berichte 7503, Forschungszentrum Karlsruhe in der Helmholtz-Gemeinschaft (Hg.), http://bibliothek.fzk.de/zb/berichte/FZKA7503.pdf (2.5.2011)

Kinkel, S., Kleine, O., Diekmann, J. (2012): Stand und Entwicklung der Produktions- und FuE-Strategien deutscher Industrieunternehmen in China. Studie im Rahmen des Verbundprojekts DyWaMed. Im Erscheinen, Karlsruhe

Kinkel, S., Maloca, S. (2009): Drivers and antecedents of manufacturing off-shoring and backshoring – A German perspective. In: Journal of Purchasing and Supply Management 15(3), S. 154–165

Kinkel, S., Zanker, C. (2007): Globale Produktionsstrategien in der Automobilzulieferindustrie. Berlin/Heidelberg

Kirner, E., Kinkel, S., Jaeger, A. (2009): Innovation paths and the innovation performance of low-technology firms – An empirical analysis of German industry. In: Research Policy 38(3), S. 447–458

KPMG (2011): KPMG's Global Automotive Executive Survey 2011. Stuttgart

Krietemeyer, H. (2003): Effekte der Kooperation von Verbund und Carsharing-Organisation, Ergebnisse einer repräsentativen Wiederholungsuntersuchung des Münchner Verkehrs- und Tarifverbundes. In: Der Nahverkehr 21(9), S. 31–39

Krail, M., Kühn, A., Schade, W., Scheu, P. (2012): Fleet modelling based on the ISI German Fleet Database (GFDB), Working Paper Sustainability and Innovation, Karlsruhe

Kumar, A.H. (2012): Executive Analysis of Global Electric Vehicle Forecast. Global Electric Vehicle Market is expected to surge post 2014. Frost & Sullivan, London

Kurek, R. (2010): Karosserie-Leichtbau in der Automobilindustrie. Würzburg

Leduc, G., Köhler, J., Wiesenthal, T., Tercero, L., Schade, W., Schade, B. (2010): Transport R&D Capacities in the EU. Deliverable report of GHG-TransPoRD (Reducing greenhouse-gas emissions of transport beyond 2020: linking R&D, transport policies and reduction targets). Project co-funded by European Commission 7th RTD Programme. Fraunhofer-ISI, Karlsruhe

Martin, E., Shaheen, S., Lidicker, J. (2010): Impact of Carsharing on Household Vehicle Holdings. In: Transportation Research Record 2143, S. 150–158

Maune, G. (2002): Möglichkeiten des Komplexitätsmanagements für Automobilhersteller auf Basis IT-gestützter durchgängiger Systeme. Dissertation Fakultät für Wirtschaftswissenschaften der Universität-Gesamthochschule Paderborn

McFadden D. (2000): Economic Choices. www.nobelprize.org/nobel_prizes/economics/laureates/2000/mcfadden-lecture.pdf (7.3.2012)

McKinsey (2012): CO_2-Regulierung sorgt bis 2030 für dreistelliges Milliardenwachstum im Leichtbau. www.mckinsey.de/html/presse/2012/20120105_PM-Leichtbau.asp (10.5.2012)

Mößmer, H.E., Schedlbauer, M., Günthner, W.A. (2007): Die automobile Welt im Umbruch. In: Günthner, W.A. (Hg.): Neue Wege in der Automobillogistik. Die Vision der Sura-Adaptivität. Berlin/Heidelberg

NADA (National Automobile Dealers Association) (2011): December 2010 Industry Sales Recap. www.nada.org/NR/rdonlyres/DC48B0C0–44E8–487D-A13F-3DC59B1C4064/0/201012NADASalesRecap.pdf (13.7.2012)

NRC (National Research Council) (2011): Assessment of Fuel Economy Technologies for Light-Duty Vehicles. www.nap.edu/catalog/12924.html (10.5.2012)

AG 2 (Arbeitsgruppe 2 »Batterietechnologie« der Nationalen Plattform Elektromobilität [NPE]) (2010): Nationalen Plattform Elektromobilität (NPE). Zwischenbericht. Gemeinsame Geschäftsstelle Elektromobilität der Bundesregierung (GGEMO) (Hg.), Berlin, www.bmwi.de/Dateien/BMWi/PDF/zwischenbericht-ag2,property=pdf,bereich= bmwi,sprache=de,rwb=true.pdf (20.4.2011)

Niemann, J., Koch, H. (2012): Multimodale Verkehrsangebote im Personenverkehr Wirtschaftliche und rechtliche Anforderungen an die Personenverkehrsmärkte der Zukunft. In: Der Nahverkehr 30(4), S. 44 ff.

Pike Research (2011): Pike Pulse Report: Light-Duty Fuel Cell Vehicles. Washington, D.C., u.a.O.

Prien, G. (2009): Schwerer Leichtbau. Wie Autobauer den Gewichtsanstieg stoppen wollen. In: Technology Review special 1, Auto der Zukunft, S. 28–31

Prognos, EWI, GWS (Prognos AG, Energiewirtschaftliches Institut an der Universität zu Köln, Gesellschaft für Wirtschaftliche Strukturforschung) (2010): Energieszenarien für ein Energiekonzept der Bundesregierung. Basel u.a.O.

Propfe, B., Friedrich, H., Schmid, S., Beeh, E., Brückmann, S., Schier, M., Dittus, H., Braig, T., Philipps, F. (2011) Strukturanalyse von Automobilkomponenten für zukünftige elektrifizierte Fahrzeugantriebe (AELFA). DLR-Forschungsbericht, Stuttgart

Pucher, J., Buehler, R., Seinen, M. (2011): Bicycling renaissance in North-America? An update and re-appraisal of cycling trends and policies. In: Transportation Research Part A 45, S. 451–475

PwC (PricewaterhouseCoopers) (2010a): 2010 Automotive Review – Global Automotive Outlook. Stuttgart

PwC (2010b): Assembly & Capacity – Release 2010 Q2, in Autofacts 2010 Automotive Review 2010. New York

PwC (2011a): Assembly & Capacity – Release 2011 Q2, in Autofacts 2011 Automotive Review 2011. New York

PwC (2011b): The World in 2050, The accelerating shift of global economic power: challenges and opportunities (Autoren: Hawksworth, J., Tiwari, A.). London

Rammer, C., Aschhoff, B., Crass, D., Doherr, T., Hud, M., Köhler, C., Peters, B., Schubert, T., Schwiebacher, F. (2012a): Innovationsverhalten der deutschen Wirtschaft. Indikatorenbericht zur Innovationserhebung 2011. ZEW, Mannheim

Rammer, C., Som, O., Kinkel, S., Köhler, C., Schubert, T., Schwiebacher, F., Kirner, E., Pesau, A., Murmann, M. (2012b): Innovationen ohne Forschung. Wie Unternehmen ohne eigene FuE-Tätigkeit erfolgreich neue Produkte und Prozesse einführen. Baden-Baden

Robert Bosch GmbH (Hg.) (2007): Kraftfahrtechnisches Taschenbuch. Wiesbaden

Roland Berger, VDMA (Roland Berger Strategy Consultants, Verband Deutscher Maschinen und Anlagenbau) (2011): Zukunftsfeld Elektromobilität – Chancen und Herausforderungen für den deutschen Maschinen- und Anlagenbau (Autoren: Schlick, T., Hertel, G., Hagemann, B., Maiser, E., Kramer, M.). Frankfurt

Rudschies, W., Vigl, M. (2012): Elektroautos von Audi: sauberer, sicherer, leichter. http://adacemobility.wordpress.com/2012/03/15/elektroautos-von-audi-sauberer-sicherer-leichter (24.3.2012)

Sackmann, H. (2011): Daimler setzt bei Leichtbau auf Karbon. In: Financial Times Deutschland vom 16.8.2011, www.ftd.de/unternehmen/industrie/autoindustrie/klimaschutz-daimler-setzt-bei-leichtbau-auf-karbon/60092059.html (10.05.2012)

Schade, W. (2005): Strategic Sustainability Analysis: Concept and application for the assessment of European Transport Policy. Baden-Baden.

Schade ,W., Rothengatter, W. (2011): Economic aspects of sustainable mobility. Provisional version. European Parliament's Committee on Transport and Tourism, Brüssel

Schade, W., Peters, A., Doll, C., Klug, S., Köhler, J., Krail, M. (2011): VIVER – Vision für nachhaltigen Verkehr in Deutschland. Fraunhofer ISI Working Paper Sustainability and Innovation No. S 3/2011

Schade W., Krail M. (2012): Aligned R&D and transport policy to meet EU GHG reduction targets. Final Report. Deliverable D7.1 of GHG-TransPoRD (Reducing greenhouse-gas emissions of transport beyond 2020: linking R&D, transport policies and reduction targets). Fraunhofer-ISI, Karlsruhe

Scheer, A.-W. (2009): Webciety – Wie das Internet unser Leben prägt. www.bitkom.org/60376.aspx?url=BITKOM_Praesentation_Webciety_02_03_2009_PRESSEMAPPE.pdf&mode=0&b=Presse&bc=Presse%7cPresseinformationen%7c2009 (18.8.2012)

Schoppe, S.G. (1998): Kompendium der Internationalen Betriebswirtschaftslehre. Oldenbourg

Schröter, F. (2011): 42. Tokyo Motor Show. European News Agency. www.en-a.de/auto_und_motorsport/42_tokyo_motor_show-48699 (18.4.2012)

SGL Carbon (2012): Year End Analyst Meeting. Frankfurt 22.3.2012. www.sglgroup.com/export/sites/sglcarbon/_common/downloads/investor-relations/presentations-conference-calls/presentations/2012-en/22032012_Analyst_Meeting_FINAL_21_03_2012_save.pdf (1.4.2012)

SIAM (Society of Indian Automobile Manufacturers) (2011a): Domestic Production Trend. www.siamindia.com/scripts/production-trend.aspx (19.7.2012)

SIAM (2011b): Domestic Sales Trend. www.siamindia.com/scripts/domestic-sales-trend.aspx (19.7.2012)

Som, O. (2012): Innovation without R&D – Heterogeneous Innovation Patterns of Non-R&D-Performing Firms in the German Manufacturing Industry. Wiesbaden

Sperling, D., Gordon, D. (2009): Two Billion Cars: Driving Toward Sustainability. New York

Statistisches Bundesamt (2010): Volkswirtschaftlichen Gesamtrechnung. Input-Output-Rechnung 2007. Fachserie 18 Reihe 2, Wiesbaden, https://www.destatis.de/DE/Publikationen/Thematisch/VolkswirtschaftlicheGesamtrechnungen/InputOutputRechnung/VGRInputOutputRechnung2180200079004.pdf

Statistisches Bundesamt (2012a): Kostenstrukturerhebung im Verarbeitenden Gewerbe, im Bergbau sowie in der Gewinnung von Steinen und Erden 2010. Fachserie 4 Reihe 4.3 Wiesbaden, https://www.destatis.de/DE/Publikationen/Thematisch/IndustrieVerarbeitendesGewerbe/Strukturdaten/Kostenstruktur2040430107004.pdf?__blob=publicationFile

Statistisches Bundesamt (2012b): Indizes der Produktion und der Arbeitsproduktivität im Produzierenden Gewerbe. Fachserie 4 Reihe 2.1, Wiesbaden

Stifterverband (Stifterverband für die Deutsche Wissenschaft) (2012): FuE-Datenreport 2012. Analysen und Vergleiche Forschung und Entwicklung in der Wirtschaft 2009/2010. Wissenschaftsstatistik gGmbH im Stifterverband für die Deutsche Wissenschaft (Hg.), Essen

Sydow, J. (1992): Strategische Netzwerke. Evolution und Organisation. Neue betriebswirtschaftliche Forschung 100, Berlin

TAB (Büro für Technologiefolgen-Abschätzung beim Deutschen Bundestag) (2013): Konzepte der Elektromobilität und deren Bedeutung für Wirtschaft, Gesellschaft und Umwelt (Autoren: Peters, A., Doll, C., Kley, F., Plötz, P., Sauer, A., Schade, W., Thielmann A., Wietschel, M., Zanker, C.). TAB-Arbeitsbericht Nr. 153, Berlin

TCW (1999): Produktordnungssysteme nur Plattformen? www.tcw.de/news/produktordnungssysteme-nur-plattformen-164 (4.6.2012)

Terporten, M. (1999): Wettbewerb in der Automobilindustrie. Duisburg

Trechow, P. (2012): Leichtbau wird Materialmix des Automobils massiv verändern. In: VDI Nachrichten 01/2012. www.vdi-nachrichten.com/artikel/Leichtbau-wird-Materialmix-des-Automobils-massiv-veraendern/56658 (10.5.2012)

UBA (Umweltbundesamt) (2006): Entwicklung einer Gesamtstrategie zur Einführung alternativer Kraftstoffe, insbesondere regenerativ erzeugten Wasserstoffs. www.umweltdaten.de/publikationen/fpdf-l/3344.pdf (10.5.2012)

United Nations (2004): World Population to 2300. New York

Urry, J. (2007): Mobilities. Cambridge, www.research.lancs.ac.uk/portal/en/publications/mobilities%28f68fea3e-58a1-42e6-9387-b8affc519374 %29.html

VDA (Verband der Automobilindustrie) (Hg.) (2010): Automobilproduktion. http://vda.de/de/zahlen/jahreszahlen/automobilproduktion (13.7.2012)

VDA (Hg.) (2011a): Wissmann: Automobilindustrie steht für zwei Drittel des deutschen Exportüberschusses. http://vda.de/de/meldungen/news/20110125–1.html (13.7.2012)

VDA (Hg.) (2011b): Tatsachen und Zahlen, 75. Folge, Berlin

VDA (2011c): Daten zur Automobilwirtschaft Ausgabe 2011. Berlin

VDA (Hg.) (2011d): Automobilproduktion. http://vda.de/de/zahlen/jahreszahlen/automobilproduktion (19.7.2012)

VDA (Hg.) (2011e): Export. http://vda.de/de/zahlen/jahreszahlen/export/index.html (13.7.2012)

VDA (Hg.) (2011f): International Auto Statistics. Berlin

VDA (2012): VDA Jahreszahlen. www.vda.de/de/zahlen/jahreszahlen/allgemeines (14.5.2012)

Volkswagen AG (2011): Jahrespressekonferenz und Investorenkonferenz 2011. Wolfsburg

Volkswagen AG (2012a): Zwischenbericht Januar – März 2012. www.volkswagen ag.com/content/vwcorp/info_center/de/publications/2012/04/Interim_Report.bin. html/binarystorageitem/file/Q1_2012_d.pdf (21.4.2012)

Volkswagen AG (2012b): Synergien und Allianzen. http://geschaeftsbericht2010.volks wagenag.com/lagebericht/wertsteigerndefaktoren/forschungundentwicklung/syner gienundallianzen.html (14.4.2012)

Volkswagen AG (2012c): Auf in eine neue E-Poche. www.volkswagen.de/de/Volkswa gen/nachhaltigkeit/technologien/antriebe_und_motoren/leise_und_sauberteil2.html (18.4.2012)

Volkswagen AG (2012d): Brennstoffzelle. Volkswagen AG. www.volkswagenag.com/ content/vwcorp/content/de/innovation/fuel_and_propulsion/Fuel_Cell.html (18.4.2012)

Wannenwetsch, H. (2005): Vernetztes Supply Chain Management. SCM-Integration über die gesamte Wertschöpfungskette. Berlin

Weber, H. (2006): Verbrennungsmotoren. Präsentationsunterlagen der Hochschule Pforzheim, www.hs-pforzheim.de/De-de/Hochschule/Rektorat/Oeffentlichkeitsarbeit/ Documents/Kinderuni2006/2006KU_2807WeberVerbrennungsmotor.pdf (9.6.2011)

Wells, P. (2010): Sustainability and diversity in the global automotive industry. In: Int. J. Automotive Technology and Management 10(2/3), S. 305–320

Wietschel, M., Dallinger, D. (2008): Quo vadis Elektromobilität? In: Energiewirtschaftliche Tagesfragen 58(12), S. 8–15

Wilms, C., Warnecke, M., Seide, G., Gries, T., Yilmaz, H., Lorz, O. (2010): Direktinvestitionen und Kooperationsnetzwerke in der Carbonfaserherstellung. In: Lightweight Design 3(6), S. 30–34

Winterhagen, J. (2009): Den Durchbruch haben wir noch nicht geschafft. In: ATZ Online, www.atzonline.de/Aktuell/Interviews/35/178/Den-Durchbruch-haben-wir-noch-nicht-geschafft.html (18.4.2012)

Wuppertal-Institut (2007): Zukunft des Carsharings in Deutschland. Wuppertal

Zumkeller, D., Vortisch, P., Kagerbauer, M., Chlond, B., Streit, T., Wirtz, M. (2011): Deutsches Mobilitätspanel (MOP) – wissenschaftliche Begleitung und erste Auswertungen. Bericht 2011: Alltagsmobilität & Tankbuch. Karlsruher Institut für Technologie, Karlsruhe

ANHANG

TABELLENVERZEICHNIS 1.

ABBILDUNGSVERZEICHNIS 2.

ABKÜRZUNGEN 3.

AAF	alternative Antriebs- und Fahrzeugkonzepte
ASTRA	Assessment of Transport Strategies
BEV	»battery electric vehicle« (rein batteriegetriebenes Fahrzeug)
BIP	Bruttoinlandsprodukt
BRICS	Brasilien, Russland, Indien, China, Südafrika
BVWP	Bundesverkehrswegeplan
CAGR	»compounded annual growth rate« (durchschnittliche jährliche Wachstumsrate)
CFK	carbonfaserverstärkter Kunststoff
CKD	»completely knocked down« (vollständig zerlegter Bausatz)
CO	Kohlenmonoxid
CO_2	Kohlendioxid

EFTA	European Free Trade Association (Europäische Freihandelsassoziation)
FCEV	»fuel cell electric vehicle« (Brennstoffzellenfahrzeuge)
FuE	Forschung und Entwicklung
GFK	glasfaserverstärkter Kunststoff
GU	größere Unternehmen
H_2	Wasserstoff
HEV	»hybrid electric vehicle« (hybridelektrisches Fahrzeug)
ICE	»internal combustion engine« (Verbrennungsmotor)
IKT	Informations- und Kommunikationstechnologien
KMU	kleine und mittlere Unternehmen
MIV	motorisierter Individualverkehr
MKS	Mobilitäts- und Kraftstoffstrategie
MLB	modularer Längsbaukasten
MQB	modularer Querbaukasten
NAFTA	North American Free Trade Association (Nordamerikanisches Freihandelsabkommen)
NACE	Nomenclature statistique des activités économiques dans la Communauté européenne (Statistische Systematik der Wirtschaftszweige in der Europäischen Gemeinschaft)
NO_X	Stickoxide
OEM	»original equipment manufacturer« (Hersteller von Originalerzeugnissen)
ÖPNV	öffentlicher Personennahverkehr
ÖV	öffentlicher Verkehr
PAN	Polyacrylnitril
PHEV	»plug-in hybrid electric vehicle« (Pkw mit Verbrennungsmotor und Elektroantrieb in paralleler oder serieller Anordnung sowie mit externer Stromlademöglichkeit)
RTM	»resin transfer moulding« (Harzinjektionsverfahren)
S_2	Schwefeldioxid
SUV	»sport utility vehicle« (geländegängige Limousine)
THG	Treibhausgas
WZ	Wirtschaftszweig

GLOSSAR 4.

ASTRA-Modell – wird seit 2000 im Auftrag der EU-Kommission verwendet, um mittels eines systemdynamischen Modells Fragestellungen aus dem Verkehrsbereich zu beantworten. Hervorzuheben ist die Vernetzung von Verkehr, Politik,

Umwelt und Ökonomie, die es erlaubt, Auswirkungen von politischen Maßnahmen, z. B. aus der Klima- und Verkehrspolitik, systemisch zu erfassen.

Hersteller von Originalerzeugnissen (OEM) – bzw. Erstausrüster werden Unternehmen bezeichnet, die ihre Produkte unter eigenem Namen in den Handel bringen. In dieser Studie bezieht sich der Begriff OEM auf die Hersteller von Automobilen mit eigenen Marken.

Leadmärkte – dabei handelt es sich um regionale Märkte, die in bestimmten Technologiefeldern Vorreiterrollen übernehmen. Dies kann sich neben hohen Wachstumsraten bereits schon durch ausgeprägte Aktivitäten in Forschung und Entwicklung auszeichnen.

MLB (modularer Längsbaukasten) – ist ein von Audi verwendetes Plattformkonzept, welches für einen längs zur Fahrtrichtung eingebauten Antriebsstrang ausgelegt ist.

MQB (modularer Querbaukasten) – analog zum bereits beschrieben MLB handelt es sich hierbei um ein Plattformkonzept, bei dem Antrieb und Getriebe quer zur Fahrtrichtung verbaut werden. Anwendung findet dieses Konzept bei Volkswagen und Audi.

Multimaterialdesign – die Multimaterialbauweise wird verwendet, um an einem Bauteil verschiedene Materialien zu prüfen und anschließend durch vergleichende Tests die am besten geeignete Materialkombination herauszufinden. Besondere Anwendung findet diese Methode im Leichtbau.

Skaleneffekte – der statische Skaleneffekt beruht auf einer Fixkostendegression durch die Zusammenlegung von gleichartigen Herstellungsprozessen. Die Zentralisierung führt zu einer Erhöhung der Ausbringung, während die Fixkostenbelastung pro Stück sinkt, da die sich auf konstantem Niveau befindlichen nichtdisponiblen Kosten auf eine steigende Ausbringung verteilt werden. Aber auch disponible Kosten können durch steigende Ausbringung gesenkt werden, etwa indem höhere Stückzahlen eine Automatisierung (z. B. Industrieroboter) wirtschaftlich machen oder Arbeitsprozesse in einfache Tätigkeiten mit hohen Repetierhäufigkeiten zerlegt werden. Der dynamische Degressionseffekt entsteht insbesondere dann, wenn die Arbeitsprozesse im Zeitverlauf und im Zuge einer steigenden Ausbringungsmenge aufgrund von Lernfortschritten und des Aufbaus von Erfahrungswissen effizienter abgewickelt werden können.

SWOT-Analyse – englisches Akronym für »strengths« (Stärken), »weaknesses« (Schwächen), »opportunities« (Chancen) und »threats« (Risiken); ist ein Instrument der strategischen Planung, das der Positionsbestimmung und der Strategieentwicklung von Unternehmen und zugleich als Grundlage des Marketings dient.

Windgas – bezeichnet einen gasförmigen Energieträger, welcher aus (überschüssiger) Windenergie, Wasser und ggf. CO_2 hergestellt wurde. Erzeugte Gase sind Wasserstoff, Methan oder auch Gasgemische aus diesen Bestandteilen.

Ebenfalls bei edition sigma – eine Auswahl

In dieser Schriftenreihe sind zuletzt erschienen:

Ulrich Riehm, Knud Böhle
Post ohne Briefträger. Sinkende Briefmengen und elektronische Postdienste als Herausforderungen für die Politik
2014 168 S. ISBN 978-3-8360-8139-9 € 17,90

Anja Peters, C. Doll, P. Plötz, A. Sauer, W. Schade, A. Thielmann, M. Wietschel, Chr. Zanker
Konzepte der Elektromobilität. Ihre Bedeutung für Wirtschaft, Gesellschaft und Umwelt
2013 302 S. ISBN 978-3-8360-8138-2 € 27,90

Thomas Petermann, Maik Poetzsch
Akteure am Rande. Die Rolle der Parlamente in der Nachhaltigkeitspolitik
2013 163 S. ISBN 978-3-8360-8137-5 € 17,90

Bernd Beckert, Ulrich Riehm
Breitbandversorgung, Medienkonvergenz, Leitmedien. Strukturwandel der Massenmedien und Herausforderungen für die Medienpolitik
2013 262 S. ISBN 978-3-8360-8136-8 € 24,90

Ulrich Riehm, Knud Böhle, Ralf Lindner
Elektronische Petitionssysteme. Analysen zur Modernisierung des parlamentarischen Petitionswesens in Deutschland und Europa
2013 282 S. ISBN 978-3-8360-8135-1 € 24,90

Arnold Sauter, Katrin Gerlinger
Der pharmakologisch verbesserte Mensch. Leistungssteigernde Mittel als gesellschaftliche Herausforderung
2012 310 S. ISBN 978-3-8360-8134-4 € 27,90

Thomas Petermann, H. Bradke, A. Lüllmann, M. Poetzsch, U. Riehm
Was bei einem Blackout geschieht. Folgen eines langandauernden und großflächigen Stromausfalls
2011 259 S. ISBN 978-3-8360-8133-7 € 24,90

Christoph Revermann, Bärbel Hüsing
Fortpflanzungsmedizin. Rahmenbedingungen, wissenschaftlich-technische Fortschritte und Folgen
2011 278 S. ISBN 978-3-8360-8132-0 € 24,90

– bitte beachten Sie auch die folgende Seite –

Zeitfracht Medien GmbH
Ferdinand-Jühlke-Straße 7
99095 Erfurt, Deutschland
produktsicherheit@kolibri360.de